제2판

쉽게 이해하는
조직행동

고수일

박영사

　　어느 조직에서든 직원들이 최선의 결과물을 낼 수 있도록 이끄는 것은 쉬운 과제가 아니다. 직원들을 잘 관리하고 이끌어서 그들이 가진 역량을 최대한 발휘하고 조직에 공헌하도록 하려면 어떻게 해야 할까? 과거 왕조시대라면 강제적인 권력의 힘이나 종교의 힘에 의존할 수도 있겠지만 이제는 불가능하다. 그들은 자유의지를 가진 존재이며 더 이상 강제적인 힘을 휘둘러서 원하는 방향으로 이끌 수도 없다.

　　이 책의 목적은 조직 속의 사람들을 이해하고 효과적으로 지원하여 이들이 자신의 역량을 최대한 발휘할 수 있도록 하는 데 도움을 주려는 것이다. 이 책의 내용들은 개인의 특성을 비롯하여 조직상황에서 사람들과 집단의 역학 및 특징에 대한 과학적인 연구결과들로 구성되어 있다. 이를 통해 독자들은 개인의 행동을 이해하고 예측하며 조직의 성과를 향상시키기 위한 시사점을 얻을 수 있을 것이다.

　　경영학을 하나의 건물로 비유해보자. 경영의 핵심 기능인 마케팅, 생산, 재무, 인사, 회계 등이 경영학이라는 건물을 지지해 주는 기둥이라고 할 수 있을 것이다. 조직행동은 이들 핵심 기능들이 잘 수행되도록 뒷받침해주는 인간 행동 측면의 기초과목이라고 할 수 있다. 그래서 조직행동은 조직에 있는 인간의 심리와 태도, 행동을 다루는 연구들로 이루어졌다. 심리학 분야의 연구들을 중심으로 경제학, 문화인류학, 정치학, 사회학 등에서 연구된 이론들이 이 조직행동 연구를 구성하고 있다. 이러하니 이 과목이 얼마나 흥미로운가!

　　이 책은 대학생과 조직행동에 관심이 있는 관리자들을 위한 또 하나의 조직행동 책이지만 다른 책들과는 다른 특징을 가진다. 조직행동과 관련된 엄청나게 많은 이론과 연구들은 이 책에서 기대할 수 없다.

저자의 목표는 이들 이론들을 모두 설명하는 것을 포기한 대신, 핵심적인 이론들을 쉽게 설명하면서 학문적 흥미를 일으키는 데 초점을 맞추었다. 책에 나온 이론들을 단순히 외우는 것은 학업에 대한 동기 측면에서도 바람직하지 않고 실제 배운 지식을 적용하는 데도 도움이 안 될 것이다.

이 책은 각 장마다 토의부터 시작한다. 수업시간이라면 아직 관련 이론을 접하기 전에 해당 주제에 대한 생각을 서로 나누는 기회를 가질 것을 권하고 싶다. 학생들을 몇 명씩 소집단으로 나눈 후 토의를 하고 그 결과를 발표하도록 하면 해당 주제에 대한 흥미를 가지고 본격적으로 수업에 들어갈 수 있을 것이다.

각 장이 끝나면 배운 지식을 토대로 토의를 위한 주제들이 있다. 여기서도 다시 학생들은 자신의 생각을 나누면서 배운 지식을 정리하는 기회를 가지게 될 것이다.

예전부터 경영학의 여러 세부 전공 가운데 조직행동은 박사과정을 지원하는 학생들에게 인기 없는 전공이다. 다른 전공 교수들의 말로는 재무나 마케팅 등의 다른 전공과 달리 정답이 보이지 않기 때문이라는 것이다. 조직행동이 사람의 심리, 태도와 관련된 내용을 다루니만큼 "무엇이 답이다"라고 말하기 어려울 것이다. 그러나 바로 그 점이 조직행동의 매력이 아닐까? 조직행동의 어떤 이론이든 그것을 답으로 받아들이기보다는 자유롭게 자신의 경험과 생각, 질문을 던지면서 학습을 한다면 의미 있는 토의나 학습이 될 것이다.

이 책을 마무리하며 원고를 넘기려고 보니 부족한 점이 여전히 많이 눈에 띈다. 여기에 대해서는 독자들의 날카로운 지적에 도움 받아 추후 보완하고자 한다.

조직행동 교재가 넘쳐남에도 불구하고 선뜻 출판을 받아준 박영사와 좋은 글을 위해 교정에 정성을 쏟으신 김다혜 님께 깊은 감사의 말씀을 드린다.

마지막으로 평생 자식들을 위해 끝없는 사랑으로 희생만 하시다가 천국으로 떠나신 부모님께 그리움과 함께 깊이 감사하는 마음으로 이 책을 바친다.

2023년 8월
고수일
kobaksa@empas.com

목차
CONTENTS

인간을 보는 눈

조직 속의 사람들이 자신의 역량을 최대한 발휘하고 조직에 공헌하도록 이끌기 위해서는 우선 그들의 특성을 이해하는 것이 필요할 것이다. 인간을 어떻게 바라봐야 할까? 인간의 특성은 어떻게 만들어지는가? 인간을 변화시킨다는 것은 가능한가? 이 문제들이 이제 우리가 다뤄야 할 첫 번째 주제다. 인간의 특성은 타고나는 것일까? 인간의 특성에 영향을 미치는 환경적 요인은 무엇이며 어떻게 작용하는가? 그리고 인간은 수동적으로 환경의 영향을 받기만 하는 존재인가?

먼저
토의합시다

인간의 특성이나 성향의 형성에 영향을 줄 수 있는 요인들을 나열해보고 그것이 어떻게 영향을 미칠 수 있는지 이야기해보자.

01 인간은 타고난다

인간의 특성은 유전인자에 의해 어느 정도 결정되는 것일까? 인간의 성향이나 역량은 태어날 때부터 어느 정도 정해진 걸까? 간혹 부모 탓하는 사람들이 있다. 머리가 나쁜 것은 아버지 탓, 성격이 까다로운 것은 엄마 탓! 심지어 자신의 게으름도 부모 탓을 하는 사람이 있다. 간혹 유전인자의 비중을 크게 보도하는 기사들을 보면 나도 뜨끔거린다. 혹시 이 기사를 우리 아들이 보면 어떻게 생각할까 소심한 걱정도 된다.

노예제도나 봉건시대의 하층민들은 자신이 천한 혈통을 타고났기 때문에 낮은 계급으로 사는 것을 당연하게 생각했다. 송충이는 솔잎을 먹어야 하듯이 타고난 유전의 운명대로 기꺼이 감수하며 살아야 한다는 것은 그 시대의 상식이었다. 아주 옛날 중국에서는 인간의 본성에 대한 논쟁도 있었다. 사람은 본래 선하게 타고났다는 맹자의 성선설과 사람은 본래 악하다는 순자의 성악설이 그것이다(나도 맹자의 말씀대로 인간의 본성이 본래 착하다고 굳게 믿었다. 적어도 군대 가기 전까지는).

19세기 이전까지만 해도 "인간은 타고난다"는 생각이 지배적이었다. 프랑스의 철학자 루소도 사람은 천성적 특징에 가장 많은 영향을 받는다고 생각했다. 아마도 대부분의 사람들은 이 생각에 동의할 듯하다. 그렇다면 빌 게이츠는 타고난 컴퓨터 천재인가? 스티브 잡스의 창의적 발상은 부모로부터 받은 재능인가? 빛나는 성공을 거둔 사람들에게는 정말 평범한 사람이 감히 근접할 수 없는 재능과 지능, 아니면 그 무언가가 있는 것인가? 천재 과학자 아인슈타인이 죽었을 때는 그의 뇌를 잘라내 조직표본을 만들어 현미경으로 자세히 관찰하기도 했다. 그의 뇌가 도대체 어떻게 생겼기에 천재성을 발휘했는가를 알고 싶었던 것이다.

유전의 영향을 보여주는 증거들

　'인간은 타고난다'는 생각을 뒷받침해주었던 과거의 연구들을 살펴보자. 일단 천재와 사회부적응자의 후손들을 확인해본다. 천재 대표로는 음악의 아버지라 불리는 바흐(Johann Sebastian Bach). 바흐의 8대 후손을 살펴보니 그중 무려 136명이 음악가였다고 한다. 역시 바흐의 후손답다. 물론 바흐 집안이 평범하지는 않았을 것이다. 자식들이 어린 시절부터 집안의 음악적 분위기 속에서 각별한 음악 교육을 받아 훌륭한 음악가로 성장한 점도 사실일 것이다. 그러나 역시 핏줄은 속일 수 없다는 증거로 받아 들일만 하지 않은가?

　그렇다면 사회부적응자의 경우는 어떠할까? 뉴욕의 술주정뱅이 맥스 쥬크(Max Jukes)의 후손이 그 분석 대상이다. 분석결과를 보자. 그의 자손 2,094명 가운데 140명이 범죄자(살인자 7명 포함), 300명이 매춘부, 310명이 거지, 600명이 천치 등 총 1,350명(64.5%)이 사회적으로 문제가 있는 사람들이었다. 역시 부전자전이다.

　유전이 성격형성의 중요한 영향요인이라고 보는 시각은 쌍생아 연구에 잘 나타나고 있다. 쌍생아 연구에 의하면 인간의 지능발달에 있어서 유전적 요인이 많은 영향을 미치는 것으로 나타났다. 일란성 쌍둥이는 둘 다 똑같은 유전자를 갖고 있으며, 성격상의 공통점이 많다는 점에서 성격형성에 미치는 유전자의 영향을 짐작해볼 수 있다. 생후 떨어져 다른 사회 환경에서 양육된 쌍생아들의 경우, 서로 다른 유년기를 거쳤지만 목소리 톤, 기질, 습관 등에서 이들에게 상당한 유사성이 있다는 것이 보고되었다. 캔터(S. Canter)는 태어난 이후 멀리 떨어진 상태에서 양육된 일란성 쌍생아들을 조사했는데 상관관계가 0.91로 매우 밀접한 관계로 나타났다.[1]

그림 1-1 **짐(Jim) 쌍둥이**

[출처] YouTube

그 대표적인 예로서 짐(Jim) 쌍둥이 이야기를 보자.**2)** 짐 쌍둥이는 생후 4주 만에 각각 다른 곳으로 입양돼 줄곧 생사를 모르다가 39세에 상봉했다. 그런데 얼굴과 체중·신장은 물론, 성격·취향과 피우는 담배, 마시는 맥주의 종류까지 같았다고 한다. 둘 다 야구를 싫어했고(미국인이 야구를 싫어하는 것은 흔치 않은 일이다), 똑같은 브랜드의 차를 운전하고 플로리다의 작은 해변에서 휴가를 보냈으며, 둘 다 이혼했다. 각자 자란 환경이 달라도 타고난 성향이 많은 부분을 결정할 수 있다는 것을 분명하게 보여준다.

<표 1-1>은 유전에 의해 가장 많이 영향을 받는 몇 가지 특징을 제시하고 있다. 신장이나 체중과 같은 신체적 특징을 비롯하여 기억이나 지능 등의 지적 특징, 외향성과 같은 정서적인 특징은 유전에 의해 많은 영향을 받는다고 한다. 물론 이들 특징이 전적으로 유전에 의해 결정되지는 않을 것이다. 만일 사람들이 이러한 정신능력을 주로 유전에 의해 가지게 되고, 성공이 이들 능력에 의해 이루어진다면, 사람들의 사회경제적 지위는 바로 그들의 선천적 차이를 반영하는 셈이 될 것이다.

표 1-1 유전에 의해 영향을 받는 특징

신체적 특징	지적 특징	정서적 특징과 장애
신장	기억	수줍음
체중	지능	외향성
음성	언어습득 연령	정서성
혈압	읽기 장애	신경증
운동능력	정신 지체	정신분열증
사망연령		불안
		알코올 중독

[출처] Plomin, R. (1989). Developmental behavioral genetics: Stability and instability. In M. H. Bornstein & N. A. Krasnegor (Eds.), Stability and continuity in mental development (pp.273-291). Hillsdale, NJ: Lawrence Erlbaum Associates

최근 잭 햄브릭(J. Hambrick)[3] 교수는 각 분야에서 선천적인 요인이 어느 정도 영향을 미치는지 연구하였다. 그는 노력과 선천적 재능의 관계를 조사한 88개 논문을 분석한 후, 음악이나 스포츠, 게임 분야에서 노력이 차지하는 비율은 20~25%였으며 교육은 4%에 불과하다고 주장하였다. 실망스러운 결과이다! 노력의 비중이 겨우 그 정도밖에 안 된다는 것인가? 타고난 재능이 없으면 노력해도 별 수 없다는 말인가?

02 환경과 상황의 영향

1799년 7월 어느 날, 프랑스 남부지방의 아비뇽 계곡에서 늑대 무리 속에서 자란 열두 살가량의 소년이 발견되었다. 이 소년에게는 '빅터'라는 이름이 붙여졌는데, 장 이타르(Jean ltard)라는 젊은 의사가 양육을 맡았다. 빅터는 이때부터 커다란 관심 속에 6년 동안 인간의 생활환경 속에서 인간으로서의 사회적응력을 익히기 위한 교육을 받았다. 의사 이타르의 보고에 의하면 빅터는 표정이 전혀 없었으며 끝내 언어구사를 못했다고 한다. 그에겐 늑대의 본능이 있었고 향기로운 냄새나 악취에도 반응이 없었다. 그러나 호두 같은 식물에는 민감하게 반응했다. 높은 곳에 먹을 것을 얹어두어도 의자를 사용하여 그것을 손에 넣으려는 지혜조차 갖지 못했다. 이 야생아는 단지 인간의 감시망에서 교묘히 도망치려는 생각밖에 하지 않았다.

의사의 보고에 의해 밝혀진 중요한 사실은, 빅터의 지능이 덜 발달된 것이 아니라 자기 자신에게 꼭 필요한 환경에 대해서만 지능이 발달되어 있다는 점이다. 그래서 자신의 생활에 불필요한 인간의 언어나 지혜는 발달하지 못했고, 인간환경에 적응하는 생리가 발달되지 못했다. 이 야생아는 발견 당시만 해도 차가운 대기에 몇 시간 동안 벌거숭이인 채로 노출되어 있어도 태연했으나, 옷을 입히고 매일 목욕을 시켰더니 점점 추위를 느끼게 되었다고 한다. 이런! 이 현상을 어떻게 해석할 것인가? 인간은 타고나는 것이 아니라는 말인가? 인간의 특성은 유전적, 생물학적 요인에 의해 자동적으로 습득되는 것이 아니라는 것이다.

이와 같은 야생아에 대한 연구보고는 사람이 사람답게 되기 위해서는 문화적인 환경이 필수 불가결하다는 사실을 말해준다. 아비뇽의 야생아뿐만 아니라 사회에서 격리되어 자라난 어린이의 예는 많다. 이들 연구에 의하면 사회에서 격리된 어린이 가운데 나이가 어리고 환경 격리기간이 짧은 아이일수록 인간사회에 빨리 적응하게 된다고 한다. 인간에게는 환경의 자극을 가장 받기 쉬운 시기가 있는데, 이 시기를 놓쳐버리면 결국 환경적응이 늦거나 어려워진다는 것이다. 시기에 따른 환경의 자극이나 경험이 얼마나 중요한지를 알 수 있다.

인간은 살아가면서 자신을 둘러싼 환경적 조건에 적응해간다. 교육, 생활환경, 주변 영향력이 인간을 특정 방향이나 다른 방향으로 인도한다. 예컨대, 온 가족이 아이를 중심으로 키우는 환경에서는 아이가 다른 사람을 이해해야 할 필요성을 느끼지 못한다. 다른 사람의 관점을 헤아려보고 상대의 행동패턴을 예측할 수 있는 배움의 기회를 갖지 못하기 때문에 이러한 능력이 결핍되어 있는 경우를 흔히 본다. 부모의 육아방법, 양육태도, 교육수준, 가족 구성, 가족의 경제상태, 가족의 사회적 지위 등에 따라서 한 개인의 품성은 전혀 달라질 수 있다. 집안 어른들이 흔히 "역시 장손은 다르다"는 말을 한다. 내 조카들만 봐도 장손은 다른 조카들과 확실히 다르다. 그런데 가만 보면 그것이 본래 타고난 품성인지는 의문이다. 주변에서 늘 장손 대접을 해주고 어른들로부터 장손에 대한 기대가 담긴 말을 어린 시절부터 자주 들어온 것도 분명히 영향을 미쳤을 것이다. 이렇듯, 살아가는 과정에서 문화나 사회집단, 타인과의 상호작용 등에 의해 많은 영향을 받으며 한 개인으로서의 특성이 형성되는 것이다.

2018년 여름, 흥행에 성공했던 영화 <신과 함께2 − 인과 연>에서 오랫동안 여러 인생사를 지켜본 성주신이 환경의 중요성을 일깨우는 대사가 있다. "나쁜 사람은 없고 나쁜 상황이 있는 것!" 나쁜 상황에 몰리면 누구든 나쁜 사람이 될 수 있으니 환경이라는 것이 좋은 사람, 나쁜 사람을 가르는 중요한 변수가 될 수 있다는 의미다.

문화의 영향

글래드웰(Malcolm Gladwell)은 저서 <아웃라이어>[4)]에서 개인의 사고방식과 행동양식에 문화가 결정적인 영향을 끼친다는 점을 보여주었다. 그는 성공한 사람들의 비결을 개인적 특성만으로 설명하는 것은 옳지 않다고 지적한다. 그들이 언제 어떤 문화 속에서 성장했느냐의 문제가 큰 차이를 만든다고 주장한다.

사람은 환경과 문화에 민감하다. 그들이 속한 공동체의 규범과 기대에 대해서도 그렇다. 문화는 적응하고 살아가는 데 필요한 구체적인 행동지침을 알려주고 개인의 행동을 인도해준다. 그래서 자라온 문화적 환경에 따라 개인의 생각의 방향과 행동도 다르기 마련이다.

당신은 다른 사람들 앞에서 자기소개를 하라고 한다면 어떻게 말하겠는가? 어느 TV 프로그램에서 동서양인의 차이에 대해 다룬 적이 있다. 동양 출신의 학생들과 서양 학생들이 함께 수업을 받는 미국 대학의 강의실에서 각자 자기소개를 해보라고 했다. 동양 학생들은 주로 자신이 어디 출신이고, 가족은 몇 명인데 자신은 몇 번째라는 식의 소개를 하였다. 반면, 서양 학생들은 자신의 취미나 특기, 좋아하는 것이 무엇이며 앞으로 어떤 계획이 있는지 등에 대해 소개했다. 동양 학생들은 집단 속의 자신을 소개하는 데 초점을 맞췄지만 서양 학생들은 자기중심으로 소개하는 것이다.

인간은 자신이 속한 사회의 문화를 내면화하여 사회의 구성원으로서 사회화되어 간다. 그 과정에서 특정사회에서 바람직한 것으로 인정되는 역할과 태도, 행동양식과 가치들을 학습하게 된다. 그래서 특정사회의 문화를 공유한 사람들은 개인적 차이가 있긴 하지만 공통된 문화의 영향으로 인하여 유사한 성향을 지니게 된다. 그 결과, 동양문화에서는 집단이 개인보다 중요한 가치이기 때문에 서양인에 비해 동양인은 집단주의 성향을 강하게 가지게 되는 것이다.

베네딕트(Ruth Benedict)의 연구인 <문화의 패턴(Pattern of Culture)>5) 에는 주니(Zuni)와 콰키우틀(wakiutl) 인디언에 대한 이야기가 나온다. 이들은 같은 인디언 종족이지만 다른 지역에서 생활하면서 상반된 문화를 가지고 있다. 뉴멕시코 푸에블로 문화에 속하는 주니족은 차분한 성격에 평화,

겸손, 예의 등을 강조하고 있는 반면, 벤쿠버섬의 콰키우틀족은 거친 성격을 가지고 있고 경쟁을 강조하면서 호전적이다. 한 문화에서 정상적인 행동이 다른 문화에서는 그렇지 않다. 심리적인 상태조차도 문화적으로 결정된다. 같은 인디언 종족이지만 어떤 사회문화적 배경에서 성장하느냐에 따라 전혀 다른 인간의 특성을 가질 수 있는 것이다.

미국의 경우, 겸손이나 수용적 태도는 바람직한 태도가 아니다. 아이들에겐 적극적인 자기표현과 주장이 권장된다. 반면, 한국에서는 겸손과 수용적 태도가 강조된다. 수업시간에 적극적으로 자기주장을 하다간 선생님으로부터 야단을 맞을 수도 있다. 나는 수업에서 학생들에게 적극적으로 의견을 표현하라고 장려한다. 그러나 학생들의 반응은 크게 달라지지 않는다. 어느 한 학생은 다른 수업시간에 교수님과 다른 생각을 말했다가 건방지다면서 혼쭐이 났다고 한다. 이런 문화 환경 속에서 적극적인 자기표현의 성향은 발달되기 어려울 것이다.

성 역할에 대한 고정관념도 문화의 산물이다. 대부분의 사회는 남성에게 '남성적'이고 도구적 특성을, 여성에게 표현적 특성을 갖도록 촉진한다. 부모들은 성에 적합한 활동들을 격려하고 반대 성의 놀이를 단념시킨다. 예컨대, 아들에게는 인형놀이와 같은 여성적 행동을 하는 것을 말리고 자동차와 같은 남성적 품목들을 갖고 노는 것을 장려한다. 여기에는 대중매체의 영향도 크다. 사람은 자라면서 다른 사람들을 관찰하면서 성 역할을 학습한다. TV에서 남성은 오토바이를 타거나 물건을 만드는 것처럼 활동적이고 도구적인 활동을 하는 반면, 여성 등장인물은 실내에서 조용히 놀거나 수동적이고 의존적인 인물로 묘사된다(이러한 이유로 최근 영국에서는 성 역할에 대한 고정관념을 심어줄 우려가 있는 광고를 금지하였다).

시몬느 드 보봐르(Simone De Beauvoir)의 <제2의 성>[6]은 여성해방운동의 시발점이 된 책이다. 이 책에서 그녀는 "여자는 여자로 태어나는 것이 아니라 여자로 키워지는 것"이라고 주장하였다. 여성이라는 특성은 타고난 것이 아니라 사회문화적으로 형성된 것이라는 뜻이다.

그림 1-2 **제2의 성**

[출처] Cultura.com

집단의 영향

낯선 집단에 간 경험을 생각해보자. 우리는 어떻게 행동해야 할지 단서를 구하기 위해 다른 사람을 살피게 된다. 그들의 분위기나 행동들을 보면서 내가 어떻게 행동할 것인가를 정한다. 우리는 집단의 규범에 어긋나는 행동이나 생각을 할 때 너무 쉽사리 사회적 압력에 굴복한다. 사회심리학자 솔로몬 애쉬(Solomon Asch)는 1950년대에 순응실험을 통해 의견을 달리하지 않으려는 인간의 욕망이 얼마나 강한지를 보여주었다.[7]

<그림 1-3>의 왼쪽에 선 하나가 그려져 있고 오른쪽에 세 개의 선이 보인다. 당신은 세 개의 A B C선 가운데 왼쪽의 X선과 길이가 같은 선을 찾으면 된다. 처음 세 번의 실험에서 사람들은 차례대로 길이가 똑같은 선을

말하도록 요구받는데 모두가 같은 의견을 말한다. 그러나 네 번째에서 이상한 일이 벌어진다. 다른 사람들이 길이가 똑같은 선을 말했지만 명백히 틀린 것이었다. 이제 당신이 말할 차례다. 당신은 어떻게 할 것인가? 다른 사람들이 모두 틀린 답을 내놓는 모습을 지켜본 사람들은 1/3 이상이 역시 틀린 답을 내놓았다. 그런데 이와 같은 상황에서 익명으로 답을 하게 하면 동조하는 경향이 낮았다. 사람들은 자신이 말하는 모습을 타인이 보게 된다는 사실을 알고 있을 경우에 동조하는 경향이 높아진다는 얘기다.

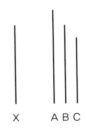

그림 1-3 **애쉬의 실험**

우리가 어떤 집단에 들어가 그곳에 있는 사람들의 관행이나 전통을 따르는 이유는 그것을 좋아하거나 옹호할 가치가 있다고 생각해서가 아니다. 단지 다른 사람들 대부분이 그것을 따르고 있어서 일종의 집단 압력이 작용하기 때문이다. 새로운 집단에 들어가 어떤 관행이 마음에 들지 않는다고 따르지 않거나 문제를 제기하기 위해서는 용기가 필요할 것이다.

우리는 간혹 어떤 사람이 특정 집단에 들어간 후 변하는 경우를 본다. 예컨대, "군대 다녀오더니 변했다"는 말도 흔히 하는 말이다. 군대라는 집단 생활 경험이 개인의 성격을 어느 정도 변화시킨 것이다. 성격을 바꾸기 위해 해병대에 지원하거나 특정 집단에 들어가는 사람도 있다. 소극적인 사람이 어떤 집단에 들어간 이후 적극적인 성격으로 변하는 사례도 종종 본다.

내 친구 중에는 얌전한 친구가 있었다. 대학에 들어가더니 조정부 동아리에 들어갔다. 체격도 왜소한 편이라 조정부에 어울리지 않아 의아했다. 이유를 물어보니, 성격을 바꾸고 싶어 남자다운 분위기를 풍기는 조정부를 선택했다는 것이다. 자신의 성격을 바꾸기 위해 집단의 영향을 기대한 것이다.

개인은 집단을 떠나서는 살아갈 수 없다. 어느 집단의 구성원이 되어 그 집단의 다른 구성원들과 상호작용하고 집단에 적응하면서 살아간다. 이 과정에서 집단은 개인의 행동이나 성격의 변화에 많은 영향을 미친다. 집단 생활을 하는 과정에서 개인은 그 집단이 요구하는 규범에 적응하면서 내면화하기도 하고 자신을 통제하기도 하며 새로운 행동양식이나 가치관들을 학습하기도 한다. 특히 군대처럼 집단의 규범이 강한 경우나 개인의 성격이 발달단계에 있는 연령대에 있다면 집단의 영향은 더욱 크게 작용할 수 있을 것이다.

<넛지(Nudge)>8)의 저자인 탈러(Richard H. Thaler)와 선스타인(Cass R. Sunstein)은 동료집단의 영향에 대해 몇 가지 사례를 소개한다.

1. 다른 십대들이 아이 갖는 것을 목격한 십대 소녀들은 그들 자신도 임신할 확률이 비교적 높다.
2. 비만은 전염성이 있다. 절친한 친구가 살이 찌면 당신의 체중이 늘어날 위험도 높아진다.
3. 학문을 추구하고자 하는 대학생들의 노력은 또래들의 영향을 받는다. 따라서 신입생 때 무작위로 배정되는 기숙사나 룸메이트는 그들의 학점에, 나아가 미래의 전망에 커다란 영향을 미칠 수 있다.

어떻게 처신해야 할지 잘 모를 때는 다른 사람의 행동을 따라갈 확률이 가장 높다. 사람들에게 어떤 행동을 바란다면 그 행동을 하고 있는 사람이 얼마나 많은지 관련 정보를 제공하기만 해도 효과를 볼 수 있다. 예컨대, 사람들이 금연하기를 바란다면 이 프로그램을 통해 얼마나 많은 사람들이 담배를 끊었는지 얘기하면 된다. 반면, 권하고 싶지 않은 일을 한 사람이 얼마나 많은지에 대해서는 무심결에라도 얘기하지 말아야 한다. 근무 중 딴 짓을 하는 직장인들이 50%나 된다는 사실을 알려서 좋을 일은 없다.

역할의 영향

미국의 여배우 제인 폰다는 급진적 사고의 학생들에게 인기가 높았다. 그녀는 인디언 해방운동의 선두에 섰고 흑인 혁명단체인 블랙 팬더당의 지지자이기도 하다. 그녀 자신도 "내가 급진적이게 된 것은 1969년부터였다"고 말하는데 1969년에 그녀는 〈그들은 말을 쏘았다(They shoot horses, Don't they?)〉라는 영화의 주연을 맡았다. 아마 이 영화에서 맡은 역이 그녀에게 그렇게 변화될 수 있는 계기를 주었던 듯하다. 그녀의 역은 어두운 대공항시대의 댄서로 그 비참한 처지를 그리기 위해 그녀는 철저한 식사요법을 실시해 극단으로 여위어야 했다. 그때 극 중의 자신이 어느새 현실의 자신이 되어 학대받는 사람들과의 연대감을 강하게 느꼈을 것으로 추측된다.

선한 사람에게 공격이 허용되는 역할을 맡기면 어떤 일이 벌어질까? 사회심리학자인 필립 짐바르도(Philip Zimbardo) 교수의 심리 실험은 역할에 따라 사람의 야수성이 드러날 수 있다는 사실을 보여주었다. 그는 평범한 대학생들을 스탠퍼드 대학 심리학과 지하실에 마련한 진짜 감옥 같은 환경에 집어넣었다. 죄수 역할을 부여받은 사람들에게는 번호를 부여하고 신분을 없앰으로써 죄수들을 탈인간화했다. 간수 역할을 맡은 사람에게는 교도관님이라고 부르고 카키색 제복을 입혔다. 그런데 교도관 역할을 맡은 지 며칠 지나지 않아 그들은 욕을 입에 달고 사는 성질 더러운 교도관으로 변신했다. 평화주의자였던 학생들은 죄수를 잔인하고 사악하게 처벌하면서 쾌락을 얻는 사디스트처럼 행동하고 있었다. 사실 이러한 현상은 그리 놀랍지 않다. 제법 좋은 대학에 다니다 군대에 들어간 사람이 고참이 되면 동네 양아치처럼 폭력을 행사하는 경우를 군대 다녀온 사람은 경험해봤으리라.

이렇듯 인간이 어떤 역할을 맡으면 그 역할에 따르는 사상에 영향을 받아 자신이 본래 가지고 있던 가치관이나 생각까지 변화를 일으키게 되는 경우가 있다. 온순했던 사람이 완장을 차면 폭력적으로 돌변하기도 하고 그 반대의 경우도 있다. 어느 고등학교에서 담임 선생님은 놀랍게도 당시 주먹 좀 쓰는 문제 학생을 한 학기 반장으로 지명하였다. 모두를 황당했지만 반전이 일어났다. 그 학생은 더 이상 문제아가 아닌 전혀 다른 사람이 되었다. 반장이라는 역할이 그의 자기개념을 변화시켜 반장다운 행동을 하기 시작한 것이다.

03 행동주의

개에게 종소리를 들려주면 처음에는 아무런 특별한 반응도 보이지 않는다. 하지만 종을 울린 뒤 곧이어 좋아하는 음식을 주는 행동을 시간 간격을 두고 되풀이하면, 나중에 그 개는 단지 종소리만 듣고서도 음식을 먹기 직전에 그러듯이 침을 흘리게 할 수 있는 '학습'이 이루어진다. 파블로프(I. Pavlov)는 개가 종소리만 듣고서도 침을 흘리는 반사행동을 '조건반사'라고 불렀다. 파블로프의 이 고전적 실험에서 종소리는 개에게 반응을 불러일으키는 조건적 자극으로 작용했고 이를 '고전적 조건화'라고 한다.

　사실 우리도 생활하면서 고전적 조건화를 자주 경험한다. 우리가 광고를 보면서 침을 흘리지는 않지만, 멋진 연예인이 입고 있는 옷은 왠지 더욱 멋있어 보인다. 화장품을 바르는 모습을 보면, 나도 저 화장품을 바르면 저런 피부가 될 것 같다는 생각이 들지 않는가? 화장품이 연예인을 연상시키는 조건반사의 효과다. 회사들이 엄청난 비용을 지불하면서도 인기 있는 유명인을 광고모델로 쓰는 이유가 여기에 있다.

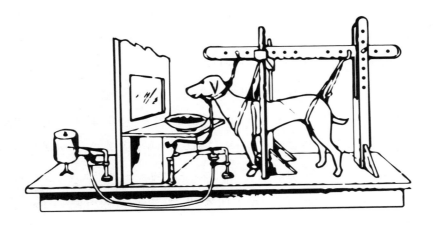

그림 1-4 **파블로프의 실험**

　고전적 조건화가 발표된 뒤로 사람들은 적절한 자극만 주어진다면 인간도 조건적으로 반응하게 될 것이라고, 즉 길들여질 수 있을 것이라고 우려했다. 실제로 왓슨(J. B. Watson)[9]은 12명의 건강한 영아를 그 아이들의 출생배경과 상관없이 의사, 법률가, 예술가, 거지 등 어떤 사람으로라도 훈련시켜서 만들 수 있다고 주장했다. 얼마나 대담한 말인가? 이 말은 양육이 모든 것이고 천성이나 유전된 재능은 아무것도 아니라는 것이다. 왓슨은 모든 행동이 학습의 결과라고 주장한 행동주의 학파의 아버지이다. 그는 영아를 백지와 같은 존재로 보고 아동들은 타고난 성향이 없다고 주장했다. 아이들이 무엇이 될지는 전적으로 양육환경과 아동의 생활에서 부모나 다른 중요한 사람들이 아동을 다루는 방식에 달려 있다는 것이다.

작동적 조건화

스키너(B. F. Skinner)의 작동적 조건화(operant conditioning)[10]는 그 방법을 보여주었다. 그는 동물과 인간 모두 좋은 결과를 가져오는 행동은 반복하고 좋지 않은 결과를 가져오는 행동은 억제하게 된다고 주장했다. 스키너는 스키너 상자(box)라는 조작실을 만들어 쥐를 대상으로 실험을 했다. 이 상자에 배고픈 쥐를 넣으면 쥐는 먹이를 찾아 이리저리 움직이다가 우연히 지렛대나 단추를 누르게 되면 먹이가 나왔다. 이러한 우연한 일이 반복되자 지렛대 누르기와 먹이와의 관계를 점차적으로 알게 되어 먹이를 먹기 위해 지렛대 누르는 행동을 반복하게 된다. 스키너는 지렛대 누르기 반응을 조작(operant)이라고 하고, 이 반응을 강하게 해주는(미래에 일어날 가능성을 더 높여주는) 행위를 강화(reinforcement), 이를 위한 먹이를 강화물(reinforcer)로 설명했다.

반응 가능성을 증가시키는 행위는 어느 것이나 강화물이라고 할 수 있다. 어떤 유쾌한 것이 행위자에게 주어질 때 강화물은 정적(+)이 되며, 어떤 불쾌한 것이 행위자에게서 제거될 때 강화물은 부적(−)인 것이 될 수 있다. 그래서 어떤 행동이나 습관들은 긍정적인 결과를 가져오느냐 또는 부정적인 결과를 가져오느냐에 따라서 생기기도 하고 사라질 수도 있는 것이다. 이런 원리를 잘 보여주는 것이 바로 동물들을 대상으로 한 훈련이다. 예컨대, 돌고래가 경례나 박수같이 바람직한 행동을 보일 때마다 먹이를 주면 돌고래는 먹이를 얻기 위해 조련사가 원하는 행동을 계속하게 된다. 먹이라는 외적 결과를 조작하여 돌고래의 특정 행위를 학습시킨 것이다.

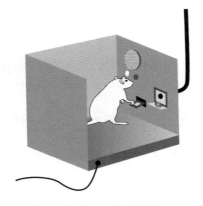

그림 1-5 **스키너 상자**

스키너는 같은 원리가 사람들에게도 적용될 수 있다고 주장했다. 사람의 행동은 단순히 자극(조건)에 대한 반응(행동)이 아니라 행동의 결과(보상)를 예측한 후에 하는 것이기 때문에 그 결과를 도구로 사용하여 학습을 유발할 수 있다(조건화를 이용한 행동 수정)는 것이다. 누구나 어떤 행동을 하면 만족할 만한 보상을 받게 될 것이라고 예측한다면 그 행동을 하게 되기 때문이다. 나는 학생들이 수업시간에 질문을 하면 무조건 점수 포인트를 주는데 질문을 촉진하기 위한 정적 강화의 예라고 할 수 있다. 이 방법은 효과가 확실히 있다. 수업시간에 질문과 의견제시가 활발히 이루어진다. 일상생활이나 조직에서 이러한 강화의 예는 많다. 바람직한 행동에 대해 칭찬을 하거나 보상을 주고, 바람직하지 않은 행동에 대해 꾸지람이나 벌을 주는 것들이 모두 강화의 예다.

이와 같은 조건화를 이용한 강화에 의해 인간의 성향이 변화될 수도 있을 것이다. 다음 데비(Debbie)와 리자(Lisa)의 경우를 보자.

데비

부모는 그녀의 모든 요구를 들어주었고 춤과 과외활동을 가르쳤다.
• 8세 때의 성격 : 외향적, 수다, 자기 특기를 자랑. 사교성이 좋음.
• 부모의 강화 : 칭찬, 미소, 친절한 말
• 20대에 결혼 : 남편과 시부모는 엄격한 청교도 집안. 데비의 행동을 좀처럼 칭찬하지
  않는다.
  → 그 후 그녀의 성격은 침착하고 소극적이고 내향적으로 변했다.

리자

부모는 그녀를 매우 엄격하게 키움. 얌전함, 자제력, 겸손, 예절을 강조하였다.
• 8세 때의 성격 : 얌전, 침착, 내향적
• 20대에 결혼 : 남편과 시부모는 매우 허용적인 사람들이며 리사의 조그만 행동에도
  칭찬과 무조건적인 인정을 하였다.
  → 그 후 리사의 성격은 활발하고 수다스럽고 덜렁거리는 성격으로 변했다.

이 같은 사실들은 후천적인 강화에 의해 인간의 성격이 상당부분 영향을 받을 수 있다는 것을 말해준다. 에릭슨(E. H. Erikson)[11]이라는 심리학자는 어린이에게 부지런한 성격을 길러주기 위해서는 '칭찬'과 '성공경험'이 중요하다고 강조한다. 어린이는 칭찬받은 일은 더 열심히 하려고 하고 성공경험이 있는 일은 즐거이 하려고 하지만, 질책을 받았거나 실패한 경험이 있는 일은 회피하고 좀처럼 하지 않으려 하기 때문이다.

사회의 모든 조직, 즉 기업을 비롯한 산업조직이나 학교, 군대 등에서 사용하는 행동통제의 보편적인 방법들은 이러한 행동주의와 관련되어 있다. 우리가 가정이나 학교, 회사에서 누군가에게 칭찬하거나 야단치는 이유도 어떤 특정행동을 하도록 촉진하거나 못하도록 억제하기 위한 것이다.

04 사회인지학습

뮤지컬 '지킬 앤 하이드'에 나오는 '지금 이 순간'은 많은 사람들이 좋아하는 노래다.

'지금 이 순간 내 모든 걸 / 내 육신마저 내 영혼마저 다 걸고 / 던지리라 바치리라 / 애타게 찾던 절실한 소원을 위해 / 지금 이 순간 나만의 길'

사람들은 왜 이 노래를 유독 좋아할까? 아마도 지금 이 순간 뭔가 결단을 내리고 확 변하고 싶은 욕구를 가진 사람이 그만큼 많기 때문이 아닐까? 타고난 팔자나 환경의 제약에서 벗어나 나 스스로의 결단으로 변하고 싶은 욕구는 누구나 있을 것이다.

수업시간에 어떤 실험 동영상을 보여준 일이 있다. 아이들이 눈을 가린 채 바구니로 엄마가 던져준 공을 받는 실험이다. 그런데 공을 많이 받은 어린이와 적게 받은 어린이들을 비교해보니 흥미로운 차이점이 발견되었다. "옳지 잘한다" 하면서 엄마가 긍정적인 말로 격려한 어린이들이 "아니지, 아냐" 식으로 엄마로부터 부정적인 말을 들은 어린이보다 공을 많이 받은 것이다. 이 동영상이 주는 교훈은 독자들도 눈치챌 것이다. 그런데 나중에 어떤 학생이 수업 중에 봤던 이 동영상을 보고 기분이 안 좋았다고 말하는 것이 아닌가? 왜 그럴까? 자신의 부모가 후자에 가까워서 자신이 저런 유형의 부모에 의해 자랐겠구나 하는 생각이 들었다는 것이다. 난 학생들이 그 동영상을 보고 그런 생각을 하게 될 것이라곤 전혀 예상하지 못했다. 당연히 동영상의 주제인 긍정의 힘에 대해 느낄 것이라고 생각한 것이다.

인간은 단순히 환경에 따라 반응하지 않는다

앞에서 살펴보았듯이, 환경과 상황의 영향력은 상당히 강력하다. 환경과 상황은 인간의 본성을 상당부분 바꿔놓을 수도 있다. 한 개인을 보다 순응적인 사람으로 유도할 수도 있고, 좀 더 주도적인 사람으로 촉진할 수도 있다. 그런데 인간은 동물과 다르다. 똑같은 환경에서 자라거나 같은 경험을 했어도, 똑같은 것을 보고도, 그것의 영향과 환경에 대한 반응은 사람마다 전혀 다를 수 있다.

1960년 당시 스탠퍼드 대학 심리학 교수로 있던 앨버트 반두라(Albert Bandura)는 인간이 인지능력을 가지고 있어서 단순히 환경에 따라 반응하지 않는다고 주장하면서 사회인지이론(Social Cognitive Theory)을 제시하였다. 인간은 행동의 결과에 따라서 반응하기도 하지만, 인지능력을 가지고 있어서 스스로 판단하고 행동할 수 있다. 개인이 가지고 있는 인지능력이나 인지구조에 따라 같은 경험을 겪거나 같은 환경에 있어도 그것에 대한 반응이나 행동은 사람에 따라 전혀 다를 수 있다.

학생으로서 당신의 상황을 생각해보자. 당신이 받는 교육은 돈이 많이 들고 시간이 오래 걸리며 스트레스를 주는 일들이 많다. 그러나 당신은 학위를 받은 뒤의 커다란 보상을 기대하기 때문에 그 비용과 노력을 견뎌낸다. 당신의 행동은 즉각적인 결과에 의해 형성되는 것이 아니다. 만약 즉각적인 결과에 의해 행동이 이루어진다면 대학에서 겪는 어려움을 견디고 통과할 학생은 거의 없을 것이다. 대신에, 대학교육의 장기적 이익에 대해 생각하고 그 이익이 지금 견뎌내야 하는 단기적인 손실을 능가한다고 결정했기 때문에 당신은 학생으로서 계속 남아있다. 이처럼 인간은 인지능력을 가지고 스스로를 만들어간다.

인간은 스스로 자율적인 행동을 할 수 있고 자기 자신에게 필요한 것

이 무엇인지 파악할 수 있으며 그것을 얻기 위해 세상에 영향을 미칠 수 있
다. 세상과 환경에 대해 더 자율적으로 반응하고 행동함으로써 상호작용 과
정이 유리하게 전개되게 할 수도 있다. 그리고 자신의 성격과 주변의 사회
적 환경이 상승효과를 일으켜 경험과 행동에 영향을 미치게 할 수도 있다.
<그림 1-6>에서 보듯, 인간은 환경과 행동, 인지적 요인 간의 상호작용을 통
해 학습이 이루어진다. 인간은 자신의 행동이 환경의 자극과 부합한다고 판
단하고 행동의 결과를 통제할 수 있으면 자신의 행동을 통제할 수 있다.

그림 1-6 **개인, 환경, 행동의 상호작용**

자료: R. Wood & A. Bandura(1989), Social cognition theory,
Organizational Management Review, pp. 361-383.

인간이 환경과 상호작용하는 세 가지 방식

우리의 현재 모습은 환경에 의해 수동적으로 만들어진 것이 아니다. 우
리는 환경의 산물인 동시에 능동적인 건축가이다. 인간이 환경과 상호작용
하는 세 가지 방식을 보자.

환경을 선택한다

수강 신청할 때 손쉽게 학점을 딸 수 있는 과목을 선택할 것인가, 아니
면 자신에게 더 유익한 과목을 선택할 것인가? 오늘 저녁 예능 TV 프로를

볼 것인가, 다큐를 볼 것인가? 당신이 다니는 대학, 당신이 하는 독서, 당신이 시청하는 TV, 당신이 듣는 음악, 당신이 어울리는 친구들은 모두 당신의 성향에 의해 당신이 선택해온 환경의 일부분이다. 당신은 환경을 선택하고, 선택된 환경은 당신에게 영향을 미칠 것이다.

우리의 성격이 우리가 사건을 해석하고 사건에 대해 반응하는 방식을 결정한다

앞에서 언급했듯, 똑같은 것을 보거나 경험해도 그것을 보고 무엇에 초점을 맞추고 해석할 것인지는 우리 자신이 정한다. 예컨대 비관주의자는 낙관주의자보다 현재의 상황을 더 비관적으로 지각하고, 불안한 사람들은 불안하지 않은 사람들보다 잠재적으로 위협을 주는 사건들에 대해 더 민감한 경향이 있다. 따라서 불안한 사람들은 이 세상을 더 위협적이라고 지각하고 그에 따라 반응한다.

우리의 성격은 상황을 만든다

가는 말이 고와야 오는 말이 곱다, 가능 정이 있어야 오는 정이 있다는 말도 있다. 우리가 다른 사람들을 어떻게 보고 대우하는가가 그들이 우리를 어떻게 대우하는가에 영향을 줄 것이다. 예컨대, 어떤 사람이 내게 비호의적일 것이라고 기대한다면, 나는 그 사람에게 냉랭한 태도를 보여서 내가 기대하는 그 행동과 상황을 보게 될 것이다.

관찰학습

"어른은 아이의 거울이다."라는 말이나 "애들 앞에서는 찬물도 못 마신다."라는 말이 있다. 대부분의 사람들은 타인들로부터 배움을 얻는다. 개인과 사회는 타인으로부터 배워가면서 발전해나간다. 우리가 가진 최대의 잘못된 생각이나 행동들 가운데 상당수 역시 타인으로부터 배운 것이다. 일찍이 공자는 따라서 배울 사람(교사: model)과 배우지 말고 고쳐야 할 사람(반면교사: counter-model)까지 잘 구분해주었다.

> 세 사람이 길을 가면 반드시 나의 스승이 있으니, 그중에 선한 자를 가려서 따르고, 그 선하지 못한 자를 가려서 잘못을 고쳐야 한다.
> (三人行 必有我師焉 擇其善者而從之 其不善者而改之 <논어 술이편 제7, 21장>)

반두라는 '모방'이 학습에 중요한 요소라는 의견을 제기했다. 반두라가 보여준 근거는 3세에서 6세 사이의 미취학 아동을 대상으로 수행된 보보인형 실험이었다. 이 실험에서 아동들을 두 집단으로 나눈 후, 한 집단에게는 성인 또는 만화 주인공이 인형을 격렬하게 공격하는 영상을 보여 주었고 다른 집단의 어린이들에게는 인형을 공격하지 않는 영상을 보여 주었다. 그 후 인형이 있는 방에서 아이들에게 20분의 자유 시간을 준 후 실험자는 방을 나가버렸다. 방에는 아이와 보보인형만 있는 상태. 무슨 일이 벌어졌을까?

첫 번째 그룹의 아이들은 망치로 사정없이 인형을 격렬하게 공격했다. 심지어는 어른 모델이 보보를 때릴 때 질렀던 괴성마저 똑같이 따라 했다. 관찰학습이 일어난 것이다. 반면, 두 번째 그룹의 아이들은 보보를 껴안거나 보보와 함께 소꿉놀이를 하는 등 공격적인 행동은 전혀 하지 않았다.

관찰학습은 모방학습, 대리학습, 모델링 등으로도 불린다. 인간이 단순한 환경적 자극에 대한 반응을 통하여 행동을 학습하는 것이 아니라 타인들의 행동을 관찰함으로써 학습한다는 것이다. 모범이 되는 사람들의 행동을 따라 하려는 노력은 관찰학습의 예에 해당된다. 예를 들어보자. 어느 날 당신은 동료가 늘 자신만의 시간관리표를 가지고 해야 할 일을 추진하는 것을 보았다. 그는 서두르는 법이 없이, 언제나 해야 할 일을 제때에 수행한다.

그 비결이 바로 시간관리라는 것을 깨닫고 당신도 그와 같이 시간관리를 하게 되었다. 동료의 모습을 보고 바람직한 행동에 대한 학습이 이루어진 것이다.

관찰학습이 이루어지려면 개인이 모델의 행동에 주의하고 중요한 측면들을 인식하고 뚜렷한 특징들을 변별해야만 가능하다. 그래서 관찰자가 모델을 관찰하려는 준비가 되어 있고 그 모델이 과거에 보상을 많이 받은 사람일수록 모델에 대한 주의집중도가 높아 관찰학습이 일어날 가능성이 높다. 학교에서 어린이들에게 위인전을 권장하는 이유도 바로 바람직한 행동에 대한 관찰학습을 위한 것이다. 위인들이 어떻게 생각하고 행동했는지를 보고 배우라는 것이다.

관찰학습은 바람직하지 않은 행동에 대해서도 이루어진다. 어느 날 동료가 고객을 상대하는 태도가 공손하지 않다면서 상사로부터 야단을 맞는 모습을 보았다. 그 후 불만고객을 어떻게 상대해야 하는지에 대해 학습하게 되었다면 관찰학습이 이루어진 것이다. 이처럼 학습이 환경에 대한 자극과 반응의 과정으로 이루어지는 것이 아니라 환경에 대한 인간의 인지과정을 거쳐 이루어지기도 한다.

가장 강력한 관찰학습 도구 중 하나가 텔레비전이라는 사실은 이미 여러 차례 증명되었다. 관찰학습에서 필요한 조건은 관심과 기억 두 가지다. 시청자들을 이야기 속으로 끌어당기는 흡입력 높은 텔레비전 드라마는 이두 가지 조건을 모두 충족시킴으로써 사람들의 관심을 끌고 기억하도록 자극한다. 시청자가 드라마 속 특정 인물에게 감정을 이입해서 그와 일체감을 느낀다면 효과는 훨씬 강력해진다. 예컨대, 관객이 담배를 피우는 주인공에게 일체감을 느끼면 느낄수록 흡연자와 비흡연자를 막론하고 관객과 흡연사이의 암묵적 연대가 강해지고 원래 담배를 피우는 관객은 담배에 불을 붙이고 싶은 욕구가 커지는 것이다. 이런 이유로 요즘 영화나 TV에서는 연기자가 담배 피우는 장면이 나오면 담배에 흐릿한 장면 처리를 하는 것을 볼수 있다.

관찰학습은 개인에 따라 다를 수 있다. 예를 들면, 술버릇이 나쁜 아버지 아래서 자란 두 형제가 있다고 가정하자. 한 명은 아버지의 모습을 보고 배우면서 자라서 아버지처럼 나쁜 버릇을 가질 수 있지만, 다른 형제는 아버지처럼 되지 않아야겠다고 결심하고 행동할 수 있을 것이다. 같은 환경에서도 관찰학습의 내용이 다른 것이다. 무엇을 배울 것인가? 선택은 개인의 몫이다.

자기효능감

요즘 학생들이 책을 잘 안 읽는다고 하지만, 자기계발서를 적어도 한권 정도는 읽는 듯하다. 그런 책을 읽으면 분명 자극이 된다. 자신감도 높아지고 게으른 사람은 잠시라도 반성하게 만들어 뭐라도 실행에 옮겨야겠다는 생각이 들 수도 있다.

자기계발서의 중요한 목적은 자기효능감(self-efficacy)을 높여 행동으로 옮기게 하는 것이다. 자기효능감이란 어떤 역할이나 일을 잘 해낼 수 있다는 개인의 믿음 또는 자신감을 의미한다. 자기효능감은 사회학습과정에서 중요한 요인이다. 사람은 자기효능감에 근거하여 자신이 어떤 행동을 모방할 것인지, 어떤 일을 시도할지 등을 결정하기 때문이다. 어떤 일을 잘할수 있다는 자기효능감이 높으면 그것이 원동력이 되어 새로운 일에 쉽게 도전한다. 만약 그 결과가 외부환경에 달렸다고 생각하고 자신이 없으면 그일을 시도하지 않거나 중도에 쉽게 포기할 것이다. 그래서 자기효능감이 높은 사람들은 어려움에 직면했을 때 더 많은 노력을 기울이고, 과제에 더 끈기 있게 매달린다. 반면, 자기효능감이 낮은 사람은 어려움을 겪거나 실패가 예상되면 쉽게 포기하는 경향이 있다. 이처럼 자기효능감은 사람들의 행동수정에 영향을 줄 뿐 아니라 과제수행여부, 노력의 정도, 지속성, 성취수준 등에 영향을 미친다.

당신은 자기계발서를 읽은 후 새롭게 결심하고 어떤 도전적인 일을 해봐야겠다고 생각할 수 있을 것이다. 그런데 그것을 실행에 옮길지 않을지를 결정하는 데 큰 영향을 미치는 것 가운데 하나는 성공가능성이다. 잘할 수 있다는 자신이 있다면 실행에 옮기겠지만, 자신이 없다면 시도하지 않을지도 모른다. 만약 과거에 성취경험이 있거나 작은 성공이라도 자주 경험했다면 자신감을 갖게 되어 시도할 가능성이 높을 것이다.

반두라의 실험이 이를 잘 보여준다. 반두라는 뱀 공포증이 있는 사람들을 대상으로 실험을 실시하였다. 참가자들은 처음에는 유리벽을 통해 뱀을 접한다. 뱀에 어느 정도 익숙해지면 참가자와 뱀 간의 분리된 공간 사이의 문을 열어둔다. 참가자들은 뱀과 같은 공간 속에서 다시 얼마간 적응을 함으로써 내재된 공포를 조금씩 극복해간다. 점차 뱀과의 거리를 좁혀가는 과정에서 마침내 일부 참가자들은 뱀을 직접 만지게 되고 이 단계에서 뱀 공포증이 완벽하게 사라지는 것을 경험한다.

재미있는 사실은 이 실험에 참가하여 뱀 공포증을 극복한 참가자들의 이후의 삶에서의 성취도를 조사한 결과, 이들이 삶의 다른 영역인 학업이나 일, 관계 등에서도 이전보다 높은 성취와 이를 통한 만족스러운 삶을 이끌어 가고 있다는 점이다. 뱀에 대한 공포를 극복한 성공경험이 다른 영역에서도 할 수 있다는 자신감으로 이어진 것이다.

자기효능감은 실제 행동으로는 옮기지 않은 채 "나는 할 수 있어!"와 같은 주문만 외우는 자기암시나 "잘하시네요"와 같은 주변의 근거 없는 아첨으로 얻어지지 않는다. 자기효능감은 모범이 되는 행동을 관찰하거나 모방한 것을 행동으로 옮길 때, 어려운 일을 실행해볼 때 얻어지는 것이다.

동기를 유발할 만한 성공모델이 적으면 자신에 대한 믿음이 줄어들고 실패에 대한 두려움 때문에 행동으로 옮기기를 꺼리게 된다. 결과가 긍정적이었던 친구나 다른 사람들의 행동을 관찰하는 것도 자기효능감에 도움이 된다. "저 사람이 성공했다면 나도 성공할 수 있다!"고 생각하게 되기 때문이다. 나는 학생들이 선호하는 좋은 직장에 다니는 제자를 가끔 수업에 초대해 특강을 부탁한다. 자신들과 전혀 비슷한 처지로 보이지 않는 교수의 말보다는 자신과 같은 교실에서 수업을 받은 선배의 말이 더 설득력이 있고 자기효능감을 높이는 데 효과적일 것이다.

자신의 역량에 대한 믿음이 환경적 조건이나 경험에 의해 영향을 받기도 하겠지만, 결국은 자신의 마음에 있다. 개인이 스스로를 어떻게 생각하느냐에 따라, 자신이 할 수 있다고 생각하느냐 아니면 못한다고 생각하느냐에 따라, 어떤 행동을 선택할 것인가에 따라 실행과 경험의 정도도 다르고, 개인의 특성은 전혀 다르게 형성될 것이다.

* * *

행동유전학자인 데이비드 리켄(David Lykken)[12]은 천성이냐 양육이냐보다는 양육을 통한 천성이 더 적절한 이론이라면서, 행복도 절반은 유전자, 절반은 환경에 따라 결정된다고 주장했다. 현재까지의 연구들을 종합해보면 인간의 특성이란 완성되어 태어났다기보다는 살아가면서 경험이 수정을 가하거나 그 여백을 채워나간다는 것으로 보인다. 아무리 훌륭한 유전자가 있어도 그 유전자의 스위치가 꺼져있다면 아무 의미가 없을 것이다.

그렇다면 이러한 사실은 조직의 관리자에게 무엇을 시사할 수 있을까? 내적 동기가 충만한 훌륭한 유전자를 가진 지원자들을 선발하기도 어렵겠지만 그것이 가능하다고 해도 그 자질은 조직의 환경과 상황적 요인들에 의해 얼마든지 변할 수 있을 것이다. 따라서 조직의 리더는 다음과 같은 질문들에 대해 생각해야 할 것이다.

- 바람직한 행동과 태도를 촉진하고 장려하기 위한 최적의 환경과 조건들은 무엇일까?
- 우리 조직에 직원들의 잠재력을 방해하는 환경적 요인은 없는가?
- 직원들이 이 조직에서 훌륭한 인재로 발전하기 위해 그들에게 어떤 경험을 하도록 기회를 제공할 수 있을까?

토의합시다

1. 현재의 자신의 성향이나 성격에 영향을 미친 환경적 요인이나 사건을 하나 들어본 후 그것이 자신에게 어떻게 영향을 미쳤는지 말해보자.

2. 조직에서 구성원들의 바람직한 행동을 촉진하기 위한 환경적 요인에 대해(또는 수업에서 학생들의 바람직한 행동을 촉진하기 위한 환경적 요인에 대해) 이야기해보자.

개인 특성

조직에서 직원을 선발하는 방법은 다양하다. 일반 면접을 비롯해서 문제를 주고 지원자의 문제해결능력을 보는 프레젠테이션 면접을 진행하는 경우도 있고, 지원자 간에 토론을 시키는 경우도 있다. 그리고 이 과정에서 지원자의 인적사항들을 알 수 없게 하는 '블라인드(blind)' 방식은 이미 보편화되었다. 사람이 지닌 지식과 역량의 가치가 점차 높아지고 있으니 인재를 잘 뽑기 위해 다양한 방식으로 살펴보는 것이다.

그렇다면 조직에서 개인의 행동과 성과, 조직 안에서의 인간관계를 예측해주는 중요한 개인 특성은 무엇일까? 조직 구성원들의 행동 및 성과와 밀접한 관련성을 가지고 있는 것으로 밝혀진 주요 개인 특성들에 대해 살펴보자.

먼저 토의합시다

오늘날 사회에서 요구하는 핵심역량 또는 특성은 무엇이며 그 이유에 대해 말해보자.

01 가치관

　　사람들이 어떤 주제를 놓고 무엇이 옳고 그르며 무엇이 바람직한지에 대해 말할 때 의견이 다른 경우가 있다. 가치관이 다르니 생각이 다른 것이다. 가치관이란 어떤 특정한 행동양식이나 존재 목적이 다른 행동양식이나 존재 목적보다 개인적으로 또는 사회적으로 더 바람직하다는 신념을 말한다. 이러한 개인의 가치관은 개인의 경험과 교육, 주위 환경 등에 의해 형성되므로 사람마다 가치관의 차이는 어느 정도 있기 마련이다.

　　개인의 가치관에 대한 질문은 면접에서 흔히 받는다. 가치관은 개인이 세상을 보는 관점이나 판단에 영향을 미치기 때문에 개인의 태도나 행동을 예측하고 이해하는 데 중요한 근거가 되기 때문이다. 예컨대 정직을 중요한 가치관으로 삼는 사람은 직무상의 윤리적 딜레마에 빠질 때 정직한 태도와 행동을 선택할 가능성이 높을 것이다. 조직의 목적이나 조직문화와 어울리기 어려운 가치관, 다른 직원들과의 원만한 관계를 형성하기 어려운 배타적 가치관을 가진 사람은 조직에 부정적인 영향을 줄 수 있을 것이다.

　　조직과 개인의 가치관이 유사하게 조화를 이루지 못하고 불일치하면 조직의 성과나 개인의 발전에도 바람직하지 않다. 조직과 구성원이 추구하는 역량이 시너지를 내기 어려울 것이며 개인은 내적 불만, 스트레스 등과 같은 부정적 감정으로 조직몰입에 부정적인 영향을 미칠 것이다.

　　가치관은 세대 간 갈등, 남녀갈등 등 인간관계뿐 아니라 공적인 업무처리 과정에서 갈등의 원인이 되기도 한다. 조직에서 인간관계가 중요하다면서 단합대회가 필요하다고 생각하는 사람이 있는가 하면 그건 구시대적 가치관이라 생각하며 거부하는 사람도 있을 것이다. 최근에는 점차 글로벌화가 진전되어 다양한 인종과 국적의 구성원들이 증가하고 여성의 사회적 진출도 활성화되는 등 직장인들의 특성이 다양화됨에 따라 이들 간의 가치관 차이가 중요한 이슈 가운데 하나가 되었다.

일반적으로 가치관은 상대적으로 안정적이고 지속적인 경향이 강하기 때문에 직무교육을 통해 쉽게 변하기 어려운 경향이 있다. 개인의 가치관을 바꾸기는 쉽지 않고 통제할 수도 없지만 구성원들의 가치관 충돌이 심각한 수준으로 진행되지는 않아야 할 것이다. 이를 위해서 관리자에게는 구성원들의 다양한 가치관 차이로 인한 갈등을 적절히 해결할 수 있는 역량이 요구되고, 구성원들은 서로의 가치관을 존중하고 이해하려는 태도가 필요할 것이다.

직업가치관

"잘하는 일을 선택해야 할까요? 아니면 좋아하는 일을 선택해야 할까요?" 진로를 고민하는 학생들이 흔히 던지는 질문이다. 직업을 선택할 때 무엇을 중요하게 생각하는가? 특정 직업에 대해 어떻게 생각하는지, 어떤 기준을 가지고 직업을 선택하는지, 직업에서 얻고자 하는 욕구 가운데 무엇을 선호하는지 등 직업에 대한 개인의 생각이나 태도가 바로 직업가치관 (job value)이다. 즉, 가치관 개념을 직업이나 일에 적용된 것이 직업가치관이다. 자신이 좋아하는 일을 하고 자신이 중요하게 생각하는 가치를 현재의 직업이나 일에서 얻는다면 그 직업이나 일에 더 만족하게 되고 오래 머무르려 할 것이다. 그래서 직업가치관은 사람들이 직업이나 직장을 선택할 때, 또는 그만둘 때 크게 작용하기도 한다.

직업가치관은 사람이 일을 통해 기대하는 것이 무엇이냐에 따라 크게 내재적 가치와 외재적 가치로 구분될 수 있다.

◆ **내재적 직업가치** : 일 자체의 성격과 관련된 가치이다. 일이 흥미나 성취감, 도전감을 주는가, 새로운 것을 학습하고 성장할 수 있는 기회를 주는가, 자신의 역량을 최대한 발휘할 수 있는가, 자율성이 부여되는 일인가 등이 일이 줄 수 있는 내재적 가치다.

◆ **외재적 직업가치** : 일의 결과로 얻게 된 것과 관련된 가치이다. 자신과 가족을 위한 경제적 수입, 안전한 복리후생의 확보, 자신의 사회적 지위를 확보할 수 있는 수단 등이 일을 통해 얻을 수 있는 외재적 가치들이다.

대부분의 사람들은 이들 직업가치들을 모두 중요하게 생각할 것이다. 순수하게 내재적 직업가치만을 찾는다든지, 외재적 직업가치만을 기대하는 사람은 드물 것이다. 그러나 이들 직업가치관은 일을 통해 직원들이 얻고자 하는 바를 반영하므로 그들이 어떤 가치를 더욱 중요하게 생각하고 기대하는지를 파악하는 것은 이들의 동기유발을 위해서는 중요할 것이다. 예컨대 직원들이 자신의 일에 더욱 흥미를 느끼도록 유도할 수 있고 직원들에게 자율권을 주어 스스로 결정할 수 있도록 할 수 있을 것이다. 그러나 동기를 높이기 위한 이러한 시도는 직원들의 직무가 그들의 가치와 어느 정도 강하게 연결되어 있는가에 달려있다. 어떤 직원이 외재적 직무가치보다는 도전적인 일을 하거나 자율성 등과 같은 내재적 직업가치에 더 중점을 둔다면 그에게 급여수준을 올려주는 것은 동기유발에 크게 도움이 되지 않을 것이다.

일본 영화 <굿바이>는 직업 가치관이 가지는 의미를 잘 보여주었다. 이 영화는 도쿄에서 첼리스트로 활동했던 '다이고'가 갑작스레 악단이 해체되자 고향으로 돌아와 장례지도사로 새 출발 하는 이야기를 담고 있다. 처음에는 장례지도사의 일이 거북하여 그만두려고 했지만, 베테랑 납관사 이쿠에이가 정성스럽게 고인의 몸을 단장해주는 모습에 감동하면서 이 직업의 가치를 깨닫게 된다.

"이것은 고인의 마지막 순간을 가장 아름답게 배웅하는 일이다."

그림 2-1 **영화 <굿바이>의 장면**

일에 대해 어떤 가치관을 가지고 있느냐에 따라 자신의 일이 가치 있게 느껴질 수 있다는 것을 보여주는 장면이다.

예전에 석사과정 학생이었던 간호사가 있었다. 논문 주제와 관련하여 동료간호사들이 직무 수행과정에서 겪는 어려움이나 사명감, 성취감, 간호직무에 대한 자신의 생각 등을 인터뷰를 했다. 그런데 동료들에 대한 인터뷰를 진행하면서 새삼 자신의 직업에 대해 새로운 관점을 가지고 바라보게 되었으며 간호직무가 가지는 의미와 가치를 느끼게 되었다고 한다.

직장생활하는 사람들의 말을 들어보면 사실 그들 대부분은 일하기 싫어하는 것이 아니고 의미 없는 일을 하는 걸 싫어하는 것이다. 그들이 하는 일이 조직과 사회에 어떤 가치를 주고 있으며 그들 자신에게도 어떤 의미가 있는지를 깨닫도록 안내한다면 조직의 업무 가치가 내재화될 수 있을 것이다.

02 감성지능

지금 당신은 어떤 감정을 느끼고 있는가? 좋은가? 아니면 우울한가? 아니면 별다른 감정을 느끼고 있지 않은가? 현재 있는 상황에 따라, 또는 조금 전에 일어난 일로 인해 어떤 특정한 감정을 느끼고 있을 수도 있다. 우리는 하루에도 수백 가지의 감정을 느끼며 살아간다. 요즘은 휴대전화를 통해 이모티콘을 연신 날리며 감정표현도 상황에 맞게 적절히 할 수 있다.

인간의 진화 측면에서 감정은 우리의 생존과 적응을 돕는 중요한 기능을 해왔다. 어떤 상황에서 느낀 감정은 생리적 변화를 일으켜 그 상황에 적합한 행동을 하도록 유도한다. 위협적인 존재 앞에서는 두려움이라는 감정을 느끼기 때문에 우리는 도망가는 행동을 하게 된다. 그렇지 않으면 생존이 위험할 것이다. 감정은 우리의 삶 속에서 인간으로 유지하고 발전하는 데도 중요하다. 예컨대 사랑이라는 감정이 일어나지 않는다면 인간이 종족 번식의 유전인자를 후세에 물려줄 수 없고 우리의 인간관계도 삭막할 것이다.

감정이 풍부하다는 것은 그 사람의 인간미를 더욱 돋보이게 하는 큰 장점이지 결코 단점이라고 말할 수 없다. 감정에 무딘 사람은 그리 매력적으로 보이지 않는다. 남들이 다 웃는데 웃지 않고, 늘 무표정하게 있는 사람과는 가까워지고 싶지 않다. 마찬가지로 자신이 우울할 때 자신의 감정에 전혀 공감적 감정을 표시하지 않는 사람과는 대화하고 싶지 않을 것이다. 심지어 최근에는 인간과의 대화내용에 따라 적절한 감정표현도 가능한 로봇까지 등장했다.

감정은 즐거움, 행복, 희망, 기쁨 등과 같은 긍정적 감정과 분노, 우울함, 좌절, 공포감 등 부정적 감정으로 구분된다. 긍정적 감정을 효과적으로 잘 관리하면 신뢰와 충성심, 몰입, 창의성, 생산성 등에 상당한 도움을 줄 수 있다. 기분이 좋으면 일도 잘되는 것과 같은 이치이다. 그러나 부정적 감정을 방치할 경우 의욕저하, 비협조, 이직을 비롯하여 비합리적 의사결정을 초래할 수도 있다. 기분이 우울한 상태에서는 몰입도 어려울 것이다. 이렇듯 사람의 감정은 이성과 논리가 지배하는 비즈니스 세계에서도 매우 중요한 자리를 차지한다.

감정은 흔히 이성과 대비되어 사용된다. 그런데 이성이란 말에 비해 감정은 즉흥적이고 부정적으로 사용되곤 한다. "넌 지금 감정적이야. 이성적으로 대응해야 해"라는 말은 우리가 평소 감정을 바라보는 태도를 잘 보여준다. 억누르고 통제해야 하는 대상으로 여기는 것이다.

감성지능의 영향

이렇게 푸대접을 받아온 감정에 대한 인식은 감정을 지능과 연관시킨 연구들에 의해 반전이 일어났다. 켈리(Robert Kelley)와 캐플런(Janet Caplan)[13]은 미국 최고의 과학자들이 일하는 벨 연구소 직원들을 대상으로 연구를 진행했다. 여기서 근무하는 엔지니어들은 모두 높은 IQ를 가지고 있었는데, 그 가운데서도 최고의 성과를 내는 사람들이 누구인지를 알아보기 위해 연구소의 부서장들에게 업무능력이 뛰어난 사람을 추천해달라고 했다. 지능검사로는 일반 직원과 뛰어난 직원의 차이점을 구분하지 못했는데, 업무능력이 뛰어난 사람으로 추천받은 직원들은 몇 가지 공통적인 특징을 보였다. 그들은 인간관계를 쉽게 맺을 뿐 아니라 팀워크를 효과적으로 조정할 줄 알고 다른 사람의 시각으로 사물을 보는 능력이 뛰어났다. 갈등은 피하면서 협력관계와 협의를 도출해낼 줄 알고 설득력과 책임감이 뛰어난 사람들이었다. 다니엘 골만(Daniel Goleman)[14]은 이러한 연구결과를 근거로 사람의 업무능력을 좌우하는 것은 감성지능(Emotional Intelligence)이라고 주장했다.

감성지능의 영향은 매우 크다. 우리의 일상생활과 인간관계는 모두 감성지능과 관련된다. 연구에 의하면 높은 감성지능을 갖춘 사람은 정신건강 상태가 좋고, 더 나은 업무 수행과 더 강한 리더십 기술을 갖고 있다고 한다. 골만의 연구에 의하면 성공적인 리더와 그렇지 못한 리더 간의 차이는 기술적 능력이나 지능지수(IQ)보다 감성지능(EI)에 의해 크게 좌우된다고 한다.[15] 그에 따르면 약 80% 정도의 감성지능과 20% 정도의 지적 능력이 적절히 조화를 이룰 때 리더십을 효과적으로 발휘할 수 있다고 한다. 이 비율은 리더십이 이성보다 감성의 영역이 더 큰 부분을 차지한다는 것을 보여준다.

그런데 여기서 말하는 감성지능은 단순히 감정이 풍부한 정도를 말하는 것이 아니다. 감성지능은 일반적으로 다음 5가지 유형의 능력을 포함한다.

자기 인식(self-awareness)

자신의 감정을 인식하고, 자신의 감정이 타인에게 미치는 영향을 이해하는 능력이다. 지금 당신은 자신의 감정이 타인에게 어떻게 보이는지 알고 있는가? 자신의 현재 감정을 적절하게 통제하거나 바꿀 수 있으려면 자기 인식이 먼저 이루어져야 할 것이다.

자기 조절(self-management)

자신의 감정을 다스리고, 부정적인 감정을 통제하여 바꿀 수 있는 능력을 말한다. 감정적인 사람들이 가지기 어려운 감정 조절 능력이다. 자기를 조절할 수 있는 사람은 지나치게 화내거나 충동적이지 않고 경솔한 결정을 내리지도 않는다. 그러나 자기 조절 능력이 부족하면 분노, 우울, 스트레스와 같은 부정적 감정을 조절하지 못하여 자기 파괴적인 행동으로 이어질 수 있다.

자기 동기화(self-motivating)

어려움을 찾아내고 자신의 성취를 위해 노력하고 자기 스스로 동기화하는 능력이다. 목표달성을 위해서는 일시적인 만족이나 충동을 억제할 수 있는 능력이 필요하다. 또한 어떤 장애물이나 난관에 직면하더라도 좌절하지 않고 희망을 갖고 지속적으로 헤쳐 나가기 위해 스스로 동기를 일으킬 수 있어야 할 것이다. 따라서 자기 동기화는 모든 종류의 성취에 기초가 되는 능력이라고 할 수 있다.

감정이입(empathy)

다른 사람의 감정을 잘 이해하며 적절하게 반응, 표현하는 공감능력이다. 공감능력이 뛰어난 사람은 다른 사람의 말을 잘 경청하면서 의사소통을 한다. 따라서 감정이입을 잘하는 사람은 원만한 대인관계를 형성할 가능성이 높을 것이다.

대인관계기술(social skill)

타인의 감성에 적절하게 대처할 수 있고 인간관계를 조정하는 능력이다. 여기에는 능동적이고 적극적으로 의사소통을 하는 능력, 타인과 사교적인 관계를 맺는 능력 등을 포함한다. 대인관계기술이 있는 사람은 사람들과 긍정적인 관계를 구축하고 유지하는 데 뛰어난 능력을 보인다.

감성지능이 부각된 배경에는 조직에 있는 사람들이 다른 사람과의 우호적 관계를 유지하고 자신의 감정을 관리하는 것이 중요하다는 인식이 자리 잡고 있다. 조직과 사람은 합리적이고 논리적으로만 움직이지 않는다. 조직에서 벌어지는 일들이 이성보다 감정의 문제인 경우는 생각보다 훨씬 많다. 그렇기 때문에 타인의 감정에 무디면 다른 사람들과 협력하면서 성공적으로 일을 추진하기 어렵다. 자신의 감정을 제대로 통제하지 못해 한순간에 모든 일을 날려버린 사람도 많다.

감성지능과 IQ 간의 연관성에 대해서는 아직 알려진 것이 없다. 하지만 적어도 가방끈이 길다고 감성지능이 높은 것은 아닌 듯하다. IQ와 달리 감성지능은 누구나 자기개발과 연습 등의 노력을 통해 향상시킬 수 있을 것이다. 감성지능이 진짜 지능이 맞는지는 확실치 않지만 자신의 감정을 이해하고 통제하며 관리하는 것이 성공적인 조직생활과 수행력에 매우 중요하다는 점은 부정하기 어려울 것이다.

03 자기개념

어린 시절에 혈액형으로 사람의 성격을 분석한 글들을 흥미롭게 읽었던 적이 있다. A형은 어떻고 B형은 어떻고... 나 역시 사춘기 시절 좋아했던 여학생에게 혈액형 정보를 알아낸 후 그녀가 어떤 사람인지를 열심히 파악하기도 했다. 동시에 나는 어떤 사람인지도 내 혈액형으로 파악했다. 과학적으로는 전혀 근거가 없는 내용이지만 그럴듯한 내용에 고개를 끄덕이기도 했다.

우선 스스로에게 물어보자. 당신은 어떤 사람이라고 생각하는가? "나는 (   )한 사람이다"라고 말한다면 그것이 바로 자기개념이다. 즉, 자기개념이란 자신에 대한 이미지를 말한다. 예를 들면, "나는 친절한 사람이다", "나는 착한 사람이다"라고 말하면 자신에 대해 '친절한' 혹은 '착하다'는 이미지를 가지고 있는 것이다.

자기개념 진단

	매우 그렇다	그렇다	약간 그렇다	약간 그렇다	그렇다	매우 그렇다	
1. 나쁜	1	2	3	4	5	6	좋은
2. 차가운	1	2	3	4	5	6	따뜻한
3. 공격적인	1	2	3	4	5	6	호의적인
4. 이해심 적은	1	2	3	4	5	6	이해심 많은
5. 딱딱한	1	2	3	4	5	6	부드러운
6. 나약한	1	2	3	4	5	6	강인한
7. 무능한	1	2	3	4	5	6	유능한
8. 게으른	1	2	3	4	5	6	부지런한
9. 추진력 없는	1	2	3	4	5	6	추진력 있는
10. 사회적으로 실패한	1	2	3	4	5	6	사회적으로 성공한
11. 비사교적인	1	2	3	4	5	6	사교적인
12. 대인관계가 좁은	1	2	3	4	5	6	대인관계가 넓은

13. 감정표현을 못하는	1	2	3	4	5	6	감정표현을 잘하는
14. 자기주장을 못하는	1	2	3	4	5	6	자기주장을 잘하는
15. 대인관계에서 소극적인	1	2	3	4	5	6	대인관계 에서 적극적인

[해석] 1~5번 : 호의성 차원 / 6~10번 : 유능성 차원 / 11~15번 : 사교성 차원

　나는 과연 어떤 사람인가? 간단한 진단지를 통해 자기개념을 진단해보자. 위의 표의 각 항목에 대해 자신이 어느 쪽에 해당되는지를 체크해 본다.

　각 차원별로 합계가 16~19점이면 중립적 평가이고, 점수가 낮을수록 해당 차원을 부정적으로, 높을수록 긍정적인 평가를 의미한다. 이 세 가지 차원에 대해 스스로 어떤 사람이라고 생각할까? 모든 차원에서 긍정적이거나 부정적으로 생각하는 사람도 있고, 어떤 차원에 대해서는 긍정적이지만 다른 차원에서는 부정적으로 생각하는 사람도 있을 것이다. 이처럼 자기개념은 영역에 따라 긍정적일 수도 있고 부정적일 수도 있다.

　관점이 세상을 보는 방식이라면 자기개념은 우리가 우리 자신을 보는 방식이라고 할 수 있다. 긍정적 자기개념은 자신감과 자긍심을 바탕으로 자신을 긍정적으로 보는 태도이다. 내가 사교성에 대해 긍정적 자기개념을 가지고 있다면 스스로에 대해 사교성 측면에서 자신감을 가지고 있는 사람일

것이다. 반대로 부정적 자기개념은 수치심이나 자기비하 등 자신에 대해 부정적인 태도를 가지고 있는 것이다.

자기개념에 따라 행동이 달라진다

자기개념은 단순한 이미지나 자신을 보는 방식에 그치지 않고 자신의 행동에 영향력을 행사한다. 사람들은 자기개념에 따라 행동을 선택하는 경향이 있기 때문이다. 예컨대, 사교성 측면에서 긍정적 자기개념을 가진 사람은 다른 사람을 대할 때 보다 자신감을 가지고 적극적으로 대하게 된다. 그러나 부정적인 자기개념을 가진 사람은 좀 위축되고 자신이 없고 다른 사람과 적극적으로 소통하려고 하지 않을 것이다. 자신은 일을 잘 해내고 유능하다는 자기개념을 가진 사람은 기회가 있을 때마다 적극적으로 일에 달려든다. 정직하다는 자기개념을 가진 사람이 거짓말을 하게 될 때는 자기개념으로부터 큰 저항을 느낄 것이다. 그것은 자기답지 않은 행동이기 때문이다.

사람은 자기개념과 모순되지 않는 정보에 선택적으로 주의를 기울이고 모순된 정보는 왜곡하거나 무시한다. 예를 들어, 수학을 잘했던 사람은 자신의 수학성적을 기억하기 때문에 수학문제가 주어지면 자신감을 느끼고 더 문제에 집중한다. 그에 비해 수학을 못했던 사람은 수학에서 성공경험이 별로 없기 때문에 수학문제가 주어지면 자신감이 떨어지고 그것을 풀려는 동기가 줄어든다. 이처럼 긍정적인 자기개념을 가진 사람은 부정적인 자기개념을 가진 사람보다 더 큰 자신감을 가지고 긍정적인 방향으로 주의를 기울이는 것이다. 이 점에서 사람이 자신에 대해 가지고 있는 자기개념은 행동을 어떻게 할 것이며 어떻게 생각할 것인지를 결정하는 바탕이 된다.

타인의 피드백에 대한 반응도 자기개념에 따라 다르다. 예컨대, 타인으로부터 칭찬을 받을 때 자기개념이 긍정적인 사람과 부정적인 사람의 반응은 다르다. 칭찬을 칭찬으로 못 받아들이는 사람이 있다. 다른 사람의 호의를 호의로 받아들이지 않고 부정적으로 생각하는 사람은 자기개념이 부정적일 가능성이 높다. 타인의 부정적 피드백에 대한 반응도 자기개념에 따라 다르다. 긍정적인 자기개념을 가진 사람은 부정적 피드백으로부터 자신의 부족한 점을 배우려 한다. 반면 부정적인 자기개념을 가진 사람은 그것을 자신에 대한 공격이나 비난으로 받아들이는 경향이 있다.

긍정적 자기개념은 심리적 적응의 지표로서 여러 가지 긍정적인 심리적 특질과 상관을 보인다. 긍정적인 자기개념을 가진 사람은 자신의 생각을 확신하며 미래에 대해서도 긍정적인 결과를 기대하기 때문에 자기 통제력이 높은 경향이 있다. 반면, 부정적 자기개념은 우울증과 같은 여러 가지 심리적 장애와 높은 상관성을 갖고 있다. 자기개념이 부정적인 경우 사회적 적응에 어려움을 가질 수 있는 것으로 알려져 있다.

따라서 긍정적인 자기개념을 갖는 것이 중요하다. 긍정적인 자기개념을 가진 사람은 일상생활이나 직장생활에서 나쁜 일을 경험해도 이런 경험을 가치 있게 여기고 환경이 바뀌어도 잘 적응한다. 자기개념은 직장에서의 성공과 밀접하게 연관되어 있다. 자신에 대해 긍정적으로 생각하면 그 생각대로 긍정적인 결과를 가져올 확률은 그렇지 않을 경우보다 높다. 자신을 스스로 높게 평가하고 어떤 일을 시작할 때 성공할 것 같다는 생각을 하고 시작하는 경우와, 반대로 일을 시작하기도 전에 자신이 실패할 것 같다는 상상을 하고 하는 경우는 큰 차이를 가져올 수밖에 없을 것이다.

자기개념의 형성

개인의 자기개념은 어떻게 만들어진 것일까? 자기개념을 만드는 주요 요인으로 사회적 관계, 주변의 피드백, 자신에 대한 태도 등 세 가지를 들 수 있다.

사회적 관계

사회적 관계에서 자기개념을 형성하는 데 중요한 영향을 미치는 것은 타인과의 비교다. 대부분의 사람들은 주변에서 자신과 유사한 다른 사람들과의 비교를 통해 자신을 파악한다. 예를 들면, "난 그러지 못하는데, 다른 사람들은 저렇게 즐겁게 대화를 하는구나"라면서 자신이 다른 사람에 비해 사교성이 떨어지는 것으로 생각하게 된다.

자신이 얼마나 똑똑하다고 생각하는지는 주위에 어떤 사람들이 있는지에 따라 달라진다. 어떤 학생이 새로운 학교로 전학을 갔다고 하자. 이전 학교에서는 반에서 1등을 하며 선생님들과 친구들로부터 늘 우등생으로 주목을 받았다. 그러나 새로운 학교에서는 자신보다 공부를 월등히 잘하는 학생들이 많아 반에서 중간에도 미치지 못한다. 이 경우 자신이 뛰어나다고 생각한 자기개념은 월등하게 우수한 사람들과의 비교를 통해 부정적으로 변할 수 있을 것이다.

이때 비교의 영향력은 가까운 사람의 뛰어난 성취나 행동이 자신에게 얼마나 중요한 속성인가에 의해 달라진다. 준거집단은 사회비교를 할 때 판단의 척도로 작용하는 집단이다. 펠드만과 루블(N. S. Feldman & D. N. Ruble)[16]은 프린스턴 대학생들에게 학업적성검사 후 점수를 알려주고 어떤 집단의 점수를 알고 싶은지를 질문한 결과, 자신보다 공부를 잘한다고 생각하는 사람들의 점수를 알고 싶어 하는 경향을 보이는 것으로 나타났다. 그 사람들과의 비교를 통해 자신의 능력을 파악하려는 것이다.

집단 내에서의 역할도 자기개념에 영향을 미친다. 예컨대, 팀 과제를 할 때 팀장이 되거나 동아리에서 회장을 맡게 되면 집단에서의 자신의 위치, 타인의 기대 등에 의해 자신에 대한 이미지와 평가가 달라질 수 있다.

긍정적인 자기개념을 가지고 싶다면 팀 과제를 할 때 '가위바위보'로 팀장을 정하지 말고 자신이 자발적으로 팀장이 되겠다고 해보는 것이 좋을 것이다.

주변의 피드백

주변 사람들의 피드백도 자신에 대한 생각에 많은 영향을 미친다. 잘한다고 하면 자신에 대한 이미지가 긍정적으로 형성되지만 좋지 않은 피드백은 부정적 자기개념을 발달시키게 된다. 따라서 긍정적 자기개념을 키워주기 위해서는 주위 사람들의 긍정적 관심과 피드백이 중요하다.

학생들이 과제발표 후 피드백을 줄 때에는 늘 조심스럽다. 잘못된 것이나 향상될 수 있는 부분들을 말해주는 것이 학생들에게 분명 도움이 될 것이라고 생각하면서도 이게 쉽지 않다. 부정적인 피드백(이 말도 적절한 표현이 아니지만)을 주면 금방 풀이 죽어버리는 학생들이 있어 이들의 자기개념에 부정적인 영향을 줄까 주저하게 되는 것이다.

그래서 누군가의 잘못을 지적하는 경우에는 그 사람을 소중하고 가치 있는 사람으로 생각하고 있다는 느낌을 주는 노력이 필요하다. 특히 어린 시절에 부모와 가족으로부터 받은 피드백은 자기개념을 형성시키는 데 매우 중요한 역할을 한다. 누군가에게 부정적인 피드백을 주는 경우에도 그 사람의 자기개념에 부정적 영향을 주는 말은 피해야 한다. "머리가 나쁘다" 같은 통제할 수 없는 개인의 타고난 속성이나 본성이 아닌, 과정이나 노력에 초점을 맞춰야 한다. "네가 그럴 줄 알았다", "너 주제에 뭘 한다고..." 식의 조소적인 반응은 부정적 자기개념을 촉진시킬 뿐이다.

자신의 태도

주변의 환경적 요인들 외에도 자신의 태도, 즉 자신이 어떤 관점에서 보느냐는 자기개념의 형성에 매우 중요하다. 똑같은 상황에 놓이더라도 자

신의 상황을 어떻게 바라보느냐에 따라 자기개념이 긍정적일 수도, 부정적
일 수도 있는 것이다.

　직장 상사나 동료, 부모나 친구, 주변의 사람들은 간혹 우리의 감정이
나 생각을 별로 의식하지 않고 칭찬을 하거나 비난할 수 있다. 이때, 부정적
피드백을 받아들이는 방식은 결국 자기 자신에게 달려 있다. 자신을 둘러싼
환경들이 부정적 자기개념을 촉진하는 경우에도 그것을 극복하고 긍정적
자기개념을 유지하느냐 아니면 쉽게 굴복하느냐는 자신의 태도에 의해 결
정될 것이다. 주변 사람들의 평가에 지나치게 민감하며 그것에 위축될 필
요는 없다. 자신에게 도움이 되는 부분에 초점을 맞추고 넘어갈 수 있어야
한다.

개인적 동기도 중요

　이처럼 자기개념은 자신을 둘러싼 환경과 자신에 대한 태도 등에 의해
영향을 받으며 만들어지고, 이들 요인에 의해 지속적으로 변하기도 한다.
삶의 과정에서 끊임없이 우리를 흔드는 이로움과 해로움, 칭찬과 비웃음,
성공과 실패 등의 상황, 사람들과의 상호작용 등은 자기개념을 변화시키는
환경적 요인들이다. 그러나 더 중요한 것은 바로 개인적 동기다. 자신의 현
상태를 유지하고자 하는가 아니면 자아를 변화시키고자 하는가? 자아를 실
현하고자 하는 생각이 있는가? 등에 따라 개인의 자기개념이 결정되고 변화
될 것이다.

　사람들은 누구나 더 긍정적인 자기개념을 위해 노력할 수 있다. 부정적
자기개념은 자신에 대한 부정적인 믿음과 오랜 부정적 믿음을 돕는 부정
적 혼잣말, 그리고 삶의 경험들을 받아들이는 방식들의 결과이다. 나의 부
족하거나 약한 면을 의식적으로 긍정적인 자기개념으로 바꿔나갈 수 있다.

예를 들면, 게으른 사람이 "나는 부지런하고 시간 약속을 철저히 지키는 사람이다"라는 자기개념을 추가한다고 가정하자. 그러면 의식적으로 자신이 그런 사람인 것을 증명하기 위해 부지런해질 수 있다. "나는 내성적인 사람이야"라고 생각하는 사람은 항상 내성적으로 행동한다. 그리고 결코 내성적인 성격을 바꾸지 못한다. 내성적인 성격을 바꾸는 유일한 방법은 자신에 대한 생각을 바꾸는 것이다. 즉, "나도 외향적인 특성을 가지고 있다"는 믿음을 가지는 것이다.

이처럼 우리가 하는 대부분의 행동들은 자기개념에 의해 영향을 받지만, 우리가 하는 행동들 역시 자기개념에 영향을 준다. 긍정적인 자기개념을 가진 사람들은 보다 자신감을 가지고 일을 해서 긍정적인 결과를 얻게 되고, 이러한 결과는 자기개념을 다시 강화시키는 선순환을 하게 된다. 그 반대의 경우도 마찬가지다. 긍정적인 자아개념을 가지려면 자신의 생각, 감정, 행동에 주의를 기울여 수용할 것은 수용하고 고쳐야 할 것은 고치겠다는 마음가짐과 긍정적인 방향의 행동이 필요하다.

긍정적 자기개념을 위한 강점 개발

자신의 부정성 편향을 알아보자. 60초 동안 자신이 잘할 수 있는 것들에 대해서 세로줄로, 잘하지 못하는 것들을 다른 세로줄로 작성한다. 어떤 목록이 더 긴가?

만약 잘하는 것을 더 많이 썼다면 긍정성 편향이니 다행이다. 그러나 대부분의 사람들은 잘하는 것들보다는 잘 못하는 것들을 더 많이 쓴다고 한다. 잘 못하는 것들을 더 많이 생각하고 있다는 증거이다.

긍정적 자기개념을 발달시키기 위해서는 긍정적인 면에 초점을 맞추어야 한다. 자신 없는 부분을 자꾸 생각하기보다는 자신의 강점에 초점을 맞추고 개발하려고 노력하는 것이 좋다. 그런데 그것이 말처럼 쉽지 않다. 사람은 일반적으로 부정성에 더 끌린다. 긍정보다는 부정에 더 끌리며, 강점보다는 약점이나 결함에 더 많은 초점을 맞춘다. 학생들은 성적표를 받으면 성적이 잘 나온 과목보다는 잘 안 나온 과목에 더 많은 눈길이 간다. 성적이 잘 나온 비결보다는 성적이 안 나온 원인을 분석하는 데 더 몰두한다. 사람을 볼 때는 상대방의 장점보다 단점이 눈에 더 잘 들어온다. 다른 사람의 좋은 면에 대해 이야기를 나누는 것보다 그 사람에 대해 험담하는 것이 훨씬 재미있다.

우리 사회도 마찬가지다. 강점보다는 약점에 더 초점을 맞춘다. 컨설팅 업체가 회사를 컨설팅할 때 가장 먼저 하는 일은 그 회사의 문제점 분석이다. 그들의 해결안은 문제의 원인을 파악하는 데서 나온다. 초점을 그 회사의 강점이 아닌 약점과 문제점에 두는 것이다. 심리학에도 우울하다, 정신병적이다, 불안하다 등 주로 문제점과 관련된 용어들이 넘쳐난다. 뉴스를 보면 더 심하다. 살인, 사기, 횡령, 사고 등 온통 나쁜 소식들로 가득하다.

이처럼 부정적인 측면이나 정보에 노출되고 주의를 기울이게 되면 어떤 결과를 가져올까? 1995년 예일대 심리학과 존 바그(John Bargh) 교수[17]는 재미있는 실험을 했다. 피실험자들에게 마구 섞인 단어 묶음을 주고 문장을 만들라는 것이었는데 A그룹은 '근심하는' '회색의' '주름진' 등 노인과 관련된 단어를, B그룹은 '깨끗한' '개인적인' '목마른' 등 특별한 연상을 일으키지 않는 단어들을 각각 받았다. 실험의 목적은 문장을 만드는 능력의 측정이 아니라 '문장 만들기' 게임 후 피실험자들의 행동 변화를 알아보는 것이었다. 결과는 놀라웠다. A그룹은 B그룹보다 이동시간이 평균 15% 더 걸렸다. 학생들이 노인을 연상시키는 단어에 무의식적으로 영향을 받아 '노인처럼' 걸었다는 것이다. 여기서 피실험자들은 노인이 아닌 젊은 대학생들이었다.

부정적인 것에 초점을 맞추면 행동에까지 영향을 준다는 것이다.

부정적인 측면이나 정보에 주의를 기울이게 되면 자기개념이 부정적인 방향으로 촉진된다. 약점만 가지고 있는 사람은 세상에 없다. 자기개념을 긍정적으로 발달시키기 위해서는 자신의 강점을 생각하면서 약점보다는 강점에 초점을 맞추어야 한다. 개인의 강점은 긍정적 자기개념을 발달시켜 자신을 보는 방식과 세상과 소통하는 방식을 변화시킨다.

강점을 많이 사용하면 긍정적인 경험도 많이 하게 된다. 심리학자 마틴 셀리그만(Martin Seligman)[18]에 의하면 강점을 많이 사용할수록 긍정정서, 몰입, 안녕 등의 긍정적인 경험을 많이 하게 된다. 효과적인 예방을 연구하는 연구자들은 용기, 미래지향성, 낙관성, 대인관계기술, 신뢰, 직업윤리, 희망, 정직성, 인내와 같은 강점이나 덕성이 우울증, 분노 폭발 혹은 다른 부정적 결과들로 고통받을 가능성을 줄인다는 것을 밝혀냈다.

그렇다면 어떻게 강점을 개발할 수 있을까? 자신의 강점을 생각하고 긍정적 정서를 잠시 가져보는 데서 그쳐서는 안 된다. 자신의 강점이 긍정적인 자기개념과 자기개발로 이어지려면 실행이 필요하다. 자신의 강점을 확인한 후 그 강점들을 사용하도록 노력한다면, 자신을 바라보는 이미지는 더욱 긍정적으로 발전될 것이다.

04 통제의 위치

수업에 지각하면 이유들이 있다. '차가 막혀서', '나올 때 집에 갑자기 일이 생겨서' 등등. 이렇게 원인을 자신이 아닌 다른 것에 돌리는 학생들은 성적이 안 나오면 교수 탓을 할 가능성이 높을 것이다.

통제의 위치 진단

다음의 문항들에 대해 어느 정도 동의하는지 표시하시오.

1: 전혀 그렇지 않다. 2: 그렇지 않다. 3: 보통이다. 4: 그런 편이다. 5: 매우 그렇다.

번호	내용
1	우리가 말하는 불운은 사실상 무능, 무지, 태만의 결과이다.
2	일어날 일은 결국 일어나고 만다.
3	불행한 인생의 많은 부분은 불운한 운명 때문이다.
4	사실 운이라는 것은 있을 수 없다.
5	내 일에도 나 자신의 영향력이 없음을 자주 느낀다.
6	운이 내 인생의 큰 역할을 한다고 믿지 않는다.
7	개인이 열심히 노력하더라도 불행하게도 인정받지 못할 때가 많다.
8	운이 따르지 않으면 성공할 수 없다.
9	인생의 불행은 대부분 자신의 탓이다.
10	성적이 잘 나오거나 못 나오는 이유는 순전히 나에게 달려있다.

① 문항들의 응답 점수를 합산한다. 이때, 문항 2, 3, 5, 7, 8은 역 문항이므로 1점은 5점, 2점은 4점... 방식으로 점수를 반대로 합산한다.
② 점수가 높을수록 내재론자라는 것을 의미한다.

미국의 심리학자 로터(Julian Rotter)가 창안한 통제 위치(locus of control)는 심리학의 중요개념 가운데 하나다. 통제 위치 이론은 개인에게 일어난 사건을 자신이 통제를 하느냐 못하느냐에 따라 사건에 대한 인식이 달라진다고 설명한다. 통제의 위치가 외부적인 요인에 있다고 생각하는 사람을 외재론자라고 하는데, 이런 사람은 우연이나 행운, 상황 등에 의해 결과가 좌우된다고 믿는다. 반면에 통제의 위치가 자신에게 있다고 믿는 사람을 내재론자라고 하는데, 이런 사람은 자신의 노력이나 재능, 자신이 한 행동에 의해 결과가 만들어진다고 믿는다.

어떤 결과를 두고 그 원인에 대해 환경 탓을 하는 사람과 내 탓이라고 생각하는 사람들은 많은 부분에서 다를 수밖에 없을 것이다. 수많은 연구결과들에 의하면, 내재론자들은 외재론자들보다 끈기와 자신감이 높고 독립적이며 실패를 이겨내는 힘이 더 강한 것으로 나타났다. 성공한 사업가를 대상으로 한 쿠라토(D. Kuratko)와 호젯츠(R. Hodgetts)(1998)[19]의 연구결과에 의하면 성공한 사업가들은 자신이 열심히 일하고 잘 관리하면 성공할 수 있다는 신념을 가지고 있는 것으로 나타났다. 그들은 사업의 성공이나 실패가 운명이나 행운에 있다고 믿지 않았다.

똑같이 어려운 환경에 놓여 있어도 외재론자들은 그 환경의 지배를 받지만, 내재론자들은 자기주도력을 가지고 환경을 극복하려고 한다. 예전에 장사가 잘 안 되는 가게를 찾아가 컨설팅해주는 방송프로그램이 있었다. 한번은 치킨과 생맥주를 파는 가게가 나왔는데 손님이 별로 없어 어려움을 겪는 곳이었다. 주인에게 왜 이 가게에 손님이 적은지 물었다. 주인은 이 가게가 길가에서 떨어진 뒷골목에 있어 사람들이 잘 모르는 것 같다고 했다. 원인을 자신이 아닌 외부(손님과 가게의 위치)에 돌리는 것이다. 일단 출연자가 직접 먹어보기로 했다. 치킨은 기름에 찌들어 있어 맛이 없고 생맥주는 신선하지 않았다. 출연자는 기름을 자주 교체하고 생맥주는 당일 팔다 남은 것을 모두 버리라고 조언해주었다. 주인은 이 조언대로 실천하였는데, 역시 효과가 있었다. 몇 달 후 다시 찾아가 봤더니 치킨은 훨씬 맛있었고 생맥주는 신선한 맛이 났다. 당연히 그 가게는 손님으로 가득 차 있었다.

나 자신의 모습이나 운명은 어떻게 만들어지는가? 여기에는 개인적 통제의 느낌, 즉 내가 나의 환경을 통제하고 있다고 보는지 아니면 환경에 의해 통제당하고 있다고 보는지가 중요하다. 당신의 통제감을 생각해보자. 당신은 자신의 인생이 당신의 통제 밖에 있다고 느끼는가? 좋은 직장을 얻는 것이 주로 운명에 달려있다고 생각하는가? 아니면 당신의 성공과 실패가 당신 자신이 하기 나름이라고 더 굳게 믿는가?

하지만 무슨 일이든 지나치면 문제가 되듯이 과도한 내재화도 바람직하지 않을 것이다. 극단적인 내재론자들은 정신적, 심리적으로 경직되어 있어 자기 인생에서 일어나는 통제 불가능한 상황을 받아들이지 못한다는 연구보고가 있다. 죄책감이나 자책만 하다 보면 상황에 견디기 더욱 힘들어질 수 있으니, 어느 정도는 상황 탓을 하는 것도 필요해 보인다.

학습된 무기력

같은 환경이나 상황에 놓여있어도 주어진 상황과 자기 자신을 통제해 나가느냐 그렇지 않느냐에 따라 사람은 전혀 다른 방향으로 행동한다. 옳든 그르든 특정 상황을 통제하고 있다는 생각은 긍정적인 요소이며 행동을 취하게 만드는 강력한 동기유발요소이다. 반대로 통제 불가능한 상황이나 그런 상황에 처해 있다는 생각은 동기유발과 태도에 부정적인 영향을 미친다.

마틴 셀리그만(Martin Seligman)[20]은 우리에 갇힌 개를 대상으로 전기고문 실험을 했다. 한 집단의 개는 코로 지렛대를 누르면 전기고문을 멈출 수 있게 했다. 또 다른 집단의 개는 출구가 없는 공간에 갇힌 상태에 있게 했다. 그런 다음 전기충격을 한동안 가했다. 그 결과, 첫 번째 집단의 개는 고문이 시작되면 바로 코로 지렛대를 눌러 고문을 멈추게 하였다. 두 번째 집단의 개는 위험을 피해 안전한 공간을 찾으려 노력한다. 그러나 상황이 반복되면 점점 위축된 반응을 보이다가 결국 무기력한 상태가 된다.

이번에는 두 집단에게 우리의 문을 열어놓고 전기고문을 가했다. 고문이 시작되자 첫 번째 집단의 개는 바로 문을 열고 밖으로 탈출했다. 그러나 세뇌, 학습된 무기력감에 빠진 두 번째 집단의 개는 한 발만 나와도 전기충격에서 탈출을 할 수 있음에도 불구하고 끝내 그 자리에 꼼짝하지 않고 피할 생각을 하지 못하고 전기고문을 당했다.

셀리그만은 개들이 자신의 행동이 상황에 아무런 영향을 끼치지 못한다는 것을 배우게 되면 학습된 무기력(learned helplessness)을 얻게 된다는 결론을 내렸다. 자신이 조금이라도 행동을 취하면 상황을 변화시킬 수 있다는 사실을 인식하지 못하고, 상황에 대처하기 위해 행동을 하려는 의욕조차 보이지 않은 채 체념에 빠지게 되는 것이다. 한마디로 비관주의 심리상태다. 이 실험을 통해 무기력은 인간본성 혹은 성격의 변화 불가능한 특성이기보다는 학습으로 얻은 마음 상태라는 것을 알 수 있다.

05 창의성

당신은 얼마나 창의적인가? 여기 창의성 문제를 하나 풀어보자. 1930년대에 심리학자 칼 던커(Karl Duncker)가 실험을 진행했다. 실험자가 압정이 들어있는 상자와 양초, 성냥갑을 준다. 피실험자는 촛농이 탁자에 떨어지지 않게끔 양초를 벽에 고정시켜야 한다. 이 문제를 어떻게 해결하면 좋을까? (답은 61쪽을 보시라)

많은 사람들이 압정으로 양초를 벽에 고정시키려다 실패한다. 어떤 사람은 성냥불로 양초의 옆면을 녹인 다음에 벽에 붙이려고 하지만 이 역시 소용이 없다. 이 문제를 해결하려면 무엇보다 '기능적 고정성'을 극복해야 한다. 상자의 다른 기능, 즉 양초의 받침대가 될 수 있다는 사실을 깨달아야 한다. 이 문제에서 해결 방법을 찾기 어려웠던 이유는 아마도 '상자는 물건을 담는 것'이라는 고정관념이 작용했기 때문일 것이다. 여기서 창의적인 사람은 상자를 촛대로 생각하는 발상의 전환을 꾀해 문제를 풀 수 있다.

조직 구성원으로서 가져야 할 중요한 역량으로 요즘 제4차 산업혁명과 더불어 가장 많이 언급되는 것은 단연 창의성일 것이다. IBM이 60여 개 국의 리더들을 대상으로 실시한 조사에서도 리더에게 요구되는 역량 가운데 가장 많이 지적된 것이 창의성이었다. 산업을 불문하고 기업은 물론 공공기관과 여타 다른 조직들도 창의적인 인재를 선발하거나 직원들의 창의성을 높이기 위해 많은 노력을 기울이고 있다.

창의성이란 새롭고 유용한 산물을 산출하는 인간의 능력이다. 인류의 역사는 도구를 사용하면서부터 창의성을 통해 지금까지 발전해온 역사라고 할 수 있다. 창의성은 별개의 고유특성이라기보다는 관점을 전환하는 지혜에 해당한다. 사람은 사물을 지각하고 판단할 때 생각의 기본 틀인 프레임을 가지고 있다. 이는 곧 고정관념을 만드는 구실을 한다. 건설업을 하던 현대그룹이 조선업을 하게 되었을 때, 많은 사람이 건설은 건설이고, 조선은 조선이라고 생각했다. 뭍에서 하는 일과 바다에서 하는 일은 서로 전혀 다른 것이었다. 그러나 정주영 회장은 그렇게 생각하지 않았다. 배는 다름 아닌 바다에서 움직이는 집이라고 생각했다. 그래서 조선업과 건설업은 근본적으로 같은 것이라고 생각했다. 관점을 전환하는 창의적 발상이 아닐 수 없다.

창의성은 천재들만 발휘하는 것이 아니다. 창의성을 개발하기 위해서 지식의 단순 암기에 초점을 맞추기보다는 늘 의문을 던져보고 거꾸로 생각해보는 등 고정관념에서 벗어나 발상의 전환을 즐겨야 한다. 그리고 일을 처리할 때 이러한 창의적 발상 노력의 여부는 도전정신과 내재적 동기에 달려있다. 창의성을 가지고 있어도 그것을 실행에 옮기려는 의지가 없다면 창의성이 발휘되지 않을 것이다.

창의성은 환경의 산물

이런 유머가 있다. 신이 힘들게 살고 있는 한국인을 어여삐 여겨 세계적 천재 세 사람을 한국인으로 태어나게 했다. 뉴턴, 아인슈타인, 에디슨이 한국에서 태어난 것이다. 이들은 어떻게 살고 있을까? 과연 한국을 구했을까? 뉴턴은 강남에서 잘 나가는 수능 족집게 강사가 됐고, 수학과 물리밖에는 몰랐던 아인슈타인은 내신이 나빠 대학 진학에 실패하고, 에디슨은 수많은 발명품을 만들어 냈으나 규제와 급행료 등에 좌절하고 보따리 장사로 전락했다고 한다.

이렇듯 창의적 역량의 발휘는 사회문화적 환경의 산물이기도 하다. 창의적 천재를 보내달라고 기도하기 전에 우리의 사회문화 환경을 돌아봐야 한다는 것이다. 창의적인 사람을 키우기 위해서는 그 사람이 처한 환경의 조건을 창의적으로 바꾸고 창의성을 유발할 수 있는 문화를 만드는 것이 중요하다. 특정시기, 특정장소의 문화는 창의적 인재를 배양하는 인큐베이터의 역할을 한다. 실제로, 구글, 페이스북 등 창의성으로 세계를 주도하는 해외 기업들은 직원들의 창의성을 개발하기 위한 교육 프로그램보다는 창의성을 발휘할 수 있는 근무환경을 만드는 데 노력을 기울이고 있다. 예를 들면, 업무의 20%는 창의적 업무에 할애하는 구글의 '20% 프로젝트', '(문제에) 깊게 빠져들기'라는 모토하에 창의적인 아이디어를 장려하는 세계적인 제품디자인 회사인 IDEO, 직원 사이의 위계질서를 보여주는 책상배치도 없고 청바지와 티셔츠 차림의 자유로운 사무실 분위기의 페이스북 등은 직원들의 창의성을 위한 기업의 노력을 보여준다.

그림 2-2 (왼쪽) 페이스북 사무실 모습, (오른쪽) IDEO 회의 모습

이렇듯 많은 기업이 창의성을 응원하고 있지만 간혹 어이없는 경우도 있다. 몇 년 전 어떤 회사 경영회의에서 넥타이 절단 사건이 발생했다. 창의적인 조직문화 조성을 위해 넥타이 없는 자율복장을 실시한 지 두 달이 지났음에도 경영회의에 두 명의 임원이 넥타이를 매고 참석하자 300여 명의 임직원들이 모인 가운데 사장은 두 명의 임원을 앞으로 부른 뒤 비서에게 가위를 가져오라고 해 그 자리에서 넥타이를 두 동강 내버렸다. 이후 사장은 "이 회사가 거대기업이고 임직원이 워낙 많다 보니 조직문화를 단번에 바꾸기가 어렵고 여전히 아랫사람들은 윗사람들 눈치만 보는 풍조가 만연하다"며 "충격적이었던 탓인지 넥타이 절단 사건 이후 넥타이를 매는 사람이 완전히 없어졌다"고 만족스러운 듯 말했다. 사장은 넥타이를 창의성을 죽이는 주범으로 본 듯하다. 과연 넥타이가 문제일까? 넥타이 없는 복장이 자율복장이라는 답을 정해놓고 그대로 따라 하기를 요구하는 조직에서 창의성 문화가 조성될지 의문이다.

창의성을 연구하는 많은 학자들은 조직의 창의성을 예측하는 데 결정적인 것이 리더의 역할이라고 강조한다. 화이어스틴(Roger Firestien)은 창조경영(Leading on the creative edge)[21]이란 책에서 조직분위기는 리더들의 행동과 태도가 반영된 것이라고 하면서, 리더가 어떤 행동을 보여주느냐에 따라 직원들이 창의성을 발휘하느냐 않느냐를 결정한다고 주장한다. 그에 의하면 리더의 태도가 창의적 분위기의 변화에 67%까지 영향을 미치기도 한다. 그렇다고 리더가 구성원들에게 창의성을 높이려고 온갖 교육을 시키고 창의성을 발휘하라고 강조하라는 것이 아니다. 창의성이라는 말을 하진 않더라도 리더가 창의적이고 새로운 것에 관심을 보이고 다양한 의견을 내고 새로운 것을 시도할 수 있는 분위기를 만들면 되는 것이다.

창의성을 발휘하는 직원에게 보상을 주는 것은 어떨까? 앞서 언급한 양초문제를 사람들에게 제시하면서 문제를 빨리 풀면 보상을 주겠다고 한다면 사람들이 어떤 반응을 보일까? 프린스턴대의 심리학 교수 샘 글럭스버그(Sam Glucksberg)[22]는 실험 참여자들을 두 그룹으로 나누어 양초문제를 해결할 때까지의 시간을 측정했다. A그룹에는 문제를 해결한 시간을 측정해서 빠른 순서대로 25% 안에 들면 5달러를 주고 가장 빨리 문제를 해결하면 20달러를 주겠다고 했다. B그룹에는 단순히 시간만 측정하겠다고 했다. 사람들의 예상과는 달리 문제해결에 보상을 제공한 A그룹이 보상을 제공하지 않은 B그룹보다 문제를 푸는 데 평균 3분 30초 더 많은 시간이 걸렸다. 보상이 창의성을 방해한 것이다. 문제의 본질 이면에 있는 혜택에 주의를 빼앗기기 때문에 기존 물건의 새로운 쓰임새를 볼 수 있는 관점을 흐리게 한다는 것이다. 물질적 보상이 반드시 창의성에 해롭다고 단정할 수는 없지만, 유연한 문제해결능력이나 창의성을 요구하는 업무의 경우 조건적인 보상에만 의존하는 제도나 분위기는 도움이 되지 않을 수도 있다는 것을 알 수 있다. 창의성은 본래 어떤 일 자체가 가지고 있는 흥미, 호기심, 도전의식 등 내재적 동기에 의해 발휘되기 때문이다.

전진의 법칙

며칠간 어떤 일에 매달리다가 드디어 마무리가 눈앞에 있는데, 누군가 와서 이렇게 말한다. "이거 안 해도 되지 않나?" 이런 일을 당하면 그 사람을 향해 뭐라도 집어던지고 싶은 심정일 것이다. 많은 사람들이 비슷한 경험이 있을 것이다. 예전에 어떤 정책과제를 하다가 일이 한창 진행된 상태에서 담당자가 뜬금없이 "이 주제가 정말 맞는 것인지 다시 생각해볼 필요가 있는 것 같아요."라고 말한 적이 있다. 이런 말을 들으면 누구든 당장 그만두고 싶지 않을까?

창의성의 대가로 알려진 아마빌레(Teresa Amabile)는 이런 이야기에 딱 맞는 연구를 소개하였다. 그는 직장인들의 창의성에 영향을 미치는 요인이 무엇인지 알아내기 위해 일기형식의 설문지를 통한 연구를 진행하였다. 그가 수집한 1만 2,000건의 일기에는 통계수치로는 얻을 수 없는 생생한 이야기가 담겨있었다. 분석 결과는 매우 흥미로웠다. 창의성을 유발하는 긍정적 내면상태를 가능하게 하는 것은 바로 '전진'이었다. 자신이 중요하게 생각하는 일에서 진정한 전진을 이루어내면 일에 흥미와 재미를 느껴 일을 창의적으로 처리할 가능성이 커진다는 것이다. 이는 구성원이 업무에서 진정한 성취감을 느끼면 창의성이 요구되는 새롭고 어려운 업무를 받아들일 가능성이 커진다는 뜻이다. 의미 있는 전진을 이루어내고 나면 어려운 문제에 도전해 창의적인 해결책을 찾아내려는 경향이 높아진다는 것이다. 아마빌레는 이것을 '전진의 법칙(Progress Principle)'이라고 불렀다.[23]

그렇다면 전진을 이루어냈는지를 어떻게 알 수 있을까? 리더나 동료의 피드백을 통해 느낄 수도 있고, 일을 하면서 스스로 그 결과를 알 수도 있을 것이다. 예컨대, 아이디어에 대해 구체적으로 긍정적인 피드백을 줘도 좋지만, 단순히 칭찬만 해줘도 사람들은 일이 전진을 하고 있다는 느낌을 받을 수 있다.

반대로 창의성에 가장 해로운 느낌은 좌절이다. 아무리 노력해도 어려운 일들은 좌절의 원인이 되지만 간혹 사람들을 좌절시키는 데 아주 능숙한 리더들이 있다. 이들은 의욕적으로 뭔가를 시도하려는 직원에게 그 일의 어려운 이유나 문제점에만 초점을 맞춰서 시작부터 좌절시킨다. 또 어떤 리더는 잘되고 있는 부분은 언급을 안 한 채, 잘 진행되지 못하고 있는 점에 대해서만 말을 하거나 아직 일어나지도 않은 문제를 확대해석하기도 한다.

직원들이 창의성을 발휘하기를 원한다면 그들이 전진할 수 있도록 도와주는 것이 리더의 역할이다. 지금까지 '전진'한 부분, 긍정적인 결과에 주목하여 어려움을 극복할 수 있는 에너지를 불어 넣어주는 것이다. 바로 이러한 조직분위기에서 창의성이 촉진될 수 있을 것이다.

* * *

조직에서 중요한 개인 특성으로는 지금까지 언급한 것 외에도 많은 것을 들 수 있을 것이다. 어떤 개인 특성이 얼마나 중요한지는 조직의 특성이나 목적, 상황 등에 따라 다를 수 있다. 예컨대 도덕성이 크게 요구되는 직무의 경우 개인의 도덕성 수준이 중요하게 다루어져야 할 것이다. 앞 장에서 보았듯이, 개인의 특성은 타고나기도 하지만 환경이나 상황에 따라 어느 정도 변할 수 있다. 그렇다면 우리 조직에 중요한 가치관이나 개인 특성은 무엇인지, 그리고 그러한 개인 특성을 긍정적인 방향으로 어떻게 발전시킬 수 있을지에 대해 고민해야 할 것이다.

토의합시다

1. 긍정적 자기개념을 촉진하기 위해 리더가 할 수 있는 일과 개인이 시도할 수 있는 효과적인 방법에 대해 생각해보자.

2. 조직 구성원들의 창의성을 촉진하기 위해 리더가 할 수 있는 일과 개인이 시도할 수 있는 효과적인 방법에 대해 생각해보자.

동기

주변을 돌아보면, 늘 부지런히 움직이는 사람이 있는가 하면, 최소한의 필요한 행동 외에는 꼼짝하지 않으려는 게으른 사람들도 있다. 같은 회사에서도 어떤 사람은 열정을 가지고 일에 몰두하는가 하면, 윗사람 눈치 보며 대충 일하면서 퇴근시간만 기다리는 사람들도 있다. 돈만 있으면 직장을 당장이라도 때려치우겠다는 사람들도 있지만, 돈이 충분히 많아도 일하고 싶어 하는 사람들이 있다. 도대체 이 두 종류의 사람들의 차이는 어디서 오는 것일까? 사람들에게 뭔가를 하려는 동기가 왜 일어나는 걸까? 우리를 움직이게 하는 어떤 본성이나 원리가 있는 건 아닐까? 만약 그러한 본성이나 원리를 알 수 있다면 우리가 원하는 방향으로 사람들을 움직이게 하는 데 도움이 되지 않을까?

<table>
<tr><td>

먼저

토의합시다
</td><td>
현재 이 수업에서 충족시키고 싶은 가장 중요한 욕구 두 가지는 무엇인가? 그리고 그 욕구들을 충족시키기 위한 효과적인 동기유발 방법은 무엇인가? 자신, 동료, 교수자, 환경적 요인 등을 포함해서 생각해보자.
</td></tr>
</table>

01 욕구는 동기유발의 원동력

스포츠 경기에서 챔피언이나 메달을 획득한 선수들은 흔히 가난을 이겨내기 위해 이를 악물고 훈련했다는 말을 하곤 한다. 예전에 권투가 한창 인기가 있던 시절에 세계챔피언에 오른 선수들 대부분은 가난을 극복한 스토리가 있었다. 권투 챔피언이 되어 집안을 일으켜야 한다는 강한 의지가 모든 것을 이겨내게 한 원동력이었던 것이다. 만약 그들이 부유한 가정에서 부족함이 없이 자랐어도 그러한 의지력이 생겼을지 의문이다.

심리학자들의 말에 따르면, 사람은 충족되지 않은 욕구가 있으면 심리적 긴장감이 발생한다고 한다. 이 심리적 긴장감을 해소하기 위해 어떤 행동을 하려는 상태에 이르는데 이것이 모티베이션(motivation), 즉 동기다. 충족되지 않은 욕구, 뭔가 부족한 상태는 동기유발의 원동력인 것이다. 그렇다면 어떤 사람을 동기유발하기 위해서는 우선 그 사람이 어떤 욕구를 가지고 있느냐를 아는 것이 필요할 것이다. 사람은 자신의 욕구 충족이 필요해서 조직에 들어오고, 그 욕구가 자신의 기대대로 어느 정도 충족되는 한 조직에 머무르려 할 것이다.

사람은 일반적으로 어떤 욕구를 가졌을까? 사람의 욕구에 관한 가장 인기 있는 이론은 매슬로우(A. H. Maslow)의 욕구 5단계[24]이다. 그에 의하면 사람들은 다양한 욕구를 가지고 있으며, 직장이나 다른 곳에서 하는 행동은 이 욕구들을 충족시키기 위한 쪽으로 이루어지기 마련이라는 것이다. 매슬로우는 사람의 욕구를 다음과 같이 가장 낮은 차원의 욕구인 생리적 욕구에서부터 가장 상위의 욕구인 자아실현 욕구까지 다섯 단계로 구분하였다.

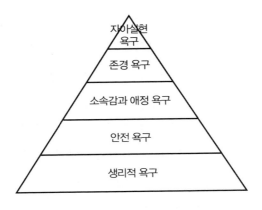

그림 3-1 **욕구 5단계**

1. 생리적 욕구 : 산소, 물, 음식, 신체적 건강, 그리고 편안함에 대한 욕구 등을 말한다. 이 욕구들은 생존을 위해 필요한 가장 기본적이고 생물학적인 욕구다.

2. 안전 욕구 : 위험, 공격, 위협으로부터 벗어나 육체적으로나 심리적으로 안전한 환경에서 살고 싶은 욕구를 말한다.

3. 소속감과 애정 욕구 : 개인으로나 집단으로 다른 사람들과 긍정적인 관계를 맺고 원하는 집단에 속하고 싶은 욕구이다.

4. 존경 욕구 : 타인으로부터 인정받고 존경받고 싶은 욕구를 말한다.

5. 자아실현 욕구 : 자신을 계발하고, 자신의 잠재력을 실현시키고자 하는 욕구다.

매슬로우에 의하면 일단 저차원 욕구가 충족되면 사람은 그 상위 욕구에 관심을 갖는다. 예컨대, 배가 많이 고픈 사람에게는 존경 욕구나 자아실현 욕구와 같은 고차원적 욕구보다는 우선 음식에 대한 욕구가 가장 크게 일어날 것이다. 하지만 일단 배고픔을 해결하고 나면 다른 욕구가 일어날 것이다. 즉, 저차원의 욕구가 해결되어야 고차원의 욕구가 발생한다. 따라서 고차원적 동기를 유발하기 위해서는 저차원적 욕구를 충족시켜주는 것이 필요하다. 춥고 배고픈 상태에서는 성취 욕구나 도전 욕구가 생기기 어렵기 때문이다.

이제 이 이론을 조직에서 일어날 수 있는 구성원들의 욕구에 적용해보자. 매슬로우는 이 이론이 조직에 있는 사람들에게 어떻게 해당될 수 있는지 구체적으로 예를 들지는 않았다. 그럼에도 불구하고 경영이론가들은 이 이론을 바탕으로 리더가 직원들의 동기를 부여하기 위해 할 수 있는 방법들을 제시해왔다. 예컨대, 직원들이 성취 욕구나 자아실현 욕구가 높아서 회사의 일을 주도적으로 하게 만들려면 고용의 안정을 비롯하여 안전한 작업환경을 보장해 주는 것이 무엇보다 필요하다는 식이다. 마찬가지의 이유로 우호적인 팀 분위기 형성, 승진기회 제공 등도 고차원의 욕구를 촉진하기 위해 필요할 것이다.

욕구는 변하기도 한다

사람의 욕구가 선천적으로 타고나는 것만은 아니다. 개인의 자아상이나 목표에 의해 영향을 받을 수 있다. 예컨대 높은 사회적 지위를 목표로 세운 개인은 상위 욕구가 지배적일 것이다. 욕구는 후천적으로 환경이나 학습에 의해 발달하기도 하고 퇴화하기도 한다. 성취 욕구를 예로 들어보자. 아이들이 퍼즐풀기를 할 때, 처음부터 풀기 어려운 것을 보여주면 쉽게 포기한다. 그러나 쉬운 것부터 보여주고 풀게 하면 아이들은 성취감을 맛보게 되고 더욱 어려운 퍼즐에 도전해보고 싶은 생각이 든다. 더욱 높은 수준의 성취감을 맛보고 싶어지는 것이다. 반면, 실패를 거듭하게 되면 더 이상 하기 싫어지기 마련이고 성취 욕구도 낮아진다. 따라서 높은 수준의 어떤 일에 도전하도록 유도하기 위해서는 작은 성취감을 자주 맛보게 하여 성취 욕구를 높이는 것이 필요하다. 다른 욕구의 경우도 비슷하다. 흔히 권력의 맛을 보고 나면 거기에서 빠져나오기 어렵다고 한다. 권력의 맛이 학습된 것이다. 학습을 통해 개인의 이상적인 모델이 형성되면 욕구의 우선순위가 변할 수 있다. 예컨대, 어린아이가 위인전을 읽고 나서 그 위인을 닮고 싶어졌다면 그에 따라 현재의 욕구가 변할 수 있을 것이다.

욕구의 상대적 중요성은 상황에 따라 변하기도 한다. 자아실현 욕구가 강한 사람이 고용이 불안정해지면 안전 욕구가 최우선이 될 것이다. 과거의 욕구 충족 정도 역시 현재의 욕구에 영향을 준다. 어린 시절 가난해서 어떤 것을 못 해본 것이 한으로 남은 사람은 우선적으로 그 욕구를 충족시키는 것을 우선순위로 삼는 경우가 흔히 있다.

매슬로우의 인간 욕구 5단계 이론에 대한 비판도 있다. 실증적이고 과학적인 연구의 결과가 아니며, 욕구 단계 구분이 불명확하다는 점이다. 무엇보다 사람의 욕심에는 끝이 없으니 어느 단계의 욕구가 충족된다는 것이 의문이기도 하다. 어떤 사람은 하위 단계가 만족되지 않아도 상위 단계를 추구할 수도 있고, 한 번에 여러 욕구를 동시에 충족시키려는 경우도 있을 것이다. 천재들을 보면 탐구나 창작 욕구 앞에 다른 욕구들은 완전히 무시되는 듯이 보이지 않는가. 매슬로우의 머릿속에 굶주린 예술가는 없는 듯하다.

이런 한계점들에도 불구하고 매슬로우의 모델은 다음과 같은 이유로 지금도 여전히 인기를 끌고 있다.

- 인간 동기의 원천을 이해하기 위한 기초를 제공한 선구적인 이론이다.
- 인간 행동이 서로 다른 수많은 동기들의 영향을 받는다는 점을 제시한다.
- 리더에게 직원들에게 동기를 부여하기 위해 무엇을 할 것인지에 대한 질문을 던지게 한다.

사람들은 어떤 욕구를 더 중요하게 생각할까?

히스 형제(Chip Heath & Dan Heath)가 쓴 <스틱(Stick)>[25]에 매슬로우의 욕구충족이론에 대한 재미난 사례연구가 나와 있다. 이걸 보면 사람들이 매슬로우의 피라미드 가운데 어떤 욕구를 더 중요하게 생각하는지를 알 수 있을 것이다.

어느 기업에서는 직원들이 목표성과를 달성하면 1,000달러의 보너스를 지급한다. 직원들에게 보너스를 제시하는 방법으로 아래 세 가지가 있다.

1. 1,000달러가 무엇을 의미하는지 생각해보라. 할부금을 낼 수도 있고, 집 수리를 할 수도 있다.
2. 은행계좌에 1,000달러가 입금되면 얼마나 안심이 되는지 생각해보라.
3. 이 1,000달러가 무엇을 의미하는지 생각해보라. 이것은 회사가 당신이 회사의 발전에 얼마나 중요한 기여를 했는지 인정하고 있다는 의미다. 회사는 아무런 이유도 없이 그만한 돈을 덥석 내어주지 않는다.

어떠한 제안이 개인적으로 가장 깊은 인상을 주느냐는 물음에 대부분은 3번을 선택했다고 한다. 이 결과는 우리가 상위 욕구에 더 많은 의미를 두고 있다는 것을 보여준다. 그런데 자기가 아니고 다른 사람에게 가장 좋은 포지셔닝이 무엇이냐는 질문에는 1번이 제일 많았고, 다음이 2번이었다. 자기 자신은 자기존중과 같은 상위 욕구에 동기가 유발되고 다른 사람들은 하위 욕구에 동기가 유발될 것이라고 생각한다는 의미다. 아마도 상당수의 리더들이 여전히 금전적 보상을 최우선으로 생각하는 이유도 이와 비슷하지 않을까 생각한다. 자신은 상위 욕구를 추구하지만 직원들은 하위 욕구를 중요하게 생각할 것이라는 식으로 말이다.

02 사람은 심리적, 사회적 욕구를 가진 존재

　　작업장에서 종업원들의 능률을 높이거나 떨어뜨리는 요인은 무엇일까? 그 요인을 밝히기 위해 하버드대학의 연구원들은 1924~1932년에 미국 시카고 교외에 있는 전화기 메이커인 웨스턴 일렉트릭사의 호손공장에서 실험을 했다. 연구원들은 한 작업실 안에서는 조명의 밝기를 다양하게 조절했고, 다른 작업실에서는 조명을 계속 일정하게 유지했다. 그런 다음 두 집단의 작업 성과를 비교해 보았다. 그 결과, 두 집단의 성과가 모두 증가했고 심지어 조명의 밝기를 낮추었음에도 불구하고 생산성은 양쪽에서 모두 향상되었다.

　　1927년부터 이들 연구팀은 그 원인 규명에 나섰다. 6명의 여자 종업원들을 대상으로 계획적 휴식시간 부여, 회사급식 도입, 노동시간 단축 등 여러 가지 노동조건 개선을 시험하였다. 예상대로 생산성은 향상되었다. 그러나 놀랄만한 점은 이 개선책을 모두 중단하고, 노동조건을 원래대로 되돌려도 생산성은 계속 향상되었다는 것이다.

　　이러한 생산성 향상의 원인은 작업조건 이외의 '무엇'인 것이 확실해졌다. 그래서 이 원인을 검토한 결과, 실험과정 자체가 작업자의 심리적 변화를 낳고, 그 심리적 변화가 작업능률의 향상을 가져온다는 것이 추측되었다.

　　그리하여 종업원의 작업에 영향을 주는 '심리적인 무엇'을 찾기 위해 1928년부터 30년까지 2년에 걸쳐 종업원 2만 1,126명을 대상으로 면접을 실시했다. 그들은 일, 노동조건, 상사, 회사에 대한 불만사항을 솔직히 말했고, 그 결과 의외의 사실을 알게 되었다. 면접 그 자체가 치료적 효과를 가지고 있다는 것이다. 면접을 통해 회사에 대해 매일 느끼고 있는 것을 솔직하게 말할 수 있는 기회를 부여받음으로써, 기업의 톱니바퀴에 불과하다고 생각했던 자신의 중요성을 느끼기 시작했던 것이다.

그리고 작업능률을 좌우하는 요인은 작업환경이나 돈이 아니라 종업원의 심리적 안정감이며, 사내친구관계, 비공식 조직, 친목회 등을 통한 심리적 안정감이 그들의 사회적 욕구를 만족시켜 과업성과에 긍정적 영향을 줄 수 있다는 사실을 알게 되었다.

이와 같은 결과는 당시까지 사람의 욕구를 주로 경제적인 면에만 초점을 맞추었던 인간관에서 벗어나 사람의 사회적 욕구에 눈을 돌리게 되는 계기가 되어 인간이 조직의 중심에 자리 잡게 되었고, 직장에서 개인이 느끼는 감정, 대인관계, 동기유발 등이 중요한 이슈로 등장하게 되었다. 업무 생산성을 높여주는 것은 객관적인 근로조건이나 생산시스템보다는 직원을 이해하고 인정해주는 인간적인 관심이 더 중요하다는 사실을 이 연구가 보여준 것이다.

호손공장 실험을 통해 우리는 조직의 생산성에 사람의 욕구가 얼마나 중요한 역할을 하는지 알게 되었다. 이는 곧 경영자와 리더가 해야 할 일이 많아졌다는 것을 의미하기도 한다. 합리적인 생산체계와 관리뿐 아니라 직원의 감정과 인간적인 측면에도 관심을 가져야 하는 것이다. 이 문제는 이미 오래전부터 제기된 것이지만 실상은 지금까지도 많은 리더들이 간과하고 있는 사실 가운데 하나이기도 하다. 어느 설문 조사[26])에 의하면 종업원들이 원하는 가장 큰 인센티브 5가지 가운데 3가지는 돈이 전혀 안 드는 것이었다. 그것은 (1) "고맙다"는 상사의 말, (2) "고맙다"는 상사의 메모, (3) 공개적인 칭찬이었다. 매슬로우의 욕구 단계에서도 언급했듯, 우리의 경제적 욕구는 다른 욕구에 비해 생각보다 하위에 있는 듯하다.

03 위생이론

　돈만 많이 주면 직원들이 신명나게 일할까? 이런 생각은 편견에 가깝다. 내가 직장인을 대상으로 한 강의를 할 때, 지금까지 직장에서 일을 하면서 '신바람 났던 때'와 '일할 기분을 떨어뜨리는 요인'을 생각하면서 그 이유를 각각 하나씩 써보라고 했다. 사람들이 작성한 것을 모아보면 신바람을 일으켰던 요인과 그 반대의 요인들이 서로 성격이 다르다는 점을 발견하게 된다. 신바람 요인으로 가장 많이 언급되는 것은 주로 성취감을 느꼈을 때나 인정을 받았을 때이고 그 반대의 요인으로는 연봉이나 직장 상사 등이 주로 거론된다.

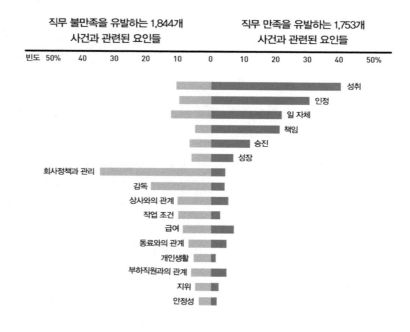

그림 3-2 **직무불만족 요인과 직무만족 요인**

이러한 내용은 허즈버그(F. Herzberg)[27]의 연구에서도 잘 나타났다. 허즈버그는 공중보건국에서 쌓은 경험을 통해, 건강한 정신이 정신질환의 정반대 상태가 아니라는 생각을 갖고 있었다. 즉, 정신적으로 건강한 사람이 정신병 환자의 반대는 아니라는 것이다. 그는 이런 생각을 바탕으로 모든 근로환경에서 불만족스러운 요인과 만족스러운 요인이 구분되며, 그 두 가지 요인이 서로 반대가 아니라는 사실을 밝혔다. 그는 피츠버그 지역에 거주하는 203명의 엔지니어와 회계사를 대상으로 업무와 관련해 만족하고 있는 점은 무엇이고 불만족스럽게 생각하는 점은 무엇인지 설문조사를 실시했다. 조사결과, 불만족스러운 요인은 회사방침, 감독, 급여, 대인관계, 물리적 근로환경 등의 근로조건과 관계가 있었다. 그는 이러한 요인을 위생요인(hygiene factor)이라고 불렀다. 만족요인은 성취, 인정, 일 자체, 책임 등과 관계가 있었다. 이러한 요인들을 그는 동기요인이라고 불렀다. 이들 요인을 들여다보면, 흥미로운 사실이 발견된다. 위생이론이 "왜 여기서 일하는가?"라는 질문과 관계가 있다면 동기유발요인은 "왜 일을 더 열심히 하는가?"라는 질문과 관계가 있어 보이는 것이다.

허즈버그에 의하면, 동기요인이 만족되지 않았을 때 그것은 '직무불만족'이 아니라 '직무만족이 되지 않은 상태(NO job satisfaction)'이고, 위생요인이 만족되었을 때 그것은 '직무만족'이 아니라 '직무불만족이 일어나지 않은 상태(NO job dissatisfaction)'다. 위생요인에 문제가 생기면 업무에 대한 부정적 태도가 생긴다. 그래서 위생요소를 개선하면 긍정적 업무태도를 방해하는 요인이 제거된다. 그러나 위생요인들을 해결한다고 해서 만족스럽거나 동기를 부여하는 요인으로 바꿀 수는 없다. 참된 동기부여는 동기요인으로부터 생긴다. 따라서 보상이나 근로환경보다는 만족요인에 해당되는 업무 자체를 통해 동기유발을 도모해야 한다.

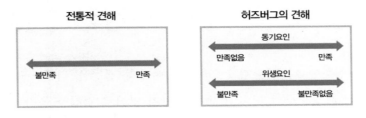

그림 3-3 **불만족에 대한 전통적 견해와 허즈버그 견해의 차이**

대다수의 회사들은 직원들을 동기유발시키기 위해 성과급이나 보너스 등을 가장 먼저 생각한다. 그런데 만족과 불만족은 서로 다른 기준을 갖고 있다. 예를 들어, 우리는 연봉이 높으면 삶이 만족스럽고 연봉이 낮으면 불만족스럽다고 생각하면서 만족과 불만족을 하나의 축으로 생각하지만, 사실은 그렇지 않다는 것이다. 허즈버그에 의하면 그것들은 동기를 유발하기 위한 적절한 방법이 아니고 단지 불만을 최소화하기 위한 방법에 불과한 것이다. 일하고 싶은 동기는 상사로부터의 인정, 도전적인 일거리, 책임감 등에서 나온다. 이 이론은 급여 인상, 보너스 지급 등 금전적 보상으로 직원을 동기부여하려는 일반적인 방식이 착각이라는 얘기다. 회사 입장에서는 직원에게 업무에 대한 동기부여와 직원의 만족도를 높이려면 무엇에 집중해야 하는지 알 것이다. 성취감, 성장한다는 느낌 또는 자아실현 등과 같이 한 차원 높은 요인들을 충족할 수 있도록 만들어 주는 것이야말로 직원의 업무에 대한 동기와 몰입도를 높일 수 있는 길이다. 돈으로 동기를 높일 생각을 하기보다는 직원들이 한 일에 대해 인정하고 칭찬하는 일이 더욱 중요하다.

04 X이론과 Y이론

그리스신화에 나오는 피그말리온은 여자의 결점을 너무나도 많이 본 나머지 여성을 혐오하게 되어 평생 결혼하지 않기로 결심한 조각가였다. 어느 날 상아로 여자를 조각하였는데 그 작품의 아름다움은 살아있는 어떤 여자도 따라갈 수 없을 정도였다. 그는 자신의 작품에 경탄한 나머지 이 작품과 사랑에 빠졌다. 가끔씩 살아있는지 아닌지를 확인하기 위해 손을 대보고 여자들이 좋아하는 것들을 선물로 주고 안아보기도 하였다. 또, 옷을 입히고 손가락에 보석반지를 끼우고 가슴에는 진주목걸이를 달아주었으며, 심지어 부드러운 소파에 눕히고 보들보들한 깃털을 넣어 만든 베개를 받쳐주고 아내라고 부르기도 했다.

아프로디테 제전이 다가와 이 제전에서 자신의 임무를 끝낸 피그말리온은 제단 앞에서 머뭇거리며 말했다. "신들이여! 원컨대, 저에게 저의 상아처녀와 같은 여인을 아내로 점지해주소서." 아프로디테는 그의 소원을 들어주겠다는 표시로 제단에 타오르는 불꽃을 세차게 공중에 세 번 오르게 했다.

집으로 돌아온 피그말리온은 소파에 누워있는 조각을 보았다. 생기가 도는 것 같았다. 손이 부드럽게 느껴졌다. 착각이 아닐까 의심했지만, 피부를 누르면 들어가고 손을 떼면 다시 원상태로 돌아왔다. 자신의 입술을 여자의 입술에 갖다 대자 그 여자는 수줍은 듯 얼굴을 붉혔다. 마침내 자신이 원하는 바대로 이루어진 것이다.

누군가가 잘 할 것이라고 기대하면 그 사람은 그 기대에 맞추기 위해 노력을 하게 된다. 이와 같이 긍정적으로 기대하면 기대에 부응하는 행동을 하게 되는 것을 피그말리온 효과(Pygmalion Effect) 또는 자기충족적 예언(self-fulfilling prophecies)이라 한다. 이런 효과가 정말 현실에서도 가능할까?

기대는 행동에 영향을 미친다

미국의 교육학자인 로젠탈(R. Rosenthal)과 제이콥슨(L. Jacobson)[28]은 초등학교 교사들을 대상으로 피그말리온 효과를 확인해보기로 했다. 학년 초에 초등학교 1학년과 2학년 담임교사들에게 몇 명의 학생들 명단을 주면서 이 아이들은 학습능력예측검사에서 잠재력이 매우 우수한 것으로 확인되었다고 말해 주었다. 사실 이 아이들은 검사 결과나 학업성적과는 상관없이 무작위로 선택된 아이들이었다. 1년이 지나 학년말에 학생들의 학업성적과 행동을 평가했다. 평가 결과, 잠재력이 뛰어난 것으로 기대되었던 아이들은 그렇지 않았던 아이들과 비교했을 때 전년도에 비해 지능검사의 점수와 학업성적이 현저하게 증진되었다.

원래는 기대집단의 아이들과 비교집단의 아이들은 능력 면에서 차이가 없었다. 단지 교사가 기대하는 바에서만 차이가 있었던 것이다. 교사는 잠재력이 있다고 기대되는 아이들에게 관심을 많이 기울였을 것이고, 잘못을 했을 때도 잠재력을 믿기 때문에 격려를 아끼지 않았을 것이다. 기대받는 아이들은 이러한 교사의 기대에 부응하기 위해 더 많은 노력을 기울일 수밖에 없었을 것이다. 그 결과, 1년이 지난 다음에는 정말로 잠재력이 개발된 모습을 보여주었다. '잠재력이 있으며 기대받고 있는 사람'이라는 느낌만으로도 사람은 달라질 수 있다. 관심과 애정이 담긴 기대를 받으면서 "할 수 있다"는 자신감을 갖게 되면 더 많은 노력을 하게 된다는 것이다.

누구나 다른 사람들로부터 인정을 받으면 기분이 좋다. 그리고 자기를 인정해주는 사람들을 실망시키고 싶지 않을 것이다. 바보온달도 그랬다. 눈 먼 홀어머니에 내세울 것 하나 없는 그를 좋아해서 호의호식을 버린 평강공주를 위해 온달은 못할 일이 없었다. "온달님은 성실한데다 힘도 세니까 틀림없이 훌륭한 장군이 될 수 있을 거예요." 온달은 평강공주의 기대에 완전히 사람이 달라졌다. 낮에는 활쏘기와 칼 쓰기를 익혔고 밤에는 책을 읽었다. 평강공주의 기대대로 바보온달은 북주(北周) 무제(武帝)가 요동에 침입했을 때 선봉에 서서 큰 공을 세워 국왕의 사위로 공인받았다.

이처럼 기대는 행동에 영향을 미칠 수 있다. 높은 성과를 달성할 것이라는 기대는 실제로 사람들의 성과를 향상시킬 수 있으며 낮은 기대는 성과를 낮출 수 있다. 감시와 통제 정도가 심하다는 것은 사람들이 일을 적절하게 하지 못할 것이라는 기대를 전달하게 되는 셈이다. 감시는 사람들을 신뢰하지 않고 있다는 메시지도 전달한다. 이러한 신뢰결핍은 사람들 스스로 자신을 신뢰할 수 없는 존재로 바라보게 유도하며 이에 걸맞은 행동을 하게끔 한다.

사람의 본성을 바라보는 두 가지 시각

맥그리거(Douglas McGregor, 1960)가 제시한 XY이론이 바로 이러한 피그말리온 효과에 해당된다. 맥그리거는 앞에서 살펴본 매슬로우의 동기이론을 수용하면서, 또 하나의 중요한 생각, 즉 경영자가 타인을 바라보는 근본시각이 자기충족적 예언으로 작용하는 경향이 있다는 생각을 덧붙였다. 맥그리거는 경영자들이 사람의 본성에 대해 잘못된 생각을 갖고 있다고 주장하면서 전통적인 인간관에 문제를 제기하였다. 그는 사람의 본성을 부정적으로 보는 X이론과 이의 반대의견으로서 사람의 본성을 긍정적으로 보는 Y이론이 있다고 설정한다.

X이론 인간관에 의하면 사람은 본래 노동을 싫어하고 경제적인 동기에 의해서만 노동을 하며 명령이나 지시받은 일밖에 하지 않는다는 것이다. 사람은 선천적으로 게으르고 책임지지 않으려 하므로 채찍을 가해서 열심히 일하도록 해야 한다는 인간관이다. 따라서 엄격한 감독, 상세한 명령 지시,

상부로부터의 하부에 대한 지배 중시, 금전적 자극 등을 중심으로 하는 관리가 필요하게 된다. 맥그리거에 의하면, 대부분의 리더들이 자기 조직에 소속된 사람들을 생각하는 방식이 바로 여기에 해당된다.

전통적인 경영자들은 자신의 다년간 경험을 들어 X이론만이 소기의 성과를 얻을 수 있는 유일한 대안이라고 주장하곤 했다. 이들은 종업원을 "결코 만족하지 않고", "매사에 무관심한" 존재로 인식하고 있었기 때문이다. 맥그리거는 자신이 Y이론으로 이름 붙인 다른 관점을 제시했다. Y이론 인간관에 의하면, 사람에게 노동은 놀이나 휴식과도 같으며 사람은 자기의 능력을 발휘, 노동을 통해 자기실현을 바라고 있다고 본다. 사람은 또한 타인에 의해 강제적으로 일하게 되는 것이 아니라 스스로 설정한 목표를 위해 노력한다는 것이 Y이론이다. 적절한 동기만 부여되면 사람은 기본적으로 자기 통제적일 수 있으며, 노동에서도 창조적일 수 있다는 인간관이다.

경영자는 종업원에 대해 X이론의 인간관을 가질 수도 있고 Y이론의 인간관을 가질 수도 있다. 이러한 인간관의 차이는 매우 중요하다. 사람 본성에 대한 믿음은 사람 본성 자체를 바꿀 수도 있기 때문이다. 피그말리온 효과는 그것을 잘 보여준다.

인간 행동에 관한 경제학 모델이나 경영자들은 예외 없이 종업원을 일하기 싫어하는 존재로 보고 외부의 어떤 통제나 인센티브가 없으면 일하지 않을 것이라는 가정을 한다. 그래서 이들은 통제, 규율, 개별 인센티브와 감시 등을 강조한다. 경영자가 이와 같은 X이론의 인간관을 가지고 있다면 종업원들을 철저히 감시 통제하려 할 것이다. 감시를 당하는 종업원들은 당연히 자율적으로 일을 하기보다는 상사의 눈치를 보면서 일을 할 것이다. 결국 종업원들의 이러한 행동을 지켜보는 경영자는 자신의 판단이 옳았다고 느낄 것이고 더욱 자신의 인간관을 믿게 될 것이다.

그러나 경영자가 Y이론의 인간관을 갖고 있다고 가정해보자. 아마도 그 반대의 상황이 일어날 것이다. 경영자는 종업원들이 자율적이고 책임 있는 행동을 할 것으로 신뢰하고 믿으며, 종업원들은 이러한 기대에 부응하는 행동을 하게 된다. 그리고 종업원들의 책임 있는 행동을 보게 되는 경영자는 자신의 Y이론적 인간관에 대한 믿음을 다시 한번 확인하게 될 것이다. 인간관이 선순환 또는 악순환되는 것이다. 종업원들이 의존적이고 어린이 같은 행동을 할 것이라고 예측한다면, 그들이 성숙한 행동을 할 가능성은 그만큼 낮아질 것이다.

05 기대이론

첫 수업에서 교수가 강의계획과 평가기준에 대해 설명을 한다. 특히 팀 과제가 학점에 매우 중요하다고 덧붙인다. 그러면 학생들은 두 가지 사항에 대해 고민하게 된다.

"내가 팀 과제를 잘 해낼 수 있을까?"
"팀 과제는 학점에 어느 정도 반영될까?"

전자는 노력해서 좋은 결과물이 나올 것인지에 대한 확률이고, 후자는 그 결과물이 학점으로 이어질 확률이다. 이 두 가지 사항에 긍정적이면 팀 과제를 위해 적극적인 노력을 할 가능성이 높을 것이다. 물론 한 가지 남은 기본적인 조건이 있다. 학점이 매력적인 유인책이어야 한다는 것이다. 학점에 큰 관심이 없는 학생이라면 이것은 고민의 대상도 아닐 것이다.

만약 이 세 가지 요인 가운데 어느 하나라도 0이라면? 예컨대 노력한다고 해도 과제를 잘할 자신이 없거나, 과제를 잘한다고 성적으로 이어지지 않거나, 또는 학점 자체에 큰 의미를 두지 않는다면, 팀 과제를 열심히 해야겠다는 동기는 일어나기 어려울 것이다.

이처럼 기대이론[29]은 동기부여를 인간이 합리적 선택을 하는 인지적 작용의 결과로 본다. 어떤 행동에 대해 갖는 성취가능성(기대감)과 그 행동의 결과로 얻어지는 결과물의 주관적 가치에 의해 결정된다고 보았다. 즉, 기대감, 수단성, 유의성의 세 가지 핵심개념의 함수로 동기가 일어난다고 본다. 구체적으로 살펴보면 다음과 같다.

기대감(expectancy)

이는 노력을 했을 때 특정한 목표행위를 성취할 수 있는가에 대한 주관적인 확률이다. 과업을 수행하기 위한 노력은 실제로 성과가 나타날 것이라는 기대에 달려있을 것이다. 성과가 있다고 믿으면 노력을 계속하겠지만 그렇지 않으면 노력을 그만둘 것이다. 노력의 강도는 노력의 결과로서 성과가 전혀 없으리라고 믿는 0에서부터 완전한 성과가 있을 것으로 믿는 1까지이다.

수단성(instrumentality)

수단성이란 성과와 보상의 관련성을 지각하는 정도를 말한다. 성과 또는 과업의 수행은 보상을 획득하기 위한 수단의 역할을 한다는 것이다. 수단성은 성과가 보상을 가져오게 될 것이라는 확률치로서 −1에서 +1까지로 나타난다. 예컨대, 높은 성과를 올려서 승진의 확률이 높아지면 수단성이 높지만, 성과를 올려도 승진에 반영이 안 된다면 수단성이 낮아지는 것이다.

유의성(valence)

보상으로 얻게 되는 승진, 급료, 인정 등에 대한 가치의 강도를 말하는 데, 개인의 욕구에 따라 그 중요성과 가치가 달라진다. 어떤 결과를 얻는 것이 최상이라고 생각하는 +1에서부터 그 결과를 얻지 않는 것이 좋다고 생각하는 −1까지이다.

사람들은 무엇을 할 것인지, 하지 않을 것인지, 얼마나 시간과 에너지를 쏟을 것인지를 결정할 때 머릿속에 이 세 가지 요인이 작동한다는 것이 기대이론이다. 이 세 가지 요인은 모두 주관적이므로 이 동기계산은 사람마다 다르다. 예컨대, 자기효능감이 높은 사람은 노력하면 얼마든지 좋은 성과를 낼 수 있다는 기대감이 높겠지만, 자기효능감이 낮은 사람은 기대감도 낮을 것이다. 따라서 기대이론이 주는 교훈은 다음과 같다. 사람들을 동기유발시키기 위해서는 기대감과 수단성의 확률을 높게 지각하도록 하고 그들이 가치를 두고 있는 보상이 무엇인지 확인해야 할 것이다.

이제 민수라는 학생이 A 과목을 선택할 것인지, 아니면 B 과목을 선택할 것인지를 기대이론에 적용해보자. A 과목은 팀 과제가 어려운 데다가 열심히 한다고 좋은 결과를 가져올 확률은 크게 높아 보이지 않는다. 그 결과가 학점에 반영되는 비율도 낮다. 그런데 이 수업을 통해 문제해결역량이 분명히 향상된다는 확신이 있다. 반면, B 과목은 시험 준비를 열심히 하면 반드시 좋은 결과를 얻을 수 있으며, 시험 점수에 의해 학점이 거의 결정된다고 할 수 있다. 단점은, 이 수업이 문제해결역량을 향상시키는 데는 도움이 거의 되지 않는다는 것이다. 민수는 고민하다가 A 과목을 선택한다. A 과목이 노력한 만큼의 결과를 가져오는 기대감과, 결과가 학점으로 이어지는 수단성이 낮지만, 민수는 학점보다 이 수업에서 얻게 되는 문제해결역량을 큰 가치로 보기 때문이다.

이 사례에서 유의성은 학점과 기대역량이라는 두 가지만 예로 들었지만, 이 외에도 가치를 두는 다양한 유의성 요인이 있을 것이다. 어떤 행동이나 결정을 하는 데 고려할 수 있는 중요한 요인의 기대감과 수단성이 종합적으로 작용하여 의사결정을 하거나 동기의 정도가 결정되는 것이다.

그렇다면 이제 관리자가 직원들을 동기유발시키기 위해 스스로에게 던질 질문은 다음과 같은 것이다.

- 내가 요구하는 과업수행 수준이 직원들이 노력하면 달성될 수 있는 일인가?
- 그들의 성과는 제대로 평가되고 보상이 이루어지는가?
- 그 보상은 직원들이 높은 가치를 두고 있는 것인가?

흔히 누군가를 동기유발시키려고 할 때 "노력하면 성공할 수 있다. 그러니까 용기를 가지라"고 한다. 그런데 열심히 노력해도 좋은 결과가 있을 가능성이 매우 낮다면 노력을 할 동기가 일어나기 어려울 것이다. 또한 노력해서 성공할 가능성이 높은 경우에도, 성공이 인생의 목적이 아닌 사람에게는 그 말도 아무 설득력이 없을 것이다.

06 목표이론

1953년 예일대학교의 한 연구팀이 그해 졸업반 학생들을 대상으로 분명한 삶의 목표를 가지고 있는 학생이 얼마나 되는지 조사했다. 그들 중 단 3%의 학생만이 글로 쓴 목표를 가지고 있었고 10%는 목표를 가지고 있으나 마음속에 가지고 있었으며 나머지는 목표가 없었다. 20년이 지난 1973년,

이들을 대상으로 한 추적조사가 실시되었다. 글로 쓴 목표를 가지고 있었던 3%는 최상류층에 속해 있었으며, 목표를 마음속에 가지고 있었던 10%는 상류층에, 목표가 없었던 나머지 사람들은 중·하류층에 속해 있었다. 특히, 최상류층에 속한 3%의 사람들이 소유한 부는 나머지 97%의 사람들 모두를 합친 것보다 더 많다는 사실이 확인되었다.

경영학의 아버지로 불리는 피터 드러커(Peter Drucker)가 중학교를 졸업한 지 40년이 지나 동창회를 찾았다. 그런데 40년 만에 만난 동창들 중 같은 반에서 공부한 상당수가 의사와 변호사 등 비교적 생활이 윤택한 전문직종에 진출해 안락한 삶을 살고 있었다. 같은 시기 다른 반에서 공부한 동창들보다 눈에 띄게 두드러진 결과였다. 그 원인은 멀지 않은 곳에 있었다. 당시 피터 드러커를 지도한 담임교사가 같은 반 학생들을 대상으로 늘 목표의 중요성을 강조하고 그것을 기록하도록 지도했기 때문이었다. 그 담임교사는 나이 40살이 되어서 무엇을 할 것인가를 늘 기록하도록 강조했다고 한다. 목표가 삶을 그 방향대로 이끌고 동기를 유발한 것으로 보이는 사례이다.

인간의 동기가 목표에서 나온다고 보는 이론이 로크(E.A. Locke)[30]에 의해 제시된 목표 설정 이론이다. 이는 인간이 합리적으로 행동한다는 기본적인 가정에 기초하여, 개인이 의식적으로 얻으려고 설정한 목표가 동기와 행동에 영향을 미친다는 것이다. 로크에 의하면, 인간의 행동은 결과를 중시하는 목표지향적 특징을 갖는다고 한다. 그리고 인간은 목표에 도달할 수 있다고 기대할 때 행동한다. 목표를 추구함으로써 인간은 한 방향으로 나아갈 수 있다.

목표 설정 이론은 가장 많이 연구된 동기 이론으로 동일한 환경 조건에서 사람들의 수행에 차이가 나는 원인을 서로 다른 목표 설정이라는 동기적인 측면에서 찾고 있다. 즉, 목표의 형태나 조건에 따라 개인의 동기수준이 달라질 수 있다는 것이다.

목표의 효과

목표는 개인이 의식적으로 얻고자 하는 사물이나 상태를 말하며, 장래 어떤 시점에 달성하려고 시도하는 것이다. 사람은 살면서 수없는 선택의 문제에 부딪치게 된다. 이때 목표는 선택의 나침판 역할을 한다. 목표가 없는 사람은 그 상황에 이끌려 다니지만 목표가 있는 사람은 목표에 맞게 선택을 하면서 주어진 상황을 주도적으로 이끌게 된다.

구체적인 목표의 효과는 다음과 같다.

첫째, 현재 상태가 어떤지 또는 자기 자신이 어디에 있는지 알게 해준다. 목표란 것은 현재의 상태를 원하는 상태로 바꾸고 싶을 때 이를 위해 해야 할 내용을 담고 있다. 따라서 목표는 현재의 상태에 대해 돌아볼 수 있는 기회를 제공한다.

둘째, 원하는 것이 무엇인지를 확실하게 해 준다. 목표를 세우려면 도달하고 싶은 상태를 구체적으로 생각해야 하기 때문에 원하는 상태를 명확화하게 된다. 예컨대, 장래의 목표를 정하지 못하는 학생들은 스스로에게 "내가 정말 원하는 상태는 무엇인가?"라는 질문에 대해 답을 찾는 과정에서 목표를 세울 수 있다.

셋째, 주의 깊게 현실과 미래를 성찰할 수 있게 해준다. 목표를 세우는 과정에서 현재 나 자신을 둘러싼 상황과 목표를 달성한 후의 모습에 대해 생각할 기회를 준다. 따라서 목표를 작성하고 추구하는 과정 자체가 좋은 성찰의 기회를 줄 수 있다.

넷째, 행동에 의지와 동기를 불러일으킨다. 자신이 원하는 상태는 가만히 있으면 저절로 오지 않는다. 목표를 만들게 되면 이를 달성하기 위한 지속적인 노력이 필요하다. 목표는 환경에 의해 유발된 것이 아닌 자신의 의지로 만든 것이므로 스스로의 의지에 의해 목표를 만들고 이를 달성하기 위한 동기를 스스로 촉진할 수 있다.

마지막으로, 철저한 관리를 할 수 있게 해 준다. 목표를 달성하기 위해서는 불필요한 시간을 낭비해서는 안 된다. 목표달성에 필요한 행동과 자원에 초점을 맞추고 비효율적인 행동이나 방향을 스스로 통제해야 하는 등 자율적 관리가 필요하다.

목표의 다섯 가지 조건

목표를 세운다고 방금 언급한 대로 모두 효과가 있는 것은 아니다. 어떤 경우에는 현재와 별반 차이 없이 특별한 동기를 일으키지 않거나 효과가 없이 끝나버리는 경우도 흔히 있다. 일반적으로 목표가 좋은 목표로서 소기의 효과를 얻기 위해서는 다음 다섯 가지의 조건을 갖추어야 하는 것으로 알려져 있다.

첫째, 자신이나 조직에게 가치가 있어야 한다. 최선을 다할 수 있도록 동기유발되기 위해서는 간절히 원하는 것이어야 할 것이다. 우리는 간절히 원하는 것을 쉽게 포기하지 않는다. 난관이 생기면 극복할 생각도 그것이 간절할 때 생긴다. 목표달성의 출발점은 욕망이다. 진실로 목표를 이루고자 한다면 강렬하게 타오르는 욕망을 키워야 한다. 만약 간절함이 느껴지지 않는다면? 그 목표를 달성하면 무엇이 달라질 수 있을까? 내게 어떤 도움이 될까? 등을 생각하면서 내게 생기는 이득과 장점에 대해 생각해보는 것도 좋은 방법이다.

둘째, 실현가능성이 있어야 하며 현실적이어야 한다. 목표가 너무 높으면 중도에 포기하기 쉽다. 노력해서 충분히 달성할 수 있을 정도의 난이도가 있어야 하고 도전 가치가 있어야 한다. 일반적으로 사람들은 자신이 쉽게 달성할 수 있는 목표보다 난이도가 더 높은 목표에 몰입하며 목표달성을 통한 성취감과 도전의식을 갖는다. 로크의 연구에 따르면, 개인들에게 낮은 목표, 중간 목표, 높은 목표를 제시했을 때 높은 목표를 가진 사람이 가장 생산성이 높았다. 하지만 목표가 명백하게 달성될 수 없는 경우에는 오히려 개인의 동기가 감소하여 목표를 수행하지 않게 된다. 목표는 난이도가 높으면서 달성 가능하고 도전할 만한 가치가 있을 때 효과가 극대화된다.

셋째, 측정 가능해야 한다. 목표달성과정에서 그 진척 정도와 달성 여부를 확인할 수 있어야 한다. 예컨대, "~을 노력하겠다" 식의 목표는 측정할 수 없다. 측정 또는 확인할 수 없으면 목표를 달성했는지, 목표를 향해 다가가는지 알 수 없기 때문에 지속적인 동기부여가 어렵다. 목표를 달성했는지도 명확하지 않기 때문에 성취감을 느끼기도 어렵다. 측정 가능하다는 것은 반드시 계량적인 수치만을 의미하지는 않는다. 계량화할 수 있으면 좋겠지만 그것이 어려운 경우에도 판단할 수 있는 정성적 기준이 있어야 한다.

넷째, 구체적이어야 한다. 목표가 구체적일수록 무엇을 해야 하는지가 명확해진다. 예컨대, "부지런한 사람이 되겠다" 또는 "영어공부를 할 것이다" 식의 목표는 그 목표를 달성하기 위해 무엇을 해야 하는지 알 수 없다. 이보다는 "매일 아침 6시에 일어나서 30분 동안 토익공부를 하겠다", "토익점수 800점 이상" 등과 같이 목표를 구체적으로 세우는 것이 바람직하다. 이렇게 구체적으로 목표를 세우면 자신이 해야 할 행동과 도달해야 할 상태가 명확해져서 목표에 대해 더욱 초점을 기울일 수 있게 된다.

다섯째, 기한이 있어야 한다. 기한이 있으면 그것을 지키려고 몰입을 하게 된다. 기한이 정해지지 않은 목표는 목표가 없는 것과 같다. 짧게는 6개월, 늦어도 1년이 넘지 않는 기한을 세우는 것이 목표달성을 가능하게 한다.

이들 조건 외에도, 홀렌벡과 윌리엄스, 클라인(Hollenbeck, Williams, & Klein, 1989)[31]은 목표가 개인적으로만 알고 있을 때보다 공개되었을 때 목표에 대한 몰입이 더 높다고 보고했다. 금연이나 금주, 다이어트와 같은 신년 목표를 혼자 생각하고 있는 것보다 주변 지인들에게 공개적으로 선언하는 것이 목표를 이루는 데 더 효과적이라는 것이다. 사람들은 일단 표현한 자신의 의견과 약속을 고수하려는 경향이 강하다.

다른 사람들에게 자신의 목표를 말하면 쉽게 포기하기 어렵게 된다. 이를 선언효과라고 하는데, 다른 사람에게 목표를 선언함으로써 달성가능성이 높아지는 심리현상을 말한다. 담배를 끊고 싶다면 가장 좋은 방법은 주위 사람들에게 공약을 하는 것이다. "만약 내가 담배를 피운다면 그때마다 10만원을 벌금으로 내겠다"라고 약속한다면 아마도 피우기 어려울 것이다. 목표를 다른 사람들에게 말하면 주위의 관심을 받게 되고, 이는 자신에게 힘을 줄 수 있다. 심리적인 도움과 지지는 물론, 난관에 부닥쳤을 때 친구나 가족이 도움을 제공할 수도 있을 것이다.

이중사고

조지오웰은 소설 <1984>에서 이중사고라는 개념을 도입했는데, 서로 반대되는 믿음을 마음속에 동시에 담아 둘 다 받아들이는 것이라고 설명했다. 최근 연구에 의하면 바로 이 개념을 응용해 사람들의 목표달성을 도울 수 있다. 외팅겐(G. Oettingen)[32]은 목표달성에 대해 낙관적인 태도를 지니면서 동시에 도중에 일어날 수 있는 문제들을 같이 생각하는 것이 효과적이라는 사실을 보여주었다. 예를 들면 사람들에게 체중감량이나 새로운 기술 습득 또는 금주와 금연 같이 달성하려는 목표에 대해 생각하라고 한다. 그 다음, 목표를 달성한 자신의 모습을 잠깐 동안 상상해보고 거기서 얻게 될 가장 큰 혜택 두 가지를 기록하게 한다. 이번에는 목표를 달성하는 과정에서 마주치게 될 난관 두 가지를 생각한 후 기록하고 그 난관들을 어떻게 극복해야 하는지에 대해서도 기록하게 한다.

이렇게 이중사고를 한 사람이 긍정적인 면에만 초점을 맞추거나 부정적인 면에만 초점을 맞춘 사람보다 목표 성공률이 훨씬 높다고 한다. 즉, 다음과 같은 질문에 대해 답해보는 것이다.

- "목표달성과정에서 부딪히게 될 난관은 무엇일까?"
- "그 난관들을 어떻게 극복해야 할까?"

누구든 목표를 달성하는 과정에서 중도에 포기하고 싶거나 힘든 과정을 겪게 된다. 그런데 그 과정을 미리 생각해두면, 목표를 현실에 맞게 수정하면서 보다 현실적으로 작성할 수 있을 것이다. 그리고 그 순간이 올 때 미리 준비한 대로 포기하지 않고 극복하게 되는 것이다.

이러한 이중사고는 사실 직장생활에서 일을 할 때도 필요하다. 예컨대, 어떤 기획서나 전략방안 등을 작성할 때 단지 방안만을 나열할 것이 아니라 실행 과정에서 예상되는 장애물과 그 극복방안까지 생각하는 것이 좋다. 그렇게 준비된 방안이 더욱 신뢰성을 가질 것이다.

목표지향성

학생들에게 이 수업에서 원하는 목표가 무엇이냐고 물어보면 대개 두 가지로 대답한다. 좋은 학점을 받는 것이라고 답하는 학생들도 있고, 그것보다는 많이 배우는 것이 더 중요하다고 말하는 기특한 학생들도 있다. 어떤 일에 대해 지향하는 목표의 초점이 다른 것인데, 전자는 성과목표(performance goal)라고 하고, 후자는 학습목표(learning goal)라고 한다. 성과목표는 높은 성과를 달성하거나 자신의 우월성을 남들에게 보여주는 데 초점을 두는 것이고, 학습목표는 자아성장과 발전, 학습과 숙달에 초점을 두는 목표다.

어떤 학생이 학습목표를 가졌는지, 아니면 성과목표를 가지고 있는지는 쉽게 분간이 된다. 시험결과에 대한 반응을 보면 알 수 있다. 학습목표를 가진 학생은 시험결과가 안 좋으면 무엇이 잘못된 것인지에 대해서 교수에게 질문하고 배우려 한다. 결과보다 배우고자 하는 태도가 두드러진다. 성과목표를 가진 학생은 정반대다. 나는 시험을 보면 답안지에 내 의견을 적은 후 돌려준다. 학생들이 잘된 부분과 잘못된 부분을 아는 것이 중요하기 때문이다. 예전에 어떤 학생이 점수가 자기 예상과 너무나 다르다면서 내게 찾아왔다. 나는 이미 시험지에 적어준 내용을 중심으로 상세히 설명하였다. 그런데 그 학생은 그 이유보다는 결과에 관심이 있을 뿐이다. 그래도 점수가 너무 낮다고 불평스러운 모습을 보이더니 문을 닫고 나간 후 시험지를 찢는 소리가 내 연구실 안까지 들렸다. 그에게 학습목표는 없어 보였다.

목표지향성이 중요한 이유는, 사람이 어떤 종류의 목표를 가지고 있느냐에 따라 일에 대한 태도에서 많은 차이를 보이기 때문이다. 학습목표를 가진 사람은 자신이 배우고 발전할 수 있는 기회를 찾는다. 그래서 실패에 대해 두려워하지 않는다. 일의 결과보다는 도전적인 일을 선택하고 그것을 통해 역량을 향상시킬 수 있는 기회가 중요하다.

프로바둑기사들의 대국을 보면 자신들이 방금 둔 바둑을 다시 복기하는 장면을 볼 수 있다. 특히 인공지능 알파고와 최초로 대결을 펼친 이세돌 기사는 승부결과와 관계없이 자신이 무엇을 잘못 두었고 무엇이 최선이었는지를 확인하기 위해 상대 기사를 붙잡고 복기를 열심히 하는 것으로 유명하다. 특히 똑같은 복기왕인 이창호와 만나면 거의 밤새도록 복기를 한다고 한다. 이러한 자세를 가졌기에 이들이 세계 1인자가 되지 않았을까 생각한다.

반대로 성과목표를 가진 사람은 배우려는 것보다 결과에 대해 관심이 더욱 크다. 바둑에서 지면 자리를 박차고 나오는 기사들이 간혹 있는데 이들이 바로 여기에 해당된다. 성과목표를 가진 사람은 실패에 대한 두려움으로 도전적인 과제를 회피하는 경향이 있다. 이들에겐 결과와 다른 사람들에게 어떻게 보이느냐가 더 중요하기 때문이다.

잘못된 결과에 대한 반응도 다르다. 학습목표를 가진 사람에게 실패는 학습의 기회이지만 성과목표를 가진 사람에게는 좌절일 뿐이다.

당장의 결과만을 중요하게 생각하는 학생들을 보면 안타깝다. 지금은 한창 성장할 수 있는 시기인데 성과목표만을 지향한다면 자신을 개발할 수 있는 소중한 기회를 놓칠 수 있다. 회사를 다니는 직장인도 마찬가지다. 성과에만 매달리면 도전적인 일을 피하게 되고 학습과 성장의 기회가 없다.

그렇다면 어떻게 구성원들이 학습목표를 추구하게 할 것인가? 개인의 목표지향성은 타고난 성향이기도 하지만 환경적 영향도 적지 않다. 학교 다닐 때 선생님이나 부모님이 무엇을 강조하셨던가? 석차나 성적을 강조하는 분위기 속에서 우리 대부분은 성과목표를 지향해왔다. 각종 경시대회에서 중요한 것은 무엇을 배웠느냐가 아니라 어떤 상을 받았느냐였다. 이런 환경

속에서 학습목표는 발달되기 어려울 수밖에 없다.

조직에서도 마찬가지다. 성과만을 강조한다면 구성원들은 성과목표를 지향할 것이다. 구성원들이 도전적이고 창의적인 시도를 해주길 바란다면 그러한 목표를 지향할 수 있는 분위기를 만들어줘야 한다. 결과가 안 좋아도 그 과정에서 배울 점을 찾고 성장의 기회로 삼을 수 있도록 안내해야 한다.

07 내재적 동기

동물원의 물개 쇼를 예로 들어보자. 조련사의 역할은 적절한 시기에 물개에게 보상을 주는 것이다. 물개는 조련사의 지시에 따라 지느러미로 박수를 치거나 재롱을 떨면 생선 한 마리를 얻는다. 조련사들은 보상으로써 물개로부터 원하는 행동을 이끌어내는 데 능숙하다. 물개 쇼가 주는 교훈은 간단하다. 원하는 행동을 했을 때 보상을 주면 그 행동이 반복될 확률이 높다는 것이다.

인간도 비슷하지 않을까? 우리는 사람들을 동기유발시키는 방법으로 쉽게 보상을 떠올린다. 당근과 채찍은 오랫동안 사람들을 움직이게 한 원리였다. 당신이 원하는 행동을 하면 보상해주고 하지 말라는 행동을 하면 처벌하면 된다. 그러면 사람들은 이런 외부의 힘에 반응하였다. 이 원리는 회사와 가정, 모든 영역에서 조직과 사람들을 이끌어왔다.

20세기 초에 과학적 경영기법을 도입한 프레데릭 테일러(Frederick W. Taylor)도 성과급을 경영의 중심요소로 삼았다. 일꾼 한 사람이 하루에 몇 개를 만드는지 헤아려서 그만큼 보수를 지급하는 것이다. 사람들은 누구나 돈을 많이 받고 싶어 할 테니까 더 많은 돈을 벌고 싶다면 더 열심히 일할 것이다. 과연 보상은 최상의 동기유발 방법일까? 여기서 잠깐 물개를 다시 생각해보자. 과연 물개는 조련사가 사라져도 관객에게 지느러미를 흔들며 인사를 건넬까? 보상은 어떤 행동을 할 가능성을 높일지는 모르지만 그것은 결국 보상을 줄 때만 유효할 뿐이다.

보상의 부정적 영향

동기는 크게 내재적인 것과 외재적인 것으로 구분된다. 내재적 동기는 다른 뚜렷한 보상이 없는 상태에서 어떤 일이나 활동 자체에 내재되어 있는 흥미나 즐거움, 호기심으로 수행하는 경우를 말한다. 반면, 외재적 동기는 외재적 보상을 얻기 위해 발생하는 경우를 말한다. 흥미로운 것은 어떤 일에 대한 외재적 동기가 증가하면 내재적 동기는 감소한다는 사실이다.

데시(E. L. Deci)[33]의 흥미로운 실험을 보자. 퍼즐풀기를 좋아하는 학생들을 두 집단으로 나눠, 한 집단에는 퍼즐 하나를 풀 때마다 1달러를 주었고 다른 집단에는 아무런 보상을 주지 않았다. 그 후 퍼즐풀기가 끝났으니 잠시 기다리라는 말을 한 후 실험실에 피험자를 혼자 남겨둔다. 자유롭게 행동할 수 있는 이 시간에 더 이상 아무 보상을 기대할 수 없는 퍼즐을 푼다면 퍼즐풀기를 정말 좋아하는 내면의 동기부여가 된 상태라고 볼 수 있을 것이다. 그런데 금전적 보상을 받은 학생들은 자유시간이 되자마자 퍼즐놀이를 중단하였다. 원래는 보상이 없어도 즐겨 했던 활동이었지만 보상이 없어지자 퍼즐이 보상을 얻기 위한 활동으로 변해버렸다. 금전적 보상이 사람들의 내재적 동기를 떨어뜨린 것이다.

<그림 3-4>를 보자. 내면의 동기가 있는 상태에서 단지 어떤 일을 수행한 대가로 보상을 받게 되면, 본래 자신이 좋아서(내재적으로 동기유발되어) 한 일도 외재적 보상을 위해(외재적으로 동기유발되어) 한 일로 생각하게 된

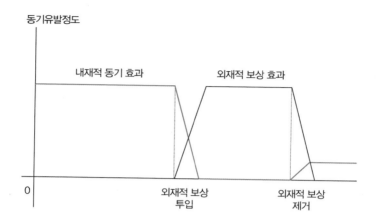

그림 3-4 **내재적 동기와 외재적 보상**

다. 그리고 그 후 보상을 더 이상 주지 않으면 본래의 내재적 동기는 되살아나지 않게 된다. 보상이 자신의 행위를 통제하기 위한 수단으로 지각되어 내재적 동기가 침해된 것이다. 본질적으로 흥미로운 일에 외적 보상이 더해질 경우 본래의 내재적 동기가 감소하고 성과가 악화될 수 있다는 것을 보여준다. 과거에 굳게 믿었던 당근의 원칙에 의문이 드는 순간이다.

톰 소여 효과

미국문학의 한 소설 중에 인간의 동기에 대해 중요한 교훈을 주는 장면이 있다. 마크 트웨인(Mark Twain)의 <톰 소여의 모험>에서 폴리 이모는 톰 소여에게 울타리에 페인트칠을 하라고 시킨다. 며칠을 해도 다 끝내지 못할 지경의 노동이다. 따분해하고 괴로워하던 톰은 지나가던 벤을 보는 순간, 기발한 아이디어를 떠올린다. 벤이 톰의 불쌍한 운명을 비웃고 지나가자 톰은 전혀 이해할 수 없다는 표정을 지으며 "울타리에 페인트칠을 하는 건 너무 재미있는 자신만의 환상적인 특권"이라고 너스레를 떤다. 톰의 말에 홀딱 넘어간 벤은 자기도 한 번만 칠하게 해달라고 애걸하지만 톰은 단번에 거절한다. 톰이 계속 거절하자, 결국 벤은 먹고 있던 사과까지 주면서 칠할 기회를 구걸한다. 다른 아이들까지 모두 톰의 덫에 걸려들어 톰 대신 울타리를 한 번도 아닌 여러 번씩 칠하게 된다.

트웨인은 이 에피소드에서 동기의 핵심적인 원칙을 보여준다. "일이란 반드시 해야 하는 것이며 놀이란 하지 않아도 되는 것이다". 이어서 그는 다음의 이야기를 들려준다. 영국에는 여름마다 승객을 태운 사두마차를 매일 20~30마일을 모는 부유한 신사들이 있다. 이 특권을 행사하려면 상당한 돈이 들기 때문에 하는 것이다. 만약 보수를 받는다면 그것은 일로 바뀔 것이며 신사들은 더 이상 하지 않을 것이다.

미래학자 대니얼 핑크(Daniel Pink)[34]는 흥미로운 경험도 보상과 처벌이 따르는 일이 되면 흥미가 떨어지고 효율도 낮아지지만, 자발적 동기로 한다면 힘겨운 일도 즐겁게 할 수 있는 이런 현상을 '톰 소여 효과'라고 불렀다. 반면 보상이 주어지면 흥미로운 일이 틀에 박힌 지루한 업무로 변형되고 놀이는 일이 된다. 보상이 내재적 동기를 침해하는 것이다.

이러한 현상은 내재적 동기에 영향을 미치는 중요한 요인이 무엇인지 말해준다. 바로 자율성이다.

자율성

난 학창시절 방 정리나 청소를 잘 안 했다. 어느 날 아침에 일어나 둘러보니 내가 봐도 너무 지저분한 게 아닌가! "오늘은 방 청소 좀 해야겠다"고 결심한 그 순간, 나의 모친께서 내 방을 여시며 하시는 말씀. "아이고 이게 뭐니, 방 청소 좀 해야겠다!" 독자들은 공감할 것이다. 내가 왜 갑자기 방 청소를 하고 싶은 마음이 사라졌는지.

우리 인간은 자기행동이 외부의 어떤 것에 의해 결정된 것이 아니라 스스로 선택한 것이라고 느껴야 한다. 즉, 인간에게는 자율성의 욕구가 있다. 리처드 드샴(Richard deCharms)[35]은 '개인적 인과관계(personal causation) 추론'이라는 개념으로 설명한다. 그는 내면의 동기부여에서 핵심은 외부의 힘으로 움직이는 '체스 말'이 아니라 자기행동의 '원천'이 되고 싶은 욕구라고 강조한다. 앞서 소개한 퍼즐실험에서 사용한 보상은 피험자의 개인적 인과관계 추론을 손상시키고 결국 내면의 욕망을 잃게 만든 셈이다. 보상 때문에 놀이 행동은 외부로부터 통제되는 행동으로 바뀌었다.

자율성이 훼손되고 통제당하고 있다는 느낌을 받으면 내재적 동기가 훼손되고 여러 가지 부정적 결과가 나타날 수 있다는 사실은 여러 실험에서 밝혀졌다. 레퍼(Mark Lepper)와 그린(David Greene), 니스벳(Robert Nisbett)[36]은 유아원생 교실을 관찰한 끝에 자유놀이 시간에 그림 그리기를 선택한 아이들을 따로 뽑았다. 연구자들은 이 아이들이 자발적으로 즐기고 있는 행위에 대해 보상을 받을 때 어떤 결과를 나타내는지 실험해보았다. 아이들은 모두 세 그룹으로 나뉘었다. 첫 번째는 '상을 기대하는' 그룹이었다. 연구자들은 아이의 이름이 새겨지고 파란 리본으로 장식된 '참 잘했어요' 상장을 아이들에게 보여준 다음에 이 상을 받기 위해 그림을 그리고 싶은지를 물어보았다. 두 번째 그룹은 '상을 기대하지 않은' 그룹이었다. 연구자들은 첫 번째 그룹과 똑같이 아이들에게 그림을 그리고 싶은지 물어보았다. 그리고 아이들이 그림을 다 그리고 난 후에 '참 잘했어요' 상을 주었다. 세 번째 그룹은 '상을 주지 않은' 그룹이었다. 연구자들은 이 아이들에게도 그림을 그리고 싶은지를 물었으나 처음에 상을 보여주지도, 마지막에 상을 주지도 않았다. 2주일이 지나고 다시 자유놀이 시간에 관찰해보니, '상을 기대하지 않았던' 그룹과 '상이 없었던' 그룹에 속했던 아이들은 2주일 전의 실험 때와 마찬가지로 여전히 재미있게 그림을 그렸다. 그러나 '상을 기대하고 있다가 나중에 상을 받은' 첫 번째 그룹의 아이들은 그림 그리기에 대한 관심이 감소하고 그림 그리는 시간도 줄어들었다. 상 때문에 놀이가 일로 바뀐 것이다.

이처럼 어떤 일을 하면 상을 받게 될 것이라는 조건적인 보상은 사람들의 자율성 일부를 박탈하기 때문에 내재적 동기의 하락으로 이어질 수 있다.

자율적으로 결정할 수 있다는 생각은 정신적 건강에도 긍정적인 영향을 미친다. 사회심리학자 랭거(Ellen Langer)는 저서 <마음챙김(mindfulness)>에서 양로원 생활을 하는 사람들에 대한 관찰 내용을 다루었다. 양로원의 일부 노인들에게 분재화초를 나눠주고 가꾸게 하고 또 일상생활과 연관된 몇 가지 사소한 문제들을 스스로 결정해나가도록 한 결과, 여러 가지 변화가 나타났다는 것이다. 1년 반 뒤에 살펴보니 화초를 가꾼 노인들은 같은 양로원에 기거하면서 그런 일과 선택권을 갖지 못한 다른 노인들보다 더 명랑하고 활기차며 마음이 충만했다고 한다. 조직 구성원들도 마찬가지일 것이다. 그들에게 창의적 에너지를 기대하려면 그들이 뭔가에 의해 통제받지 않고 주도적으로 이끌도록 해야 한다.

인간의 자율성을 제한하고 통제로 받아들여지는 것은 보상뿐이 아니다. 위협, 경쟁, 마감시한, 감시, 평가 등도 내재적 동기를 훼손할 수 있다. 예컨대, 위협은 사람들이 흔히 사용하는 방법이다. 공부 안 하면 텔레비전 못 보게 한다고 위협하고, 일을 제대로 못하면 해고해버릴 것이라고 위협하면서 그것이 효과적인 동기부여 전략이라고 믿는다. 경쟁의 경우도 비슷하다. 경쟁을 하게 되면 활동 자체보다는 승리한 사람에 관심이 쏠리게 되므로 금전적 보상을 줄 때와 마찬가지로 활동 자체에 관심을 갖지 못하게 되어 내재적 동기가 훼손된다.

리브(J. Reeve)와 데시(E. L. Deci)[37]는 경쟁이 내재적 동기에 미치는 영향을 알아보기 위해 실험을 했다. 한 피험자 집단에는 승리해야 한다는 압박감을 준 후 경쟁에서 이기게 했고 다른 피험자 집단에게는 그런 압박감을 주지 않고 경쟁에서 이기게 했다. 경쟁으로 내몰렸던 피험자는 경쟁 때문에 내재적 동기가 현저히 약해졌다. 반면, 그런 압박감을 받지 않고 최선을 다해 먼저 끝내라는 말만 들은 피험자에게는 경쟁이 아무 영향도 미치지 않았다.

종합하면, 금전적 보상, 위협, 경쟁 등은 손쉽게 동기를 자극하기 위해 우리가 흔히 사용하는 방법이지만 내재적 동기를 파괴할 수 있다는 사실이다. 내재적 동기를 촉진하기 위해서는 인간의 자율성 욕구를 뒷받침해야 하고, 이를 위해 필요한 것은 선택권을 주는 것이다. 스스로 선택할 수 있는 사람들은 자기가 하는 일에 자발적으로 전념할 것이며 소외감은 낮아질 것이다. 이제 리더들은 구성원들에게 어떻게 하면 더 많은 선택권을 줄 수 있을지 고민해야 한다.

자신감

자율성 외에 내재적 동기에 영향을 미치는 두 번째 핵심 요인은 자신감 또는 자기효능감(self-efficacy)이다. 자신감이 내재적 동기에 영향을 미친다는 것은 데시(E. L. Deci)의 실험에서 잘 나타난다. 피험자를 두 집단으로 나누고 한 집단은 퍼즐에 훌륭한 능력을 보이게 했고 다른 집단은 형편없는 실력이 드러나게끔 했다. 난이도가 크게 다른 퍼즐을 맞추게 한 것이다. 예상대로 자신감을 경험한 집단은 그렇지 않은 집단에 비해 내재적 동기가 훨씬 높게 나왔다. 이처럼 자신이 어떤 것을 잘 해낼 수 있다는 능력이 있음을 알고 있다는 것이 내재적 동기로 직결한다면 칭찬이 도움이 되지 않을까? 전문가들은 가정과 학교, 직장 등 어느 곳에서나 칭찬이 동기부여

수단이 된다고 설명한다. 중요한 일을 해냈을 때 칭찬해주면 상대방은 기분이 좋아지고 그 가치 있는 행동을 또다시 반복하리라고 기대한다. 그런데 칭찬도 그리 간단히 생각할 문제가 아니다.

여기서 퀴즈! 다음 중 내재적 동기를 위해 가장 바람직한 칭찬은?

① 아주 잘했어
② 기대 이상이야
③ 다른 애들보다 잘했어

라이언(R. Ryan)의 실험을 보자. 그는 두 종류의 피드백을 주는 실험을 했다. 한 피험자 집단에는 통제한다는 느낌을 주는 피드백을 주고(예컨대, '기대에 부응했다' 또는 '다른 집단에 비해 잘했다'), 다른 집단에는 통제를 연상시키지 않는 피드백을 주었다(그저 '아주 잘했다'는 식으로 단순한 칭찬을 했다). 그러자 통제한다는 느낌을 주는 피드백을 받은 피험자들은 모두 내면의 동기가 낮아졌다. 통제받는다는 느낌을 전혀 받지 않고 칭찬을 들은 피험자들은 흥미와 집중도 모두 계속 높은 상태를 유지했다. 이 실험에서 알 수 있듯이, 칭찬조차 그 자체가 통제의 수단으로 느껴질 수 있고 내면의 동기를 떨어뜨릴 수 있다. 여기서도 문제는 통제다. 칭찬이든 보상이든, 내재적 동기를 훼손시키지 않으려면 통제한다는 느낌을 주는 말과 행동은 되도록 하지 않아야 한다는 것이다.

자신감은 동기부여에 무엇보다 중요하다. 하지만 자신감을 느끼는 것만으로는 충분하지 않다. 자신감이 긍정적인 결과로 이어지려면 반드시 자율성도 함께 경험해야만 한다. 자신의 능력을 믿고 잘 해낸다고 해도, 그 행동을 스스로 선택했다는 느낌이 들지 않으면 내재적 동기나 행복감은 높아지지 않는다. 종합하면, 자율성과 자신감을 북돋는 조직 환경은 내재적 동기를 높이지만, 자율성과 자신감을 낮추는 조직 환경은 내재적 동기를 훼손한다고 할 수 있다.

* * *

성과는 역량과 동기의 함수라고 할 수 있다. 역량 있는 직원을 채용하는 것도 중요하겠지만 그 직원이 역량을 최대한 발휘하도록 동기를 촉진하는 것도 리더의 중요한 역할이다. 이를 위해서는 동기의 원천인 직원들의 다양한 욕구를 이해해야 하고 동기수준에 영향을 미치는 요인들에 대한 이해도 필요할 것이다.

직원들의 동기와 관련된 어떤 문제 상황을 보여주고 해결책을 제시하라고 하면 대부분의 사람들은 돈에서 그 해결책을 찾는다. 그러나 우리가 확인했듯이 돈은 즉각적인 처방책이 될지는 모르나 부작용이 있을 수 있다. 금전적 보상이 동기에 유해하다고 결론을 내리는 것도 성급하다. 보상이 주는 긍정적 메시지로 인해 내재적 동기가 올라갈 수도 있기 때문이다. 보상에 의존하기보다는 보상을 비롯한 통제적인 시도들이 주는 부작용을 최소화하면서 인간의 자율성 욕구를 충족시키기 위한 환경을 조성하는 것이 중요할 것이다.

토의합시다

1. 조직에서 구성원들의 내재적 동기를 높이기 위한 방법에 대해 생각해보자.

2. 수업에서 학생들이 적극적으로 질문이나 의견제시를 하면서 참여하도록 동기유발이
   일어나려면 무엇이 필요할까? 배운 내용을 기초로 효과적인 전략을 제시해보자.

스트레스와 정서관리

직장인들은 사회생활을 하면서 업무와 관련해서, 상사나 동료들과의 대인관계 속에서 수시로 스트레스를 경험한다. 직장인들이 스트레스 상황에서 힘들어하는 모습은 영화나 드라마에서 흔히 볼 수 있는 장면이다. 끝없이 이어지는 야근, 상사의 폭언, 벅찬 업무량, 열악한 직무조건 아래서 회사를 박차고 나오고 싶다는 생각을 수없이 하지만, 쉽게 사표를 쓰진 못하고 동료나 친구들에게 하소연을 하는 모습들... 관객들은 직장인의 애환이 그려진 영화 주인공에 감정 이입을 하기도 한다.

우리나라 사람들이 자주 사용하는 외래어 중 1위가 스트레스라는 말도 있다. 이처럼 스트레스라는 말을 입에 달고 사는 것이 대부분의 사람들의 모습인 듯하다.

그런데 이처럼 스트레스를 받으면 어떤 영향이 있을까? 그리고 스트레스를 피할 수 없다면 우리는 어떻게 대응해야 할까?

**먼저
토의합시다**
최근 당신이 경험한 가장 큰 스트레스는 무엇이었나? 그 스트레스는 당신에게 어떤 영향을 미쳤는가?

01 스트레스의 영향

　　세계인의 건강과 관련된 항목에 대해 조사한 분석을 보면 조사대상 12개 국가 가운데 한국인의 스트레스 지수는 94로서 가장 높은 수치를 기록하였다(메디컬투데이, 2010년 11월 03일). 이 정도면 이건 국가가 나서야 할 문제가 아닐까? 우리 한국인에게 스트레스를 해소하기 위한 무언가의 조치가 시급해 보인다.

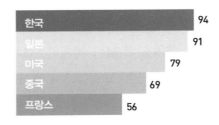

그림 4-1 **각 국의 스트레스 지수**

　　2000년 한국 직장인을 대상으로 스트레스 실태를 조사한 결과 스트레스를 받지 않은 건강군은 단지 5%일 뿐, 잠재적 스트레스군은 73%, 극도의 스트레스를 받는 고위험군이 22%나 됐다.[38] 직장인들 대부분이 스트레스를 안고 산다고 봐도 무방할 정도다. 특히 감정노동자는 노동과정 속에서 실제 자신의 감정이 아닌 조직이 원하는 감정을 나타내기 때문에 늘 스트레스에 노출되기 쉽다.

　　스트레스란 무엇인가? 스트레스란 유해한 환경자극에 대한 인간의 방어적 반응, 즉 긴장상태를 말한다. 예컨대, 사람은 누구나 하기 싫은 일을 하거나 하고 싶은 일을 못하게 되면 짜증이 난다. 불안하거나 초조하면 가슴이 두근거린다. 이처럼 어떤 자극이나 공격을 받았을 때 이를 막기 위해 몸이 나타내는 반응을 스트레스라고 한다. 스트레스를 받으면 피로, 두통 등 신체적 증상은 물론, 집중력이나 기억력 감소, 우울증 등의 정신적 증상이 나타날 수 있다.

갤럽 여론 조사에 의하면 미국의 경우, 기업 종사자 중 25% 정도가 스트레스와 관련된 질병을 앓고 있으며 13%는 우울증에 걸려 있는 것으로 나타났다. 월스트리트 저널은 최근 기업의 최고경영자(CEO) 중에 치열한 경쟁에서 오는 중압감, 정상의 고독감 등으로 정신치료를 받는 사람이 늘고 있다고 보도했다.

대부분의 경우 불안이나 우울 증상은 일시적이며, 스트레스가 지나가면 사라지게 된다. 그러나 스트레스 요인이 너무 과도하거나 오래 지속되는 경우, 또는 개인이 스트레스 상황을 이겨낼 힘이 약화되어 있는 경우 각종 정신질환으로 발전할 수 있다. 내과 입원 환자의 70% 정도가 스트레스와 연관되어 있다는 연구결과도 있다.

이런 결과들을 보면 직장인의 스트레스가 조직과 업무 수행에도 치명적일 수 있다는 것을 알 수 있다. 실제로 스트레스는 직무몰입, 이직 등 업무나 조직과 관련된 요인에 부정적으로 연관되어 있는 것으로 밝혀져 왔다. 구성원들의 스트레스를 낮추기 위해 고민해야 하는 것도 관리자의 중요한 임무인 것이다.

02 좋은 스트레스

스트레스는 모두 나쁜 것일까? 스트레스에는 나쁜 스트레스(distress)만 있는 것이 아니고 좋은 스트레스(eustress)도 있다. 당장에는 불쾌한 감정을 일으켜도 적절히 대응하여 자신의 향후 삶이 더 나아질 수 있는 스트레스, 또는 우리에게 활력을 주는 스트레스가 바로 좋은 스트레스이다. 반면, 해결되지 않은 채 몸에 계속 남아 불안이나 우울 등의 증상을 일으킬 수 있는 스트레스는 나쁜 스트레스라고 할 수 있다.

스트레스를 전혀 받지 않고 산다는 것은 거의 불가능해 보인다. 심지어 휴가마저 스트레스를 준다고 하지 않는가. 그만큼, 스트레스받지 않고 살겠다는 것은 방 안에서 무기력하게 아무것도 하지 않고 살겠다는 얘기나 다름없다. "지금 내게 심장을 뛰게 하는 것이 하나도 없다", "뭔가 벅차오르게 하는 것이 하나도 없어서 스트레스가 하나도 없다"는 것은 그다지 바람직한 상태라고 보기 어려울 것이다. 문제는, 스트레스가 '지속적이고 지나치게 강해 조절이 불가능한 상태'까지 이어지는 데 있다. 특수한 조건에 대처하기 위해 몸에 일종의 비상이 걸리는 스트레스 상황이 계속된다면 몸에 이상이 오는 것이다.

스트레스를 유발하는 상황에 놓인다고 모두 똑같이 스트레스를 받는 것은 아니다. 같은 상황에 놓여도 어떤 사람은 스트레스를 심하게 느끼지만 어떤 사람은 태연하게 대응한다. 그 상황을 받아들이는 개인의 생각이나 체감 정도에 따라 차이가 있는 것이다. 예전에 어떤 백화점을 컨설팅하면서 알게 된 인사팀장은 매우 까다로운 상사를 두고 있었지만 항상 얼굴은 환하고 광채가 나는 듯했다. 신기해서 물어봤다. "스트레스를 상당히 많이 받으실 것 같은데 팀장님 얼굴을 보니 전혀 스트레스를 받지 않으시는 듯하네

요". 그 팀장은 웃으면서 대답했다. "네, 맞습니다. 매일 국선도 하면서 스트
레스를 모두 날려버립니다. 하하." 훗날 그 회사의 사장이 되었다는 소식을
듣고, 그 나름의 스트레스 관리법이 성공에 기여하지 않았을까 생각하였다.

　　미국의 심리학자 라자러스(Lazarus)에 의하면, 사람에 따라 좋은 스트레
스로 작용하느냐, 나쁜 스트레스로 작용하느냐는 스트레스 요인에 대한 인
지적 평가에 따라 달라질 수 있다고 한다. 스트레스 상황을 부정적으로 받
아들이면 결국 질병으로 가게 되지만, 긍정적으로 받아들이거나 부정적인
감정을 처리하기 위한 다양한 대처를 해나가면 자신의 삶에 유익하게 작용
할 수 있다는 것이다.

03 　스트레스의 원천

　　늘 얼굴이 짜증스러워 보이는 사람들이 있다. 얼마나 일이 힘들면 저럴
까 싶어 안쓰럽기도 하다. 그런데 어떤 사람들은 스트레스를 스스로 자초하
는 듯이 보인다. 별거 아닌 일이거나 스스로 통제 가능한 일로도 얼굴을 찡
그리며 힘들어한다. 스트레스를 발생시키는 원인이 주어진 환경이나 외부
여건 등 늘 외부적인 것만은 아니다. 자신의 잘못된 시간관리나 성격 등 내
재적인 요인이 분명히 있다.

　　스트레스를 발생시킨 요인을 개인이 통제할 수 있느냐에 따라 분류해
보자. 직장에서 통제 가능한 스트레스는 주로 업무와 관련되어 발생하는 스
트레스이다. 많은 사람들이 여기에 해당하는 듯하다. 일이 눈앞에 닥쳐야
발동이 걸리는 사람들은 이런 종류의 스트레스에 익숙하기 때문에 업무관
리나 시간관리 등을 통해 스트레스의 정도를 낮출 수 있을 것이다. 예컨대,

일의 양이 과도하게 증가할 때는 스스로 일을 줄이거나 한꺼번에 여러 개의 일을 하지 않도록 하는 식이다. 이처럼, 업무의 중요도와 긴급성에 따라 처리할 계획을 세운 후 차분하게 하나씩 처리해나가면 뭔가 진전되는 느낌과 성취감을 맛볼 수 있게 될 것이다. 시간관리는 일 처리의 능률을 높이기도 하지만 스트레스의 요인을 성취감으로 전환시키는 방법이 되기도 한다.

　　반면에 통제 불가능한 스트레스는 질병이나 사고, 가족문제, 금전문제 등으로 발생하는 것이므로 우리가 피해 가기 어려운 것들이다. 이들 스트레스의 피해를 최소화할 수 있도록 자아관리를 통해 극복하거나, 주위의 일들을 해결하기 위해 차분히 생각하는 시간을 갖는 것이 필요하다. 성격적 요인은 내재적 요인이지만 쉽게 통제하기 어렵다. 예컨대, 부정적 자기개념을 가지고 있어 늘 부정적인 결과를 걱정한다든지, 쉽게 마음의 안정을 찾지 못하는 성격 등으로 작은 일에도 스트레스를 크게 받는 경우이다. 이는 단기간에 쉽게 변화시키기 어렵지만, 자신의 강점을 개발하여 긍정적인 자기개념을 갖도록 하며 정서조절에 노력해야 할 것이다.

표 4-1 스트레스의 원인 분류

스트레스의 본질		통제 가능	통제 어려움 (그러나 최소화 가능)
스트레스의 원천	외재적 요인	한꺼번에 여러 활동 혹은 일을 하려고 함. 스트레스를 주는 일(경쟁적, 마감일 임박, 높은 실패 가능성 등)	질병, 죽음, 사고, 가족문제, 금전문제, 환경변화 및 문제
	내재적 요인	잘못된 시간관리(미루기), 조직력 부족, 업무관리능력 결여 등	성격적 요인: 부정적 자기개념, 걱정, 끈기 부족, 불안, 서두름 등

[출처] 최애경(2006), 인간관계의 이해와 실천, 무역경영사, p.258

똑같은 양의 일을 해도 어떤 사람은 스트레스를 쉽게 느끼지만 어떤 사람은 그렇지 않다. 특히 일과 관련하여 다음과 같은 성향을 가진 사람들은 스트레스를 잘 받는다.[39)]

서두름

서두르는 성향이 있는 사람은 스트레스를 더 받게 된다. 이런 사람들은 '빨리빨리'에 점점 더 빠져들 수 있다. 기다리는 것을 싫어하고 인내심이 없으며 스스로 쉴 틈을 찾지 않는 경향이 있다. 뭔가를 끊임없이 해야 만족을 하고, 타인에게 설명을 하거나 지시를 내릴 때 그 사람의 입장에서 자세하게 설명할 여유를 가지지 못한다. 이때, 상대방이 자신의 말을 제대로 이해 못하면 더욱 스트레스가 가중된다. 이런 사람은 오히려 일의 속도를 늦추거나 한 박자 쉬면서 일을 할 필요가 있다. 아니면, 어떤 일을 하거나 약속시간에 갈 때도 미리 준비하여 마음의 여유를 갖도록 하는 것이 좋다.

타인우선주의

타인우선주의는 자신의 이익과 권리를 주장하기보다는 다른 사람을 배려하고 돕는 태도다. 하지만 너무 지나치게 타인우선주의를 생각하다가 정작 자신의 일을 제대로 못함으로써 스트레스가 생기는 경우다. 이런 스트레스는 대체로 예스맨이거나 천사표의 성격을 가진 사람들이 받는다. 거절을 못하고 받아준 후에 고민하는 것이다. 자신이 타인을 도와줄 수 있는 여력이 있는지 확인하고, 자신의 일이 아니거나 그보다 중요한 자신의 일이 있을 때는 거절할 수 있는 용기가 필요하다.

완벽주의

완벽주의는 자신의 작은 실수도 용납하지 못하고 어떤 일이든 완벽을 기하려는 성향이다. 소위 '만족을 못하는 사람'이 여기에 해당된다. 글씨 크기나 글씨체 등 중요하지 않은 사안에 대해서도 자신이 만족하지 않으면 그냥 넘어가질 못한다. 완벽성을 추구하는 과정에서 스트레스도 쌓이지만 시간의 효율성 측면에서도 바람직하지 않다.

이런 사람들은 다른 사람의 실수도 참지 못하고 남도 못 믿는 경우가 많다. 그래서 모든 일을 자신이 하려고 하다 보니 과중한 일로 인해서 스트레스를 받는다.

모든 일을 철저하게 한다는 것은 좋지만, 자신이 추구하는 완벽성이란 흔히 자신만의 기준으로 자기만족인 경우도 많다. 그 결과 누구도 자신을 만족시키기 어렵다. 중요한 사안이 아니라면 100%를 위해 스트레스를 받으며 시간을 투자할 것이 아니라, 적당한 수준이면 다음 일로 넘어갈 수 있어야 한다. 좀 더 부가가치가 높은 일에 시간을 투자하는 것이 효율적인 업무 관리를 위해 바람직하다.

죄책감

죄책감은 모든 일의 잘못을 자신의 탓으로 돌리는 성향이다. 다른 사람들과 같이 일을 진행했는데 결과가 안 좋은 경우, 죄책감 때문에 강한 스트레스를 받는 사람이 있다. 이런 사람은 어떠한 결과에 대하여 자신이 열심히 하지 못해서 혹은 자신의 능력이 부족한 탓이라고 생각하고 과거의 일을 후회하거나 미래에 대해 걱정을 하면서 스트레스를 가중시킨다. 이런 죄책감은 아무에게도 도움이 안 된다. 최선을 다한 후의 결과에 대해 담담히 받아들이고, 경험의 가치를 생각하면서 좋은 경험으로 여기는 여유가 필요하다.

04 업무관리를 통한 스트레스 감소

어떤 직업이든 직장인에게는 일을 맡는다는 것 자체가 크든 작든 스트레스를 받기 마련이다. 모든 업무는 어느 정도의 난이도를 가지고 있고 시간과 자원은 한정되어 있으며, 타인과의 상호작용을 통해 업무가 진행되므로 늘 스트레스의 소지가 있다. 그러나 앞서 언급한 대로 업무로 인해 발생하는 대부분의 스트레스는 스스로 통제 가능한 경우가 많다. 업무라는 것이 자신의 권한으로 모두 다룰 수 있는 것은 아니지만, 노력에 따라 업무로 인한 스트레스는 감소시킬 수 있다. 그 대표적인 방법으로는 역할의 명확화, 효과적인 시간관리, 업무량 축소 등을 들 수 있다.

역할의 명확화

예전에 어떤 사람과 경영컨설팅을 같이 한 적이 있다. 당시 난 초년생이라 팀장인 그 사람의 지시대로 일을 했다. 그런데 그 사람은 내게 지시를 할 때 "알아서 하라"는 말을 종종 하곤 했다. 이런 말을 들으면 어떨까? 나를 전적으로 신임하는 듯 보이지만 가장 스트레스를 주는 말이었다. 어디까지 무엇을 어떻게 하란 말인가? 이렇게 하면 나중에 딴말하지 않을까? (실제로 다른 말 하는 경우가 간혹 있었다!)

우리는 자신의 역할이나 일이 명확하지 않을 때 스트레스를 느낀다. 해야 할 역할이 명확하지 않아서 뭘 해야 하는지 모호한 것을 역할 모호성이라고 한다. 일 자체와 수행과정에서 스트레스를 받기도 하지만, 역할 모호성 역시 일과 관련해서 발생하는 스트레스의 주된 원인 가운데 하나이다. 상사로부터 업무가 주어질 때 지시가 명확하지 않거나 업무의 초점과 목표에 대한 이해가 부족할 때 업무모호성이 발생할 수 있다. 이런 경우에는 분명히 이해가 될 때까지 업무의 내용, 초점, 기한 등에 대해 자신이 이해한 내용이 맞는지 확인 질문을 하고, 상대방의 동의를 얻은 후 착수하는 것이 좋다. 예컨대, 내일까지 검토를 해보라고 했다면 '검토'의 의미가 무엇인지 확인하는 것이다. 단지 의견만을 묻는 것인지, 아니면 수정해서 마무리를 하라는 뜻인지 명확하게 확인하지 않으면 곤란한 일이 발생할 수도 있다. 내일의 의미 역시 내일 몇 시까지인지 확인해야 한다. 내일까지란 내일 밤 12시까지 아닌가? 상대방은 퇴근시간까지로 알고 있을 가능성이 매우 높다.

학생들이 팀 과제를 할 때도 역할의 명확화는 매우 중요하다. 학생들이 팀 과제를 마친 후 후회되는 점을 말하라고 하면 거의 빠지지 않고 등장하는 것이 역할과 책임 문제다. 각자가 해야 할 역할과 책임을 처음부터 명확하게 했다면 팀원들 간에 갈등과 이로 인한 스트레스가 발생하지 않았을 것이라는 얘기다. 각자의 역할을 명확하게 정하지 않은 채 그냥 "잘해보자"는 식으로 과제를 진행하다 보니 서로에 대한 역할 기대와 실제 역할에 대한 차이가 일어나서 과제도 제대로 진행되지 않고 서로 간에 불만과 스트레스의 원인이 되는 것이다.

효과적인 시간관리

바쁘다고 하지만, 결과를 봤을 때 한 일이 없다는 생각이 드는 이유는 바로 시간관리에 문제가 있다는 것이다. 일 자체는 어렵지 않지만 정해진 시간 내에 처리해야 한다는 압박감에서 스트레스가 발생할 수 있다. 이런 경우 효과적인 시간관리가 필요하다.

시간을 효과적으로 관리하고 싶다면 내가 시간을 어떻게 관리하고 있는지 파악하는 것이 필요하다. 주어진 시간을 어떻게 분배하면서 보내야 좋을까? 중요한 일도 있고 중요하지 않은 일도 있다. 긴급한 일도 있고 긴급하

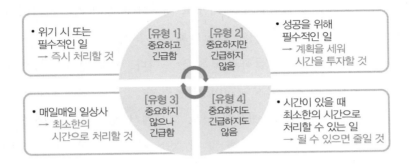

그림 4-2 **시간 매트릭스 분석**

지 않은 일도 있다. 또한 중요하지만 긴급하지 않은 일, 반대로 중요하지 않
지만 긴급한 일도 있다. 이처럼 일을 중요도와 긴급도를 기준으로 보면 <그림
4-2>처럼 네 가지 유형으로 분류할 수 있다.

유형 1은 중요하고 긴급한 일이다. 여기에 해당되는 일들은 당연히 즉
시 처리해야 할 것이다. 주로 필수적으로 해야 할 일들 가운데 마감시간이
다가온 일들이다.

유형 2는 중요하지만 긴급하지 않은 일이다. 그러나 긴급하지 않으므
로 그냥 놔두어도 되는 것이 아니다. 중요하므로 지금부터 계획을 세워 준
비해 나가면서 잘 처리할 수 있도록 해야 할 일들이다. 이 점에서 유형 2는
'투자의 시간'이라고 불린다. 대부분의 사람들은 일을 긴급해질 때까지 놔둔
다. 즉 유형 1이 될 때까지 놔두었다가 긴급히 처리하는 것이다. 예를 들어
보자. 대학에서 대부분의 교수들은 1주차에 강의 소개를 할 때 과제가 있는
경우 언제쯤 발표해야 할지에 대해 공지한다. 나는 발표가 2주 앞으로 다가
오면 다시 공지한다. 그때 학생들의 반응을 보면, 다른 과목들도 과제가 있
으니 한꺼번에 하면 너무 힘들다면서 1주만 연기해달라고 요청하는 경우가
종종 있다. 유형 2의 과제였는데 유형 1의 과제가 되어버린 것이다.

유형 3은 중요하지 않으나 긴급하므로 최소한의 시간으로 처리해야 한다. 매일 매일의 일상사가 여기에 속한다고 할 수 있다.

유형 4는 중요하지도 긴급하지도 않은 일이다. 이들 일은 가능하면 자투리 시간에 최소한의 시간으로 처리하거나 될 수 있으면 일을 줄이거나 없애는 것이 바람직할 것이다. 예전에 어느 회사에서 오너가 선거에 출마했다. 그 회사에서는 선거준비를 위해 몇 달 동안 무려 직원의 30%를 선거와 관련된 업무에 투입했다. 그 회사에서 일이 제대로 돌아갔을까? 놀랍게도, 그 전보다 훨씬 업무처리가 신속하게 잘 돌아갔다고 한다. 직원을 더 뽑을수는 없으니 유형 4의 업무들이 최소화되고 불필요한 결재단계가 없어져 일이 신속하게 처리된 것이다. 그래서 이들은 그동안 불필요한 업무를 너무 많이 하고 있었다는 사실을 깨달았다고 한다. 불필요하거나 중요하지 않은 일들을 줄이거나 없애지 않으면 결국에는 해야 할 정말 중요한 일들이 스트레스와 함께 닥칠 것이다.

업무량 축소

내가 아는 교수들 가운데 거절을 못하는 사람이 있다. 이것저것 일을 맡아놓고선 뒤늦게 후회를 하고 스트레스를 받는다. 대체로 마음이 좋은 사람이나 일 욕심이 많은 사람들이 여기에 속한다. 스트레스를 줄이려면 스트레스를 받는 일 중에서 중요도가 떨어지는 일을 줄이거나 개선하는 것이 필요하다. 현재 하는 일들 가운데 자신의 능력이나 유용 시간을 고려했을 때 벅찬 일, 자신의 권한 밖의 일에 대해서는 과감히 거부하는 용기가 필요하다.

한 번에 여러 일을 동시에 처리하는 멀티태스킹(multi-tasking)도 바람직하지 않다. 멀티태스킹은 뇌 속에서 스트레스 호르몬의 일종인 코르티솔의 분비를 촉진하는 것으로 알려져 있다. 멀티태스킹을 할 경우, 업무의 질도 떨어지고 실수도 더 자주 하기 되기 때문에 스트레스를 많이 받게 된다. 그러니 멀티태스킹은 가능하다고 해도 굳이 즐길만한 일은 아니다.

05 정서조절

당신은 스트레스를 받으면 어떻게 기분 전환을 하는가? 또는 화가 나면 어떻게 푸는가? 이런 질문을 하면 대부분은 비슷하다. "그냥 TV를 봐요", "술을 마셔요", "친구를 만나요" 등이다. 레퍼토리가 별로 없다. 사실 우리는 정서조절에 대해 배운 적이 없다. 예컨대, 화나는 일이 있을 때 아마도 가장 흔히 듣는 얘기는 "네가 참아" 또는 "잊어버려"일 것이다. 정서조절로 안내받는 방법으로는 마인드컨트롤이나 복식호흡 정도가 고작이다. 그러나 이 방법 역시 그 초점을 참거나 잊는 데 두고 있을 뿐, 보다 적극적인 방법에 대해서는 제시하지 않고 있다.

정서조절방법으로는 생각보다 많은 방법들이 있다.[40] 다음에 제시되는 정서조절방법을 상황에 맞게 잘 사용하면 보다 건강한 정서생활을 할 수 있을 것이다.

인지적 방법

정서적 자극이나 상황에 대한 인지적 측면, 즉 사고에 접근하여 정서적 변화를 유발하는 방법이다.

능동적으로 생각하기

불쾌한 감정과 관련된 생각에 접근하여 적극적으로 다루는 방법이다.

이 방법은 불쾌한 정서를 궁극적으로 해소하기 위해 반드시 필요한 대표적인 정서조절방법이다. 능동적으로 생각하기 방법을 자주 사용할수록 정서조절 능력이 뛰어나고 정신적으로 건강할 가능성이 크다. 능동적으로 생각하기는 크게 세 가지 방법을 포함한다.

첫째, 불쾌한 감정의 원인을 파악하고 이해한다. 아무런 원인 없이 감정이 발생하는 경우는 없다. 어떤 자극에 대해 평가를 하고 의미를 부여했기 때문에 감정이 유발되는 것이다. 그 자극을 자신이 어떤 방식으로 해석했는지 파악하면 그러한 감정이 생긴 과정을 이해할 수 있게 된다. 흔히 별거 아닌 것 가지고 흥분했다는 것을 알면 쉽게 정서가 조절되기도 한다.

둘째, 불쾌한 감정을 유발한 부정적인 생각을 좀 더 긍정적이고 대안적인 생각으로 바꾼다. 생각을 바꾸면 세상이 달라진다는 말이 있다. 감정을 유발한 상황에 대해 다르게 생각해보는 것이다. 예컨대, "달리 해석해 볼 수는 없을까?", "이 상황을 긍정적으로 생각한다면?" 등이다.

셋째, 주어진 상황을 변화시킬 수 있는 방법을 생각해본다. 불쾌한 감정을 유발한 문제를 변화시키기 위한 방법을 생각하는 것이다. 상대방이 나를 존중해주지 않아서 불쾌했다면 존중받기 위한 방법에 대해 생각해본다. 예컨대, "어떻게 하면 이 상황을 바꿀 수 있을까?"

수동적으로 생각하기

이 방법은 정서유발 자극을 직접 다루는 것이 아니라 일시적으로 불쾌한 감정을 완화시키기 위한 것이다. 수동적으로 생각하는 방법은 두 가지가 있다.

첫째, 불쾌한 생각을 회피한다. 아마도 많은 사람들이 사용하는 방법일 것이다. "그냥 잊자"고 하거나 다른 생각을 함으로써 불쾌한 감정이 들지 않도록 하는 것이다. 예컨대, 친구와 말다툼을 해 기분이 나빴을 때, 내일까지 제출해야 할 보고서에 대해 생각하는 것이다.

둘째, 자신에게 위안이 되는 말을 함으로써 좀 더 나은 기분을 유도한다. "잘될 거야", "괜찮아질 거야", 또는 "별일 아니야" 등을 반복적으로 생각하는 것이다. 이러한 방법은 자신의 심리 상태를 안정시키는 데 도움을 줄 수 있다.

인지적으로 수용하기

인지적으로 수용한다는 것은 이미 일어난 일을 받아들이는 것이다. 일어난 일을 받아들이지 못하면 불쾌하지만, 처한 상황을 인정하면 감정이 누그러질 수 있다. "왜 이런 일이 내게 일어난 거야?", "어떻게 그 사람이 그럴 수 있어?"라고 생각하기보다는, "어쩔 수 없는 일이야", "사람이 그럴 수도 있지"라고 생각하면서 우리에게 일어난 일을 그대로 수용한다.

부정적으로 생각하기

부정적으로 생각하면 불쾌한 감정이 증폭되는 것을 알고 있음에도 많은 사람들이 종종 시도하는 방법이다.

첫째, 불쾌한 감정과 관련된 사건의 부정적인 측면을 반복해서 떠올린다. "상황이 다르게 되었다면 이런 감정이 들지 않았을 텐데" 하면서 부정적인 생각을 반복해서 계속 떠올린다.

둘째, 파국적으로 생각한다. "안 좋은 일이 일어나면 어떡하지?", "이제 끝장이 나겠군" 하면서 부정적인 미래를 생각하며 걱정을 확대시킨다.

셋째, 자신의 행동을 후회하고 비난한다. 원인을 자신에게 찾아 반성을 한 후 변화를 찾는 것이 아니라 후회와 자기비난을 반복하는 데에 머무르는 것이다. "바보같이 행동했어", "모든 게 내 잘못이야" 등등.

타인을 비난하기

불쾌한 감정이나 상황의 원인을 타인에게 돌려서 좀 더 나은 감정을 유도하는 방법이다. 다른 사람에게 원인을 돌리면 자책감에서 벗어날 수 있지만 타인이나 주변 환경에 대한 분노로 인해 오히려 불쾌한 감정이 커질 수 있다.

체험적 방법

감정을 표현함으로써 정서적 변화를 가져오는 것이다.

즐거운 상상하기

행복하고 즐거운 장면을 떠올림으로써 불쾌한 감정을 해소하는 방법이다. 예컨대, 사랑하는 사람과 함께했던 행복한 순간을 생각하거나 즐거운 일을 상상하는 것이다.

감정을 표현하고 공감 얻기

주변 사람들에게 자신의 감정이 어떠한지 표현하고 공감이나 위안을 얻음으로써 불쾌한 감정을 완화시킨다. 친한 친구나 주변 사람들에게 자신이 겪은 일과 감정을 표현하여 그 사람으로부터 공감을 받고 위안을 얻는 것이다.

감정 수용하기

현재의 감정을 있는 그대로 느끼고 받아들인다. 감정을 억제하려고 하면 오히려 감정이 분출될 수도 있다. 슬플 때 차라리 실컷 울어버리면 가라앉을 수 있다. 긴장이 될 때도 "이러면 안 되는데" 하면 불안감이 더욱 커질 수 있다. 불안한 것은 당연하다는 생각을 가지면 그 마음에 휘둘리지 않게 된다.

타인에게 부정적 감정을 분출하기

불쾌감을 유발한 상대방이나 주변 사람들에게 짜증이나 화를 내서 자신의 불쾌감을 해소한다. 이렇게 불쾌한 감정을 다른 사람에게 분출하는 화풀이를 하게 되면 일시적으로는 자신의 불쾌한 감정이 해소되는 것 같지만, 상대방에게 상처를 주어 미안함에 또 다른 불쾌한 감정을 유발시킬 수 있다.

안전한 상황에서 부정적 감정을 분출하기

누군가에게 부정적인 영향을 끼치지 않을 수 있는 안전한 상황에서 불쾌한 감정을 표현하고 발산하는 방법이다. 예컨대, 집에 혼자 있을 때 또는 자신이 어떤 행동을 해도 받아줄 수 있는 친구와 함께 있을 때 속에 쌓인 감정을 발산하는 것이다.

행동적 방법

정서적 변화를 얻기 위해 어떤 행동을 하는 것이다.

문제해결 행동 취하기

불쾌한 감정을 느끼게 되었을 때, 그 감정을 유발한 대상이나 상황을 개선하거나 해결할 수 있는 구체적인 방법을 행동으로 옮기는 것이다. 불쾌한 감정을 유발한 문제를 해결한다면 감정의 원인을 제거하게 되므로 불쾌한 감정도 쉽게 감소될 수 있다. 이는 가장 효과적인 정서조절 방법이라 할 수 있으며 정신조절 능력과 정신건강에 매우 긍정적인 영향을 미친다.

조언이나 도움 구하기

자신이 직접 문제를 해결하는 행동을 하기 어려운 경우 주변 사람들에게 도움을 구할 수 있다. 친구나 주변 사람과 자신의 문제에 대해 상의하고 조언을 구할 수도 있다. 이 방법은 자신의 불쾌한 감정 해소는 물론 이 과정을 통해 다른 사람과 유대감을 형성하고 친밀한 관계로 발전할 수 있는 효과가 있다.

친밀한 사람 만나기

친밀한 사람과의 만남을 통해 위안과 안정감을 얻고 불쾌한 감정을 밀어낼 수 있다. 직장에서 스트레스를 잔뜩 받고 집에 왔을 때 반갑게 맞이하는 귀여운 자녀를 안으면 불쾌한 감정이 눈 녹듯이 사라지고 기분이 좋아진다. 이처럼 친밀한 사람과의 기분 좋은 만남은 불쾌한 감정을 중화시키며 정신적 안정감을 준다.

기분 전환 활동하기

불쾌한 기분에서 벗어날 수 있도록 즐거운 활동을 하는 방법이다. 예컨대, 영화나 음악 감상, 쇼핑, 미용실에 가서 머리모양을 바꾸는 것도 기분 전환을 위한 활동이 될 수 있을 것이다.

폭식하기

맛있는 음식을 먹음으로써 기분전환을 시도할 수도 있을 것이다. 폭식을 통해 포만감을 느끼고 뭔가 충족된 듯한 느낌을 받으면 불쾌한 감정이 사라지는 것처럼 느낄 수 있다. 그러나 이 방법은 건강에도 안 좋고, 폭식 이후 체중과 몸매에 대한 걱정과 후회를 동반할 수 있다.

탐닉 활동하기

술, 담배, 게임 등 자신을 흥분시키거나 자극할 수 있는 대상을 찾아 일시적인 즐거움을 얻는 방법이다. 그러나 불쾌한 감정 상태에서 술을 마시면 오히려 감정이 격해질 수 있다. 담배를 피우면 일시적으로 감정이 완화되는 것처럼 느끼지만 실질적으로 정서는 조절이 안 되고 나쁜 습관만 촉진된다. 이러한 탐닉활동에 의존하면 불쾌한 감정을 해결하기 위한 현실적인 활동과 스스로의 정서조절 능력을 방해할 것이다.

어떤 정서조절방법이 좋을까?*

다른 사람과의 원만한 관계 형성에 정서의 영향은 매우 크다. 누구든 정서 표현에 인색한 사람과 자주 만나고 싶은 사람은 없을 것이다. 그러나 정서의 표현 못지않게 중요한 것이 정서조절이다. 해소되지 못하고 쌓인 불쾌한 정서는 어떤 방식으로든 개인에게 해로운 영향을 미친다. 정서조절에 실패하면 사회생활뿐만 아니라 자신의 정신적, 신체적 건강에도 해롭다.

어느 연구에서 노골적인 적개심을 측정하는 성격검사를 실시했다. 25년 후 피험자들의 결과를 비교해봤더니 화를 가장 잘 내는 사람은 화를 가장 적게 내는 사람에 비해 심장마비를 일으킬 위험이 약 다섯 배나 높았다. 다른 연구에 의하면 나이가 들어 심장마비를 일으킬 위험이 가장 높은 사람들은 다른 사람들보다 소리를 잘 지르고 짜증과 조바심이 많으며 쉽게 분노를 표출하는 경우가 많다고 밝혀졌다. 갈로브스키(Galovski)와 블랜차드(Blanchard)는 논문에서 '도로 위의 분노'41)에 대해 연구하였다. 이들에 의하면 도로 위에서 스트레스를 받은 운전자는 다른 운전자에 비해 치명적인 사고를 일으킬 확률이 무려 다섯 배가 높다고 한다. 이렇듯, 자신의 정서를 적절하게 조절하지 못한 결과는 위험하기까지 하다.

앞에서 살펴보았듯이 정서조절을 위한 방법은 다양하고 사람들은 정서

---

* 정서조절방법에 대한 내용은 이지영이 2010년에 「한국심리학회지: 임상」의 29(3)권에 게재한 논문 '정서조절방략이 정신병리에 미치는 영향'의 연구결과를 반영한 것임

조절을 위한 나름대로의 시도를 한다. 그러나 모든 방법들이 바람직한 것은 아니다. 정서조절에도 유익하고 효과적인 전략이 필요하다.

정서조절방법 가운데 부적응적인 방법으로는 부정적으로 생각하기, 타인 비난하기, 타인에게 부정적 감정 분출하기, 안전한 상황에서 부정적 감정 분출하기, 폭식하기, 탐닉활동하기 등 6가지를 지적할 수 있다. 이들 부적응적 정서조절방법을 사용할수록 정서조절에 곤란을 경험하고 정서조절 능력이 낮은 것으로 밝혀졌다. 정서조절곤란은 우울장애, 발달장애 등 다양한 정신병리와 관련이 있다. 따라서 이들 부적응적 방법들은 정서조절을 위한 방법으로 사용하지 않는 것이 좋을 것이다.

수동적으로 생각하기, 즐거운 상상하기, 기분전환 활동하기 등과 같은 주의분산적 방법은 일시적으로 불쾌한 감정으로부터 벗어나게 해준다. 그러나 불쾌한 감정을 다소 감소시킬 뿐 해결되지 않은 채 가슴속에 차곡차곡 쌓인다. 따라서 여전히 고통스러울 수 있다.

친밀한 사람 만나기, 감정을 표현하고 공감 얻기 등과 같은 지지추구적 방법은 친밀한 관계를 통해 불쾌한 감정이 상쇄될 수는 있지만 그것 자체가 불쾌한 감정과 상황을 해결해주지 않는다.

학자들에 의하면 가장 능동적이고 효과적인 방법은 '능동적으로 생각하기'와 '문제해결 행동 취하기'라고 할 수 있다. 이 두 가지 방법을 자주 사용할수록 부적응 수준이 가장 낮고 정서를 효과적으로 조절할 수 있다고 한다. 불쾌한 감정을 회피하지 말고, 그대로 느끼고 받아들이며 상황을 파악하여 그 원인과 과정을 이해하고, 받아들일 부분은 받아들이고 해결할 수 있는 행동은 직접 취하는 방법과 같이 감정 상황에 직접 접근하여 처리하는 방식이 가장 바람직하다.

이외에, 불쾌한 감정을 그대로 느끼고 받아들이는 '감정 수용하기'도 정서조절을 위한 바람직한 방법으로 강조되고 있다.

회복탄력성

우리는 살아가면서 다양한 종류의 고난과 어려움을 겪는다. 그러한 시련에서 빨리 회복해서 정상적인 생활로 돌아오는 경우도 있지만 때론 오랫동안 그 시련이 주는 고통 속에서 헤어나지 못하는 경우도 있다. 고난을 이기고 심리적으로 빨리 회복해나가는 것을 회복탄력성(resilience)이라고 하는데, 정서조절의 핵심은 바로 이 회복탄력성을 키워나가는 것이다.

회복탄력성을 키우기 위해서는 먼저 이러한 상황이 발생한 원인을 생각해보아야 한다. 왜 그가 화를 냈을까? 왜 내 제안서가 떨어졌을까? 왜 반응이 긍정적이지 않았을까? 이런 식으로 원인을 찾아가는 과정만으로도 회복탄력성에 도움이 된다. 원인을 찾은 후에는 그 같은 상황이 반복되지 않도록 자신이 할 수 있는 방법을 생각하고 행동으로 옮겨야 한다. 단순히 "앞으로 잘될 거야" 식으로 넘어가면 그러한 상황을 발생시킨 문제를 반복하게 될 수 있다.

* * *

감정은 전염된다. 리더가 스트레스를 받아 부정적인 감정을 보이면 구성원들의 감정 상태에까지 부정적인 영향을 미치게 된다. 스트레스 상황에서 안간힘을 쓰느라 에너지가 고갈되면 다른 구성원들과의 관계에까지 악영향을 미치게 된다. 윗사람이 잔뜩 찌푸린 얼굴을 하거나 화가 난 상태로 목소리를 높이면 조직분위기도 좋지 않고 직원들은 눈치를 보게 될 것이다.

스트레스와 정서관리는 리더 개인의 문제에 그치지 않고 조직분위기에도 큰 영향을 미친다. 직원들의 정서가 부정적으로 형성되면 그 조직의 일처리도 순조롭게 진행되기 어려울 것이다. 따라서 우리 조직의 정서는 어떠한지, 우리 조직의 긍정적 정서조성을 위해 무엇을 하면 좋을지 관심을 가져야 하는 것도 리더의 중요한 역할 가운데 하나다.

토의합시다

최근 경험한 스트레스의 원인을 작성한 후 관리방안에 대해 생각해보자.

스트레스 원인	관리방안
예) 업무가 한꺼번에 닥쳐 정신이 없다.	시간관리를 하면서 중요하지 않은 일은 적절한 수준에서 마무리한다.
1.	
2.	
3.	

조직정치

성공한 경영자 출신 또는 탁월한 경영마인드를 가진 것으로 알려진 사람이 선거에 출마했다. 경영자 출신이라는 경력이 유권자로부터 표를 얻는 데 도움이 될까? 아마도 그럴 것이다. 우리는 그 사람이 우리 지역도 잘 경영할 것이라고 기대를 할 것이다. 반대의 경우는 어떨까? 예컨대, 대학 총장 선거에서 총장 후보가 정치마인드가 강하다면? 그리 좋은 이미지로 비칠 것 같지 않다. 아마도 누가 자신을 정치적인 사람이라고 말한다면, 기분 좋게 받아들이는 사람은 별로 없을 것이다. 이처럼 경영에 비해 정치에 대한 이미지는 좋지 않다. 정치는 없는 것이 바람직한가?

| 먼저 토의합시다 | 당신은 조직에서 발생하는 정치에 대해 어떻게 생각하는가? 조직에서 정치가 필요하다면 그 이유는 무엇인가? |

01 조직은 이해관계로 얽힌 연합체

필름을 생산하는 이스트먼 코닥(Eastman Kodak)42)은 1993년에 스테펜(Christopher Steffen)을 총괄부사장으로 영입하였다. 스테펜은 대규모의 일시해고를 포함한 비용절감계획을 단행하려고 했다. 이러한 해고조치에 가장 큰 영향을 받는 부서는 생산부서였으며, 생산부서장은 해고를 막기 위해 많은 노력을 하였다. 스테펜은 연구개발부서나 마케팅부서, 판매부서 등의 부서에 많은 권한을 위임하였다. 연구개발부의 위치를 최고경영자 바로 밑에 위치시키고 많은 재량권을 부여하였으며 마케팅부의 의견을 제품의 생산에 적극 반영시킬 것을 제안하였다. 당시 코닥의 생산부서와 마케팅부서 간에는 갈등이 존재하고 있었다. 마케팅부서에서는 소비자들과의 직접적인 접촉을 통해 소비자의 욕구가 다양하다는 것을 알고 있었으며 그러한 욕구를 충족시킬 수 있는 고객지향적 제품의 생산이 필요하다고 주장하고 있었다. 이러한 마케팅부서의 제안에 연구개발부서는 찬성이었지만 생산부서에서는 동의하지 않았다. 고객지향적인 제품을 생산하려면 비용이 많이 들고 시간이 더 소요되며 표준화된 제품을 생산함으로써 얻을 수 있는 효율성이 낮아지기 때문이다. 이러한 생산부서의 의견에 회계부서는 동의하였다.

당시 코닥은 경쟁적인 환경에 직면하여 기술에서도 우위를 지키지 못하는 등 불확실한 환경에 놓여있었다. 코닥이 생존·성장하기 위해서는 환경의 특성에 맞는 조직구조로 변화시켜야 했으나 회사 측에서는 스테펜의 혁신 방안을 수용하지 않았다. 우선, 최고경영자집단에게도 스테펜의 시도는 염려스러운 점이 있다. 스테펜의 제안대로 조직이 재편된다면 스테펜의 영향력은 더욱 커질 것이고 조직 내에서 자신들의 입지는 낮아질 것이기 때문이다. 해고에 의해 가장 큰 영향을 받게 되는 생산부서의 장이 이를 막기 위해 노력을 기울인 것도 부하들에 대한 인간적 배려 때문만은 아닐 것이다. 부하의 숫자가 줄어들면 조직 내에서 자신의 입지가 그만큼 약화될 것이 우려되기 때문이다. 부서들 간의 이해관계도 다르다. 마케팅부서는 제품의 판매실적에 의해서, 생산부서는 생산의 효율성에 의해서 평가를 받는다. 조직 구성원의 이해관계는 모두들 조금씩 다른 것이다.

조직은 생존을 다투는 정글이다

동물의 세계를 다룬 다큐를 보면, 동물들이 영역을 두고 싸우는 모습을 흔히 볼 수 있다. 조직 내 인간의 경우도 비슷하다. 차이가 있다면 인간의 투쟁영역은 물리적인 영역이 아닌 자신의 이익을 최대한 지키기 위한 이해관계의 영역이다. 예컨대, 내 업무영역을 다른 사람이나 부서가 넘보거나 지배하려고 든다면 지켜보고만 있지 않을 것이다.

사람들은 조직 전체의 이익보다는 자신의 이익을 보호하고 극대화하기 위한 의사결정과 행동을 우선적으로 취한다. 조직은 합리성과 효율성을 추구하지만 사람들은 자신의 처지를 먼저 생각하지 않을 수 없다.

우리는 흔히 조직구조가 조직의 효율성을 기준으로 설계되어야 한다고 믿어왔다. 예컨대, 안정적인 환경에서는 통제를 중시하는 관료적 특성의 기계적 조직구조가 적합하지만, 빠르고 역동적인 환경에서는 상황에 따라 융통성 있게 적응할 수 있는 유기적인 조직구조가 적합할 것이다. 이러한 주장은 논리적으로 합리적이면서도 경험적으로 증명되어 온 사실이다.

그러나 흥미로운 것은, 그 반대의 경우도 종종 발견된다는 점이다. 조직이 최소한 생존할 수 있는 정도의 효율성을 가지고 운영된다면 권력 보유자들은 자신들의 권력을 계속 유지하기 위한 노력을 기울이게 된다. 의사결정자들은 조직의 발전보다 자신이 가지고 있는 권력의 유지를 더 선호한다.

현재의 조직구조가 조직의 생존을 위협하는 경우가 아니라면 자신의 현재 입지를 흔들어 놓을 수 있는 조직구조 변화는 시도하지 않으려 할 것이다. 사람들의 머릿속에는 우선적으로 자신의 권력 향방으로 가득 차 있다.

모든 조직은 공동의 목표를 강조한다. 기업의 경우 고위층에서 매출액이나 수익률 등의 목표가 설정되면 모든 종업원들이 그 목표를 명확히 이해하고 공유해야 하는 것은 당연한 일로 여겨진다. 조직의 구성원들이 서로 다른 목표를 가지고 있다는 것은 생각하기 어려운 일이다. 여기까지가 우리가 일반적으로 알고 있는 조직의 모습일 것이다.

그런데 현실은 그렇게 합리적이지 않다. 조직은 공통된 목표를 가지고 있지만, 구성원들의 이해관계는 모두 같지 않다. 특히 조직의 규모가 크거나 다양한 분야의 기능으로 구성된 조직의 경우 조직 구성원들의 이해관계는 더욱 다양하고 복잡하다.

조직의 구성원들은 조직의 공통 목표 이외에 각자 고유한 욕구와 목표를 가지고 있으며, 자신의 이익을 최대화하기 위해 끊임없이 노력한다. 그리고 조직의 이익과 개인의 이익이 충돌한다면, 사람들은 당연히 자신의 이익을 선택할 것이다. 조직을 위해 희생할 사람은 아무도 없다. 따라서 좀 더 냉철하게 본다면, 조직은 다양한 이해관계로 얽힌 개인과 이익집단으로 구성된 연합체라고 할 수 있다.

02 조직에서의 정치

정치에 대한 일반적인 선입견은 부정적이다. <표 5-1>에서 볼 수 있듯이, 조직에서 개인적인 성공을 위해서는 정치가 필요하다고 인정하면서도 조직의 정치적 현상에 대해서는 반감을 갖고 있다. 정치는 조직의 효율성을 해치기 때문에 없는 것이 바람직하다는 것이다. 이것은 미국의 조사결과이지만 조직에서의 정치를 바라보는 시각은 한국의 경우도 크게 다르지 않을 것이다.

현실적으로 정치 없는 조직을 생각하기 어렵다. 모든 인간생활에서 발생하는 이해관계를 조정하고 한정된 자원을 적절히 배분하는 과정이 바로 정치이다. 어느 조직이든 자원이 한정되어 있고, 구성원들이 다양한 이해관계를 가지고 있다면 정치가 필요하다. 그래서 사람들의 상충된 이해관계와 갈등을 효과적으로 관리하기 위한 정치적 기술은 리더가 갖추어야 할 핵심 역량 가운데 하나라고 할 수 있다.

표 5-1 조직에서 정치에 대한 관리자의 생각

질문	동의하는 비율(%)
정치의 존재는 모든 조직에서 흔한 현상이다.	93.2
성공적인 임원은 훌륭한 정치가가 되어야 한다.	89.0
조직에서 높은 지위로 올라갈수록 정치적 분위기는 더욱 짙어진다.	76.2
막강한 힘을 가지고 있는 임원들은 정치적인 행동을 하지 않는다.	15.7
조직에서 앞서나가기 위해서는 정치적일 필요가 있다.	69.8
최고경영자는 조직 안에서 정치적인 행위들을 제거해야 한다.	48.6
정치는 조직이 효과적으로 움직이는 데 도움을 준다.	42.1
정치가 없는 조직은 정치가 만연한 조직보다 행복하다.	59.1
조직에서 정치는 효율성을 해친다.	55.1

[자료] Jeffrey Gandz, and Victor V. Murray, "The Experience of Workplace Politics",
　　　Academy of Management Journal, 23, 1980, 244쪽

자원이 부족할수록 또는 이해관계가 다양할수록 정치적 활동은 더욱 활성화되고 격렬해진다. 예를 들어, 기업에서 인원감축이나 혁신프로젝트를 추진하게 되면, 조직에서 자신의 입지를 굳건히 하거나 강화하기 위해 조직 내에 정치적 활동이 활발해지는 것을 발견할 수 있다.

우리는 과학적 관리기법이나 계획적 관리 등에 관해서는 흔히 듣는다. 그러나 정치적 갈등이 어느 조직에서든 존재하고 있음에도 불구하고 조직 정치에 대해서는 거의 듣지 못한다. 리더들 역시 조직의 정치적 측면을 무시하는 경향이 있고 자신도 정치적 리더 또는 정치적 감각이 있는 리더라는 말을 듣기 꺼려 한다. 그 결과 많은 조직에서 정치적 갈등이나 행위들은 주로 은밀하게 다루어진다. 어떤 조직에서든 경영에서 정치적 측면이 무시되지는 않지만, 정치라는 단어는 지극히 부정적으로 받아들여지고 회사는 의사결정에서 오로지 합리성과 효율성만 추구하는 것으로 여겨진다.

정치에 대한 부정적 시각은 경영학에도 무관심으로 반영되고 있다. 정치가 조직의 중요한 생리임에도 불구하고 별로 중요하게 다루어지고 있지 않다. 설사 다루어진 경우에도 대개는 개인의 배타적 욕구 충족을 위한 이기적인 정치 활동을 주로 언급하고 있다.

미국의 자동차부품 제조업체인 벤딕스(Bendix)사에서 부사장이었던 커닝햄(M. Cunningham)은 '부적절한 행동'으로 인해 물러나야만 했다. 그녀는 이를 회상하면서 말한다.

> "비즈니스 스쿨에서 현금흐름에 대해서는 가르쳐 주지만 조직정치에 대해서는 말해주지 않는다. 내 경험으로는 권력에 대한 강의가 생산, 마케팅 및 재무와 같은 수업만큼 중요하게 다루어져야 한다."[43]

이러한 현실은 우리나라도 마찬가지다. 학생들이 대학에서 조직정치나 권력에 대해 공부할 수 있는 기회는 거의 없을 것이다. 회사에서 경영자의 임무는 조직 구성원, 고객, 공급자, 노조 등 수많은 이해관계자를 관리하는 것이다. 이들 서로 다른 이해관계자의 협력을 얻어 내는 일은 금전적인 이익을 내는 일보다 훨씬 어려운 일이다. 따라서 조직에서 정치적 요인과 그 과정을 이해하고 관리하는 방법에 능숙하지 않으면 조직을 이끌어나가기 어렵다. 조직에서 정치적 요인이 필요 없다거나 제거할 수 있다는 믿음은 비현실적이다.

정치적 마인드 진단

다음은 개인의 정치적 마인드 수준을 측정하는 내용이다. 자신의 정치적 마인드에 대해 진단해보자.

- 전혀 아니다 = 1
- 아니다 = 2
- 보통이다 = 3
- 그렇다 = 4
- 매우 그렇다 = 5

1. 나는 힘 있는 사람들과의 관계 형성을 위해 나의 행동이나 습관을 바꿀 수 있다.
2. 나는 내가 조직에 반드시 필요한 존재라는 사실을 사람들에게 각인시키기 위해 노력한다.
3. 나는 나와 같이 일하는 사람들에게 언제나 친근감과 성실한 모습을 보여준다.
4. 나는 다른 사람들에게 좋은 인상을 심어주기 위해 노력한다.
5. 나는 다른 사람에게 호혜를 베풀어 내 사람으로 만들려고 한다.
6. 나는 조직 내외부의 많은 사람들과 폭넓은 인맥을 형성하고 관리한다.
7. 나는 영향력 있는 사람들과 식사나 스포츠에 같이 어울리는 등 그들과 친분을 발전시키기 위해 노력한다.
8. 나는 다양한 방법과 기술을 활용하여 다른 사람에게 영향력을 행사하는 데에 익숙하다.
9. 나는 나의 이미지와 평판에 늘 주의를 기울인다.

10. 나는 다른 사람들에게 그들이 필요한 자원이나 정보, 또는 권한 등을 내가 가지고 있다는 사실을 각인시키려 한다.
11. 나는 일이나 출세에 별 도움이 되지 안 되는 사람들과 함께 점심 먹는 것은 시간 낭비라고 생각한다.
12. 나는 사람들에게 좋은 인상을 주기 위해 그들이 듣고 싶어 하는 말을 해주려고 한다.
13. 중요한 사람에게 아첨하는 것은 현명한 행동이라고 생각한다.
14. 나는 까다로운 사람들까지 포함하여 조직의 모든 사람들과 원만하게 잘 지내며 그들과의 논쟁을 피한다.
15. 나는 조직에서 영향력 있는 사람을 결코 공공연하게 비난하지 않는다.

점수 합산 후 다음과 같이 진단할 수 있다.
* 60점 이상 : 탁월한 정치적 마인드가 있음
* 45~59점 : 정치적 마인드가 있지만, 좀 더 개발이 필요함
* 44점 이하 : 너무 순진함

03 권력을 얻는 방법

어느 회사에서 컨설팅을 했을 때 겪은 일이다. 그 컨설팅을 담당했던 최 이사는 갓 승진한 당시 최연소 이사였다. 그런데 사람들의 말로는 그가 실질적인 이 회사의 2인자라고 한다. 실제로 그의 상위 직급인 전무나 부사장들이 최 이사를 대하는 태도는 다소 공손하다는 느낌마저 들었다. 비결이 뭘까? 알고 보니 조직구조 개편을 비롯하여 인사제도 등 그 회사 주요 프로젝트들이 그의 관리하에 진행되고 있었다. 그에게 자연스럽게 힘이 실리는 이유였다. 권력은 지위 순이 아니라는 사실이다.

지위가 낮아도 권력을 키울 수 있다

조직에서 어떻게 권력을 획득할 것인가? 왜 어떤 사람은 지위가 같아도 다른 사람들보다 영향력이 더 있는 것처럼 보이는 걸까? 왜 어떤 사람은 지위가 높아도 다른 사람들에게 영향력이 없는 걸까?

우리가 어려서부터 부모에게 배운 첫 번째 교훈은 '말을 잘 듣는 것'이었다. 즉, 의존과 복종이다. 이건 학교에 들어가서도 마찬가지이다. 말 잘 들으면 착하고 훌륭한 사람이 된다는 말을 수없이 들어왔다.

그러나 영향력이나 권력을 행사하는 방법에 대해서는 배운 바 없다. 그 결과 우리는 우리가 가지고 있는 권력의 잠재력에 대해 무지하다. 공식적으로 권한을 받은 윗사람도 마찬가지이다. 상사는 종종 자신의 권력을 과대하게 지각하고 있고 부하는 자신의 권력을 과소평가하곤 한다.

상사는 부하를 고용하고 명령을 내리며 보상해주고 처벌할 수 있다. 그러나 부하는 항상 그들의 명령을 따르지는 않는다. 상사가 주는 당근과 채찍을 부하들은 간혹 무시하기도 한다. 부하를 해고할 수 있지만 그것은 시간과 돈과 에너지가 필요하다.

부하들은 자신들이 먹이사슬의 바닥에 있다고 생각하지만 그건 착각이다. 권력의 형태는 다양하다. 그리고 눈을 제대로 뜨고 바라보면 권력을 만드는 원천은 사방에 널려있어서 지위가 낮은 사람도 얼마든지 자신의 권력을 높일 수 있다.

권력은 리더가 조직을 이끌어나가기 위한 가장 기본적인 수단이다. 권력이 없거나 부족하다면 리더는 조직을 이끌어나가기 위한 영향력을 행사하기 어려워진다. 리더십이 얼마나 잘 발휘되느냐는 리더의 권력과 영향력의 크기에 달려있다고 해도 과언이 아닐 것이다.

그렇다면 리더는 어떻게 자신의 권력의 크기를 향상시킬 것인가? 권력의 원천은 다양하다.

권한

리더가 권력을 얻게 되는 가장 기본적인 통로는 권한이다. 권한은 개인에게 주어진 자리에 부여되는 권력이다. 흔히 합법적 권력이라고도 하는데, 우리에게 가장 익숙한 권력이기도 한다.

권한은 조직의 규범에 의하여 정당성이 승인된 권력이며, 조직에 들어온 사람은 자신들의 행동을 통제하게 되는 리더의 정당한 권리를 받아들인 것으로 볼 수 있다. 그래서 권한을 가진 사람은 특정한 형태의 요구를 할 수 있고, 구성원들은 그에 따라야 할 의무가 있다. 물론 권한에 의한 요구는 그 조직의 과업 범위 안에서만 해당된다. 예컨대, 사장이 비서에게 어떤 업무 보고서를 작성하라고 지시하는 것은 '합법적'인 권리이지만, 자기 아들의 숙제를 대신 작성하라고 요구하는 것은 권한의 범위를 넘어서는 것이다.

일단 권한이 주어지면 이에 해당하는 책임과 의무가 따르고 의사결정을 할 수 있는 권한도 갖는다. 따라서 권한을 가지고 있는 사람은 의사소통과 업무처리에서 좀 더 유리한 위치에 서게 된다. 조직 안에서 지위가 높아지면 더 많은 권한이 주어지므로 다른 사람들에게 행사할 수 있는 권력의 크기도 커지게 된다.

의존성

영화 <비열한 거리>에서 인상 깊은 대사가 있었다. "성공하려면 두 가지만 알면 돼. 너한테 필요한 사람이 누군지, 그 사람이 뭘 필요로 하는지."

누군가에게 필요한 사람이 되는 것도 권력을 얻는 방법이다. 도움을 받거나 불이익을 받지 않는 것이 자신에게 달렸다는 믿음을 사람들에게 심어주는 것이다. 부하들이 리더에게 의존하고 있다고 지각할수록 그들은 더욱 리더에게 협조할 것이다. 사람들에게 그러한 의존성을 불러일으키는 방법으로는 다음 두 가지가 있다.

먼저, 자원을 발견하고 획득하는 일이다. 물론 그 자원은 희소가치가 있어야 한다. 어디서나 얻을 수 있는 자원이라면 아무 가치도 없을 것이다. 리더는 다른 사람들이 소유하지 않았고 다른 곳에서 쉽게 얻지 못하는 자원, 또는 일을 처리하는 데에 필요한 자원이 무엇인지 알아내어 그것을 최대한 확보해야 한다. 예컨대, 돈, 장비, 공간에 대한 통제력이나 중요한 인물에 대한 접근, 중요한 정보나 정보망에 대한 접근, 의사결정을 하는 데에 필요한 권한 등이 그러한 자원에 해당될 수 있다. 이때 권한은 이들 자원을 획득하기 위한 유용한 수단이 될 수 있을 것이다.

권력의 크기를 결정하는 자원의 가치는 개인뿐만 아니라 집단에도 해당된다. 조직의 의존도가 높은 자원을 통제할 수 있는 집단이 지배집단이 된다. 중요한 정보, 전문지식, 조직에 필수적인 자원을 보유하거나 관리하는 집단은 조직에 커다란 영향력을 행사할 수 있게 된다.

두 번째 방법은, 리더가 가지고 있는 자원에 대한 사람들의 지각에 영향을 미치는 일이다. 리더가 자주 직접 접촉하지 않은 곳에서는 사람들이 리더가 가지고 있는 자원에 대해 잘 깨닫지 못한다. 리더가 사람들의 판단에 영향을 미칠 수 있다면, 리더는 자신이 소유하고 있는 자원에 의해 더 많은 권력을 누릴 수 있다.

자신이 가지고 있는 이미지와 평판에 주의를 기울이는 이유도 사람들의 판단에 영향을 미치게 하려는 노력이다. 루머나 영향력을 가진 사람과의 친분을 이용하여 자신의 입지에 대한 이미지에 영향을 미치기 위해 노력하는 사람도 간혹 있다. 예컨대, 회사 내외의 고위직과 식사를 자주 한다거나 만나는 모습을 보여주어 자신의 존재를 각인시키는 일 등이다. 이 경우 비록 그 사람의 지위가 낮다고 하더라도 그를 무시하거나 비협조적으로 나오기는 어려울 것이다.

상호호혜감

리더는 상호호혜감을 이용해 상대방에게 어떤 의무감을 느끼게 함으로써 권력을 키울 수도 있다. 일반적으로 다른 사람에게 호의를 베풀거나 작은 성의를 보여주면 상대방은 그 호의를 갚고 싶은 마음이 생기기 마련이다. 그러한 행위들은 별로 힘들지도 않고 돈도 필요하지 않은 경우가 많지만 받는 사람에게는 종종 큰 감동을 줄 수 있다.

상호호혜는 반드시 물질이나 행동에 국한되지 않는다. 마음으로 걱정해주는 모습도 상대방에게 마음의 의무감을 느끼게 해줄 것이다.

우리 한국 사람들은 이런 상호호혜적 문화에 상당히 익숙해 있다. 상호호혜는 한국과 같이 사람들 간의 정을 중시하는 집단주의 문화의 특징으로 보이지만 서양 사람들에게도 통하는 건 마찬가지다. 예를 들어보자.

> "아마 여기 있는 사람들은 대부분 우리 상사가 뜨거운 석탄 위를 걸으라고 하면 그렇게 할 겁니다. 우리 상사는 사람들의 마음을 움직이게 하는 방법을 알고 있어요. 사실 별거 아닌 일을 해주면서도 다른 사람들에겐 큰 의미를 주는 탁월한 능력을 가지고 있습니다. 예컨대, 얼마 전 어떤 직원이 뭘 사야겠다고 지나가면서 잠깐 언급한 적이 있었는데 우리 상사는 자신의 우편물 더미에서 그 상품과 관련된 광고를 우연히 보고 그 친구에게 건네주더군요. 상사에겐 몇 초도 걸리지 않은 일이었지만 그 친구는 상사의 세심함에 크게 감동받았어요."[44]

상호호혜 법칙의 힘은 누구든지 호의를 먼저 베풀기만 하면 얻어질 수 있다는 것으로, 우리가 그 사람을 싫어하든 좋아하든 관계없이 생성된다. 이런 말도 있다. "인류 사회에서 선물을 주고받는 과정에는 세 가지 종류의 의무가 있는데, 그것은 선물을 주어야 하는 의무, 선물을 받아야만 하는 의무, 그리고 받은 선물에 언젠가는 보답해야 할 의무를 말한다."[45]

어떤 사람에게 작은 호의를 받았다면 남에게 빚을 진 듯한 감정을 가지게 되고 인간은 심리적으로 가능한 빨리 그 상태에서 벗어나고 싶어 한다. 이러한 기분의 유래는 상호호혜의 법칙이 인간 사회의 밑바닥에 뿌리 깊게 자리 잡고 있기 때문이다. 인간은 어려서부터 빚진 상태를 불유쾌하게 느끼도록 조건화된 것이다.

비록 원하지 않는 호의라 할지라도 일단 접수되면 막강한 영향력을 갖게 된다. 아무런 대가가 없는 선물이라 할지라도 우리는 그것에 대한 보답을 생각하고, 누군가에게 물질적·정신적 도움을 받았다면 대부분의 사람들 마음속에는 그 행위에 대한 보답을 생각하고 있을 것이다. 수확의 법칙, 즉 뿌린 만큼 수확하기 마련이다.

대부분의 사람들은 친분만 있어도 어느 정도 의무감을 느낀다. 그래서 높은 고위직과 친분을 발전시키기 위해 노력하는 사람들이 있다. 이들은 미래의 어떤 대가를 기대하면서 공식적 또는 비공식적인 거래를 하는 것이다.

전문성

학생들이 팀 과제를 할 때 나이가 많은 학생이 팀장이 되기도 하지만 어떤 학생이 그 분야에서 전문적 지식이 있거나 능력이 있으면 대체로 그가 팀장이 된다. 이처럼 어떤 분야에서 전문가로서 능력을 인정받게 되면 집단 내에서 존재감이 높아지고 권력도 자연스럽게 높아지게 된다. 조직에서도 어떤 개인이 전문적 지식이 뛰어나면 그의 입지는 굳건할 것이다.

리더의 전문성을 믿게 되면 적어도 그 분야에 관한 한 사람들은 그를 추종하게 된다. 리더가 지위가 높아도 전문적 지식을 제대로 갖추지 못한다면 사람들은 그를 신뢰하기 어렵고 뒤따르지 않는다. 리더들은 흔히 눈에 띄는 성과를 통해 이런 유형의 권력을 쌓는다. 리더가 뛰어난 업적을 달성하면 부하들은 리더를 신뢰하게 되고 리더는 더 큰 권력을 가지게 된다. 리더들이 자신의 전문성에 대한 평판에 관심을 갖는 이유도 이러한 평판이 자신의 권력에 영향을 주기 때문이다.

전문성이 반드시 지위와 비례하여 높아지는 것은 아니다. 지위가 낮아도 어떤 분야에서 월등한 전문성을 가지고 있으면 조직에서의 그의 비중은 커지기 마련이다. 그리고 그 분야에 관해서는 상급자보다 더 많은 영향력과 권력을 가지게 된다.

인간적 매력

누군가를 좋아하게 되면 그를 위해 뭐든지 하고 싶고 잘 보이고 싶어진다. 내가 아내를 처음 만난 날, 아내는 길을 가다가 어느 음식점을 가리키면서 "저 집이 유명한 집인데 먹고 갈까요?" 하며 물었다. 저런, 그곳은 순대 전문점! 평소에 냄새만 맡아도 속이 울렁거리지만 난 1초의 망설임 없이 좋다고 호응했다. 그다음 벌어질 일은 강인한 정신력에 맡기면서...

리더가 권력을 얻는 또 다른 방법은 인간적 매력이다. 남녀관계가 아니더라도 어떤 사람을 인간적으로 좋아하거나 존경하면 그를 따르게 된다. 사람들이 카리스마를 가진 리더를 따르는 이유도 마찬가지다.

다른 사람들로부터 호감이나 존경심을 불러일으키는 방식으로 행동한다면 이러한 유형의 권력을 향상시킬 수 있을 것이다. 사람들이 리더 자신 또는 리더의 생각과 동일화하고 싶은 생각이 들거나 리더를 이상적인 인물로 생각한다면 그를 따르고 싶을 것이다. 예컨대, 위기의 상황에서도 냉정하고 침착한 모습을 보여주는 리더에게 사람들은 호감을 느낀다. 그러한 모습이 바로 리더에 대해 기대하는 이상적인 모습이기 때문이다. 인간적인 따뜻함을 사람들이 좋아한다면 그러한 모습을 보여주는 리더를 추종하게 될 것은 자명하다.

개인적 특성에 의해 형성된 권력은 지속적이고 강력

이와 같이 권력은 자신에게 주어진 지위나 권한에서만 나오는 것이 아니다. 권한은 권력의 한 가지 형태일 뿐이다. 그렇기에 어떤 사람이 가지고 있는 권력이나 영향력은 그 사람의 지위만으론 판단할 수 없다. 자신의 지위에 부여된 권력마저도 제대로 발휘하지 못하는 경우도 있고, 그 반대로 조직에서 낮은 위치에 있지만 높은 위치에 있는 사람보다 더 많은 권력과 영향력을 가질 수도 있다. 그러므로 리더가 조직을 자신의 의지대로 이끌어 가면서 사람들에게 영향력을 발휘하기 위해서는 자신의 권력을 더 크게 키우도록 노력할 필요가 있다. 또한 어느 한 가지 유형의 권력에 의존하기보다는 여러 가지 유형의 권력을 동시에 활용함으로써 더욱 강력한 영향력을 발휘할 수 있을 것이다.

일반적으로 누구에게나 또는 어떤 상황에서나 유효한 권력 원천은 없다. 예컨대, 어떤 권력의 원천을 소유했다고 해서 타인에게 영향력을 행사할 수 있는 것은 아니다. 만약 그 권력 원천이 상대방에게 중요하지 않거나 큰 의미가 없다면 효과가 없을 것이다. 뇌물은 어떤 사람을 흔들리게 하지만 어떤 사람에게는 거부감만 줄 뿐이다.

강력한 리더십을 행사하는 리더들은 대체로 자신의 공식적 지위에 부여된 힘이 아닌, 상호호혜나 인간적 매력 등 개인적으로 획득한 권력에 의해 영향력을 행사한다. 그 이유는 상호호혜나 인간적 매력 같은 개인적인 특성에 의해 형성된 권력은 공식적 지위에 의한 권력보다 더 지속적이고 강력하기 때문이다. 권한에 의해 지시를 내리면 그 지시를 내리는 사람의 눈에 보이는 수준 정도에서 복종과 추종이 이루어지지만, 개인적 특성에 위한 권력은 보이지 않는 곳에서도 힘을 발휘하고 태도까지도 변화시키는 영향력을 발휘한다.

이쯤에서 의존성에 기초한 권력을 사용할 때 알아야 할 중요한 함정이 있다. 보상이나 처벌과 관련하여 리더에게 의존하는 사람은 리더의 지시에 즉각 응대하겠지만 계속해서 추종하지는 않는다. 의존성에 기초하여 반복적으로 영향력을 행사하게 되면 상대방 역시 리더와 균형을 이루기 위해 다른 권력 원천을 구하려고 동기 유발된다. 특히, 의존성에 기초한 권력을 가지고 강제적 방식으로 행사하는 일은 매우 위험하다. 강제력은 흔히 보복을 가져오기 때문이다.

04 연대형성

우리 아이가 어렸을 때 일이다. 어느 날 게임기를 사달라고 조른다. 불과 몇 달 전 사주지 않았느냐고 했더니 새로운 버전이 나왔다는 것이다. 자기만 없다면서 친구들 이름을 거론하지만 아빠와 엄마는 완강하다. 아들은 스스로 깨닫는다. 자신이 이 집에서 권력이 없다는 것을… 아들은 좋은 방법을 생각해낸다. 언제나 자기 편에 서는 할아버지나 할머니에게 호소했고 결국 성공했다. 이처럼 어린아이도 의사결정에서 자신의 권력(힘)이 부족한 경우 연대나 후원자를 확보하여 의사결정에서의 힘을 키워야 한다는 것을 이미 체득하고 있는 것이다.

조직은 상호의존관계에 있고 복잡해서 모든 일을 혼자 마음껏 움직여 나갈 수 없다. 조직의 규모가 큰 경우에는 더욱 그렇다. 직책이 높아질수록 권한이 증대되지만 동시에 의존관계도 더욱 커지며, 일을 성공적으로 추진해 나가기 위해서는 수많은 타인의 협조가 필요하다. 따라서 리더에게 필요한 중요한 자원 가운데 하나가 바로 연대 또는 후원자이다.

대부분의 조직은 구성원들의 이해관계가 서로 얽혀있는 정치판과 같다. 리더의 중요한 과업 중의 하나는 이러한 정치판에서 자신이 속한 집단을 위해 설득력 있고 영향력 있는 주도자로서의 역할을 수행하는 것이다. 이를 위해 리더에게는 조직과 관련된 주요 이해관계자들을 내 편으로 만드는 일이 중요하다.

내 편을 만드는 방법

임무를 효과적으로 수행해 나가기 위해서, 리더에게 충성스럽고 신뢰할 수 있는 후원자 또는 협력자를 확보하는 일이 필수적이란 사실은 당연해 보인다. 그러나 실제로는 많은 리더들이 후원자 또는 연대의 중요성을 간과하고 있다. 리더가 자신을 지지해주는 연대집단을 확보하지 않은 채 수많은 이해관계자가 존재하는 조직을 이끌어나가기란 매우 어렵다.

리더가 연대를 형성하기 위해서는 첫째, 중요한 대인관계의 파악이 필요하다. 즉, 누구의 도움이 필요한지, 우리 편으로 만들 필요가 있는 사람이 누구인지를 알아야 할 것이다. 이를 위해서는 주위 사람들이 가지고 있는 영향력을 파악해두어야 한다. 여기엔 조직 내부뿐만 아니라 외부세력도 포함한다. 때론 외부세력이 더욱 큰 영향력을 발휘할 때가 있다. 따라서 의사결정에서 실질적인 영향력을 행사하는 사람이 누구인지, 소위 드러나지 않는 실세는 누구인지에 대해 파악하는 것이 필요하다.

변혁을 꾀하는 사람들은 흔히 자신의 상사를 끌어들이는 일부터 먼저 착수한다. 연대의 중요성은 지위 순이 아니다. 예산이나 중요 사안을 다루는 분야의 사람들, 전문적 지식을 가진 사람들과도 연대를 형성하는 것이 중요하다. 동료 또는 부하들 중에도 오피니언 리더들이 있기 마련이다. 회의를 주도하거나 회사의 현재 또는 미래의 핵심인물로 인정받는 사람들이다. 이들은 조직의 분위기를 형성하는 데에 있어 중요한 역할을 하므로 이들과의 연대는 여론형성이나 자신을 지지해줄 강력한 디딤돌이 될 수 있다.

둘째는 원만한 관계 형성이다. 당신이 필요할 때 항상 도움을 받을 수 있도록 그 사람들과 원만한 관계를 맺는 일이다. 사람들은 이해관계상 자신에게 득이 되거나 단지 요청받은 범주에서만 움직이기 때문에 이들이 스스로 최선을 다하여 협조를 해주는 경우는 드물다. 이들과 원만한 관계나 잠정적인 연대관계를 맺기 위해 흔히 볼 수 있는 방법으로는 권력을 가질 수 있는 중요한 자리를 얻도록 도와주는 일이다. 예컨대 요직에 자기 사람을 심으려는 리더들의 행동도 여기에 해당되는 정치적 행동이라 할 수 있다. 그러나 이러한 방법은 흔히 조직 내 파벌을 야기하고 조직 전체의 효율성 차원에서 바람직하지 않은 경우가 많다. 최적의 인물보다는 정치적 계산에 의해 사람을 선택하기 때문이다.

보다 생산적인 방법으로는 호의를 베풀어 내 사람으로 만드는 일이다. 바로 상호호혜법칙을 이용하는 것이다. 앞에서 언급했듯이, 상호호혜는 권력의 크기를 확대시키는 방법 가운데 하나이지만, 특히 연대를 형성하는 데 중요하다. 평소에 마음을 베풀어 내 사람으로 만들면 눈에 띄는 보상을 받지 않아도 결국은 자신의 든든한 후원자가 될 것이다.

특히 혁신을 추진하는 경우, 연대적 관계를 가지고 있는 후원자들과의 개별접촉을 통해 이들이 그 프로젝트의 추진과정에서 영향력을 행사할 수 있도록 최대한의 기회를 주는 것도 중요하다. 그 프로젝트의 성공에 그 사람이 중요한 인물인 것처럼 느껴지도록 하면서 주인의식을 심어준다면 혁신이 성공적으로 진행될 수 있을 것이다.[46]

우호적 분위기 조성

사람들은 이해관계가 조금만 일치해도 서로를 필요로 한다. 우리가 정치권에서 흔히 보듯, 얼마 전까지만 해도 서로 비난하고 심지어 국회에서 멱살을 잡던 사람들이 이해관계에 따라서는 손을 잡고 협력한다. 자신들의 이익을 위해 이해관계가 비슷한 사람들과 연합을 형성하고, 목표설정과 의사결정과정에 영향력을 행사한다.

이해관계가 비슷한 개인 또는 집단 간의 연합은 조직 내로 한정되지 않는다. 자신의 목표달성을 위해 영향력을 가지고 있는 외부세력이나 조직과의 일시적 연합도 종종 필요한 경우가 있다. 예컨대, 파업의 성공 여부는 흔히 언론에 의해 좌우되기도 한다. 노조가 파업의 당위성을 언론을 통해 설득하지 못하면 파업은 국민적 지지를 받지 못하고 실패하는 경우가 종종 있다. 이 경우, 언론은 파업을 주도하는 노조에게 매우 중요한 연합세력이 되는 셈이다.

일을 추진해 나가는 데 필요한 적절한 환경, 즉 규범과 가치관을 조성하는 일도 중요하다. 조직문화나 분위기가 자신이 추진하려는 일의 방향과 부합하지 않는다면 커다란 장애물이 된다. 특히 리더가 혁신을 추진하려는 경우 조직문화는 중요한 변수가 될 수 있다. 이런 경우 리더는 혁신이 불가피하다는 분위기와 여론을 사전에 조성하는 것이 필요할 것이다.

05 협상

어디서나 협상이 필요하다. 노조나 외교관, 테러리스트만 협상을 하는 것이 아니다. 집이나 자동차를 구입할 때, 물건을 두고 흥정을 벌일 때도 협상이 이루어진다. 아이가 있는 집에서도 협상은 익숙하다. "엄마, 이거 하면 뭐 사줄 거야?" 협상은 조직에서뿐 아니라, 둘 내지 그 이상의 당사자 사이에 공통된 이해와 상반된 이해가 존재할 때면 언제든 필요하다.

현실적으로 협상은 모든 의사결정의 핵심을 이루고 있다. 타인을 소외시키지 않으면서도 자신이 원하는 것을 획득할 수 있게 하는 것이 바로 협상 기술이다. 협상은 일종의 과정이며 이 과정을 통해서 서로 다른 요구 혹은 상충된 요구를 가지고 있는 사람들이 공정한 합의점에 이르게 된다. 비록 양쪽 모두가 이기기를 원하지만 상호 간에 받아들일 수 있는 타협점을 찾아냄으로써 쌍방 간에 최선의 이익을 얻게 된다.

우리가 가장 흔하게 듣는 협상은 아마 노사협상일 것이다. 노와 사는 회사의 지속적인 존속 및 발전이라는 공통된 목표를 가지고 있어 서로 협력할 수 있지만 사업을 통해 얻게 된 이익의 배분을 둘러싸고는 대립을 보일 수 있다.

그런데 협상을 하게 되면 대부분의 사람들은 '입장에 입각한 협상(positional bargaining)'을 벌인다. 즉 입장을 먼저 세운 다음, 합의 도달을 위해 마지못해 양보한다. 처음 입장을 분명히 하고 그것을 방어하면 할수록 자신이 취한 입장을 지키는 것이 자존심을 지키는 것이 된다. 따라서 원래의 이해관계에 부응하는 합의점을 찾기 어려워진다.

원칙에 입각한 협상

입장에 근거하여 협상을 하는 경우 "이것 아니면 안 된다"는 식의, 상대방의 일방적인 항복만을 강요하는 의지의 전투장이 되어버리기 때문에 상대방에게 좋지 못한 감정을 유발하기도 한다. 이와 같이 입장에 입각한 교섭은 비능률적이며 서로 이익이 될 수 있는 합의점을 도출할 기회를 놓칠 수 있다.

다음 4가지 전략에 기초한 '원칙에 입각한 협상(principled bargaining)'**47)** 은 그 대안이 될 수 있다.

사람과 문제를 분리하라

협상은 서로 다른 견해와 가치관을 가지고 있고 감정을 제대로 이해하지 못하는 등 불완전한 존재인 사람들이 하는 것이다. 협상과정에서 생긴 인식의 차이나 좋지 못한 감정, 오해 등을 제대로 극복하지 못하면 상대방에 대한 부정적인 인식만 심어준 채 협상이 결렬될 가능성이 크다.

그러므로 실질적인 이해관계 문제와 인간관계 문제를 별개로 취급해야 한다. 협상 당사자들은 한 편이 되어 문제를 공격해야지 서로를 공격해서는 안 된다. 이를 위해서는 불변의 유일한 입장을 가지고 협상에 임하지 말아야 한다. 오히려 많은 대안들이 가능하다는 태도로 임해야 한다.

입장이 아닌 이해관심에 초점을 맞춘다

협상의 목적은 겉으로 드러나지 않는 이해관계를 충족시키는 것이다. 이해관계에 초점을 맞출 때 해결책이 보인다.

1987년, 이스라엘과 이집트 간에 체결된 캠프 데이비드(Camp David) 협정을 예로 들어 보자. 양측은 국경선 문제를 놓고 오랫동안 대립해왔다. 이스라엘이 시나이(Sinai) 지역 일부를 계속 차지하려고 한 데 반해 이집트는 그 지역의 완전반환을 요구했던 것이다. 양측이 상대방의 진정한 이해관심사가 무엇인지를 파악한 연후에야 비로소 해결방안이 떠올랐다. 이스라엘은 안보의 문제를 가장 우려하고 있었다. 즉 국경선에 이집트 탱크가 배치되는 것을 원치 않았던 것이다. 반면에 이집트는 자국의 주권이 관심사였다. 시나이 지역은 파라오 시대부터 이집트의 일부였기 때문이다. 이에 따라 양측은 시나이 전체를 이집트에 돌려주되 그 대부분 지역을 비무장화한다는 안에 호응했던 것이다. 이 해결안을 토대로 장기적인 평화협정체결이 이루어지게 되었다.

상호이익을 위한 선택 방안(option)을 찾아라

대안을 찾기 전에 자신의 태도를 먼저 점검하는 것이 필요하다. 쌍방이 모두 받아들일 수 있는 해결안이 많이 있다는 태도를 취하고, 파이를 분할하는 최선의 방법이 단 하나라는 생각을 버려야 한다. 현재 파이가 유일하게 큰 것이며 자신이 가장 많은 부분을 가져야 한다는 생각도 버린다. 경우에 따라서는 파이를 보다 크게 할 수 있는 방법도 있다.

공동의 이해관계가 무엇인지 분명히 하고 그것을 공동의 목표로 설정한다. 차이점이 해결책을 낳는 경우도 많다. 이해관계는 의외로 짜 맞추기 쉽다. 예를 들어보자. 어린 두 자매가 오렌지 하나를 서로 가지려고 말다툼을 하고 있다. 시간이 흘러도 아무도 양보하지 않는다. 결국에는 반씩 가지기로 한다. 그런데 오렌지를 반으로 나눠 갖자마자 언니는 껍질을 까서 알맹이는 먹고 껍질은 버렸다. 반면 동생은 언니와 반대로 껍질을 까서 알맹이는 버리고 껍질만 갖고 부엌으로 달려간다. 동생은 오렌지를 먹고 싶었던 것이 아니라 껍질을 이용해 케이크를 만들려고 했던 것이다. 이 경우에 자매는 서로의 실제 이익(오렌지 먹기, 케이크에 사용하기)이 아니라 자신의 입장(오렌지를 가지겠다)만 가지고 다투었기 때문에 이상적인 합의점에 도달하지 못한 것이다. 만일 둘 중 하나가 "너는 왜 오렌지를 원하냐"고 묻기만 했어도 합의 내용은 판이하게 달라졌을 것이다.

이와 같은 오류를 극복하고 상대의 숨겨진 협상동기에 초점을 맞추기 위해서는 먼저, "왜 그러한 요구를 할까?"라는 식의 사고가 필요하다. 그리고 이를 토대로 일단 파악한 잠재적 동기들에 대한 우선순위를 파악해두는 것이 중요하다.

객관적 근거에 중점을 두라

자신과 상대방의 이해가 서로 상충될 경우 객관적이고 실용적인 기준을 설정하고 그것에 입각하여 해결책을 모색해야 한다. 예컨대, 한 명이 케이크를 자르고 나머지 한 명이 고르는 방법도 공정한 방법일 수 있다. 이와 비슷한 방법으로, 제3자에게 선택권을 위임할 수도 있다.

협상을 객관적 기준을 찾는 공동탐색의 장으로 만들어야 한다. 예컨대, 어떤 값을 정할 때 그 값을 정하는 데 필요한 객관적 기준부터 정하자고 제안한 후 그 기준에 대해 상대방과 의견을 교환한다. 그리고 자신이 내세운 기준만 고집하지 말고 언제든지 다른 정당한 기준도 적용할 수 있다는 유연한 태도를 가져야 한다.

충돌을 피하기 위해 쉽게 양보할 경우 상대방에게 이용만 당할 가능성이 크며, 반대로 극단적인 입장을 취하고 이를 끝까지 고수할 경우 상대방 역시 강경하게 대응하도록 유도함으로써 상대방과의 관계만 악화되는 우를 범할 수 있다.

협상이 자신이 원하는 것을 얻느냐 아니면 상대방과의 우호적인 관계를 유지할 것인가 하는 문제로 비치는 것은, 그것을 입장의 차이를 좁히는 행동, 즉 내가 이기거나 아니면 지는 상황으로 해석하기 때문이다.

'원칙에 입각한 협상'의 핵심은, 협상을 입장의 대결장이 아니라 상호 이해관계를 충족시키는 행동으로 생각해야 하며 또한 상호 이해관계가 상충될 경우에는 공정한 기준에 의해 결론을 도출해야 한다는 것이다. 그래야 얻어야 할 것은 얻으면서도 상대방에 대한 호감을 잃지 않고, 공정함을 잃지 않으면서도 자신의 공정성을 악용하려는 사람들로부터 보호받을 수 있다.

협상은 당사자들 입장에서 본다면 협상의 결과가 협상하지 않은 상태보다 더 낫기 때문에 하는 것이다. 비록 협상의 결과가 상대방보다 자신에게 좀 더 불리한 방향으로 되었다고 하더라도 그것은 협상하지 않는 것보다 더 나은 것이다. 즉, 협상은 당사자들이 최악의 전략을 선택할 위험을 방지하고 최선의 전략을 선택하기 위한 커뮤니케이션이다.

협상 역량 진단

다음은 당신이 어느 정도의 협상 역량이 있는지를 알아보기 위한 문항들이다. 자신의 협상 역량에 대해 진단해보자.

전혀 아니다 = 1   아니다 = 2   보통이다 = 3   그렇다 = 4   매우 그렇다 = 5

번호	내용
1	나는 어떠한 압박에 대해서도 잘 참는다.
2	나는 재치 있으며 외교적 수완을 가지고 있다.
3	나는 내 의견을 논리 정연하게 말할 수 있다.
4	모든 것은 타협할 여지가 있다고 생각한다.
5	나는 작은 일이라도 이기기 위해 열심히 준비한다.
6	내 이야기를 하느라 남의 말을 제대로 못 듣는 일은 없다.
7	아무리 대화가 어렵게 진행이 되어도 나는 미소를 잃지 않는다.
8	협상은 양측 모두에게 무엇인가 가치 있는 결과를 가져온다고 생각한다.
9	나는 협상에서 무슨 말을 해야 할지에 대해 협상 전에 철저히 준비한다.
10	나는 갈등이나 마찰을 회피하지 않는다.

점수 합산 후 다음과 같이 진단할 수 있다.
- 40점 이상 : 탁월한 협상가
- 30~39점 : 협상 자질이 있음
- 30점 이하 : 협상에 대한 태도 개발이 필요

06 이해관계자들의 분류와 대응 전략

조직의 모든 구성원들이 내 편은 아니다. 그리고 자신이 추구하는 어떤 비전이나 목표에 같은 방식으로 반응하지도 않는다. 사람들은 서로 다른 생각과 이해관계를 가지고 있어 상황에 대해 반응하는 방식도 각자 다르다. 올바른 비전을 가졌다는 것만으로는 충분하지 않다. 모든 사람들이 그 비전을 다 지지해 주는 것은 아니며 비전이 지지를 받지 않으면 아무 소용이 없다.

비전이나 어떤 방향을 설정하게 되면 이해관계자를 대상으로 정치적 활동이 필요하다. 이를 위해서는 이해관계자의 특성을 분류한 후 각각에 맞는 대응전략을 세워야 한다. 우리가 영향력을 행사할 필요가 있는 사람들은 호응과 신뢰라는 두 가지 차원에서 분류해볼 수 있다.[48]

먼저, 사람들은 우리가 추진하는 비전이나 방향에 대해 호응하거나 반대한다. 우리와 전적으로 같은 비전을 갖는 사람은 드물겠지만 적절하게 공존할 수 있는 비전을 가지고 있는 사람들이 있다. 우리는 우리 주변의 사람들과 대화를 통해 우리와 비전을 공유하거나 호응할 수 있는 지지자인지를 알아낼 수 있을 것이다. 호응 또는 갈등은 비전에 대해서도 발생할 수 있고 목표나 실행계획에 대해서도 자주 발생한다.

둘째는 신뢰 관계이다. 우리는 과업을 추진하는 방식에 대해 서로 신뢰하거나 불신하기도 하고, 인간적인 측면에서도 신뢰 또는 불신이 발생할 수 있다. 여기서의 기준은 얼마나 우리가 그 사람과 솔직하게 커뮤니케이션을 할 수 있는가의 정도이다.

호응과 신뢰라는 두 가지 차원으로 사람들은 크게 네 가지로 분류될 수 있다(<그림 5-1>). 우리의 이해관계자들이 어디에 위치하는지를 확인하게 되면, 다음 과제는 우리의 비전 및 이해와 부합하는 방향으로 이들에게 영향력을 행사하는 일이다.

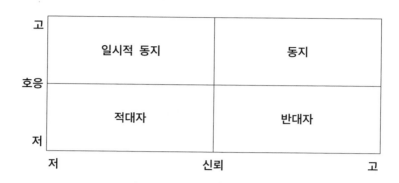

그림 5-1 **이해관계자들의 분류**

동지 : 높은 호응 / 높은 신뢰

우리와 비전을 공유하는 동시에 신뢰할 수 있는 사람들은 우리의 동지
가 된다. 동지를 상대하는 전략은 그들을 같은 편으로 대우하면서 우리의 계
획과 의도에 대해 정확하게 알려주는 일이다. 또한 우리가 추진하는 방향의
취약점이나 의심스러운 부분에 대해 그들과 논의할 필요가 있다. 이들은 우
리 스스로가 하지 못하는 많은 부분에서 도움을 줄 수 있다. 정치적 관계라
는 것은 상호호혜적인 면이 있다. 우리가 가지고 있는 비전, 목표에 대해 동
지와 이야기하는 것은 이러한 상호호혜를 재확인한다는 차원에서 중요하다.

동지는 우리가 그들에 대해 어떻게 생각하는지, 그리고 우리가 하려는
시도가 무엇인지에 대해 알 필요가 있다. 그들과의 신뢰관계는 대화를 통해
반복적으로 재확인하는 것이 좋다.

우리는 접근방식에 대해 동지들의 확인이 필요하고, 다른 사람들은 어
떤 입장을 가지고 있는지에 대한 정보도 필요하다. 우리가 반대파 또는 상
대하기 어려운 사람이라고 보는 사람들 가운데는 사실 우리가 잘못 판단한

경우도 있기 때문이다. 동지들은 우리의 생각에 잘못은 없는지, 앞으로 다가올 어려움 등에 대해 도움을 줄 수 있을 것이다.

반대자 : 낮은 호응 / 높은 신뢰

우리와 솔직하고 높은 신뢰관계를 유지하고 있지만, 비전과 목표 또는 방법에 대해 다른 시각을 가지고 있는 사람들이 반대자이다.

우리는 이들에 대해 고마워할 필요가 있다. 이들은 우리의 계획에 대해 현실적이고 실질적인 그림을 보여줄 수 있기 때문이다. 그리고 그들의 존재는 우리가 하고 있는 일과 전략을 더욱 효과적이고 치밀하게 완성시키는 데에 도움이 될 것이다.

물론 그들은 종종 우리를 힘들게 하지만 그렇게 반응해서는 곤란하다. 우리의 목표는 그들을 이기는 것이 아니다. 우리가 하는 일이 올바른 방향이라면 위험하고 어려운 길을 피하는 것이 중요할 것이다. 바로 이 점에서 반대자의 존재는 가치가 있다.

먼저, 우리는 반대자에게 그들과 솔직히 말할 수 있고 그들이 진실을 말해줄 것이라고 기대하며 필요로 하고 있다는 점을 밝혀야 한다. 우리는 반대자에게 우리가 추진하려는 비전과 목표에 대해 말해주고 세부 사항에 대해 논의하고 싶다는 사실을 알려줘야 한다.

우리는 추진하는 목표에 도달하는 과정에 관해 이들과 협상을 할 수 있다. 여기서 필요한 것은 문제해결기술과 대안의 모색, 그리고 그 대안의 예상되는 결과에 대한 통찰력이다. 이들 반대자와의 관계는 좋으므로 이들과 합의에 이르는 방안을 찾을 수 있을 것이다.

여러 가지 면에서 반대자들은 마치 불만을 가진 고객과 같다. 이들은 우리가 지지를 받기 위해 필요한 일들이 무엇인지에 대해 단서를 줄 것이다.

일시적 동지 : 높은 호응 / 낮은 신뢰

일시적 동지는 우리가 추진하는 방법에 대해서는 호응을 하지만 신뢰 관계는 낮은 사람들을 말한다. 아직은 충분히 신뢰하기 어려운 사람들이므로 이들과 만나게 되면 얼마나 많은 정보를 공유해야 하는지 조심스러워지기 마련이다. 그들 역시 우리가 추진하려는 비전, 목표에 대해서는 동의를 하지만, 막상 접촉해보면 자신의 의견을 잘 꺼내지 않는 사람들이다.

일시적 동지들에게 접근하는 기본적인 자세는 그들이 받게 되는 처우의 방향에 대해 사실대로 말하는 것이다. 먼저 우리가 추진하려는 비전과 목표를 그들이 지지하고 있다는 사실을 재확인하고 그들의 지지를 높이 평가한다.

우리는 그들과의 신뢰관계를 보다 발전시킬 필요가 있다. 이를 위해서는 귀에 거슬리는 말도 듣게 되겠지만 일시적 동지에게 그들이 원하는 것이 무엇인지를 말하도록 유도해야 한다.

일시적 동지와 적대자는 신뢰가 없는 상태이기 때문에 다루기 어려운 인물들이다. 이러한 신뢰부족은 그들의 의도가 나빠서라기보다는 자기보호가 강한 결과이므로 이해하도록 노력해야 한다. 이들 앞에서 자신을 방어하려고 시도하는 것은 바람직하지 않다.

다행히도 일시적 동지는 비전과 목표에 호응하고 있으므로 그들에게 직접 동참하도록 권유함으로써 보다 내 편으로 끌어당길 수 있다. 이때, 같이 일을 하는 데에 있어 어떤 불만이나 주저되는 사안들을 표현한다면 이는 앞으로의 발전적인 관계를 위해 한 걸음 내딛는 것이다. 그리고 우리는 이들과 함께 어떻게 일을 진행시킬 것인지에 대해 논의를 할 수 있을 것이다.

적대자 : 낮은 호응 / 낮은 신뢰

호응을 구하기 위한 협상과 신뢰관계를 위한 협상 시도가 제대로 이루어지지 않는다면 우리는 이들을 적대자로 분류할 수 있을 것이다.

그런데 많은 경우 우리는 대화나 접촉을 많이 해보지도 않고 선입견에 의해 적대자로 분류하기도 한다. 적대자로 분류하기 전에 우선 직접 만나서 비전과 목표 등에 대해 의견을 나눠보고 확인하는 절차가 필요하다.

그 후 적대자로 판명이 나면, 비전과 의도가 그들에게 설득력이 있기를 바라면서 우리 자신이 무엇을 하려고 하는지, 그리고 그 이유는 무엇인지에 대해 명확하게 설명하려고 노력해본다. 설득이 이루어지면 다행이지만, 일단 여기서의 목표는 내 편으로 만들거나 호응이 아니라 단지 이해를 구하는 것이다. 그리고 이들과의 관계에서 존재하는 긴장감이나 위협을 줄이는 데에 초점을 둔다. 우리는 그들이 가지고 있는 생각이나 추구하는 방식을 이해하고 있다는 점도 알리는 것이 필요하다.

동시에 이들과 직접적으로 싸워 이기기 위해 노력하기보다는 제3자의 지지를 구함으로써 적대자에 대해 우위를 차지하는 것이 바람직하다.

* * *

직장생활을 해본 사람이라면 조직에서 정치적인 측면이 얼마나 중요한 요인으로 작용하는지 알고 있을 것이다. 조직의 중요한 의사결정들이 합리적인 기준이나 방식이 아닌 정치적 이해관계나 정치적 행위들에 의해 이루어지는 경우는 흔하다. 정치에 대한 선입견은 부정적이지만 조직에서 정치는 현실이다. 다양한 이해관계를 조율하면서 조직의 목표달성을 위해 영향력을 효과적으로 행사하는 일은 리더의 중요한 역할 가운데 하나다.

학생이든 직장인이든 리더로서의 정치적 역량을 향상시키고 싶다면 소속된 집단에서 자신의 영향력을 키우기 위해 어떤 노력이 필요하며, 중요한 인물들을 내 편으로 만들기 위해 어떤 행동들을 할 수 있는지 생각해보자.

토의합시다

1. 드라마나 영화를 보고 등장인물들이 영향력을 행사하기 위해 사용하는 전략을 관찰
   해보자. 그들이 어떤 전략을 사용하였으며 그 이유는 무엇인가? 그러한 시도는 성공
   적이었는가?

2. 자신이 소속된 조직(또는 팀)에서 또는 주변 인물 가운데 한 사람을 떠올려 본 후, 그의
   권력의 원천을 분석하고 자신의 권력의 크기를 향상시키기 위한 방법을 생각해보자.

   1단계 : 지위에 비해 권력(영향력)이 많은 사람은 누구이며 그가 가진 권력의 원천과
         특징은 무엇인가?

   2단계 : 자신의 권력(영향력)의 크기를 증대시키기 위한 실천 방안을 제시해보자.

집단과 협력

몇 년 전 겨울날 인터넷 뉴스에서 재미있는 사진을 보았다. 첫 번째 사진은 개와 고양이가 추위에 잔뜩 웅크린 채 2미터쯤 떨어진 상대방을 서로 바라보는 모습이었다. 이어진 다음 장면의 사진을 맞춰보시라. 바로 추위를 견디기 위해 둘이 서로 몸을 꼭 붙이고 있는 모습이었다. 개와 고양이는 사이가 좋지 않다고들 하는데... 평소에 사이가 안 좋아도 서로의 생존과 이익에 도움이 된다면 기꺼이 협력해야 한다는 것을 보여주는 상징적인 장면이 아닐까?

먼저
토의합시다

인간은 협력하려는 존재인지, 그렇다면 그 이유는 무엇이라고 생각하는지 이야기해보자.

01 인간은 협력하는 종

안타깝게도 많은 대학에서 학생들은 남을 누르고 이겨야 하는 상황 속으로 몰아져 협력의 정신을 키우지 못하는 경우가 많다. 대표적인 원흉이 바로 상대평가다. 상대평가란 내가 열심히 공부해야 할 뿐 아니라 다른 친구들보다 더 잘해야 한다는 것을 의미한다. 이러한 평가방식에서 남을 도우려는 협력 분위기가 형성되기는 쉽지 않다. 다양한 지식과 관점의 융합이 요구되는 시대에 이런 제도가 학생들의 협력마인드를 떨어뜨리고 있는 것이다.

진화생물학에 의하면 인간은 기본적으로 협력하는 종이다. 협력은 초기 인류가 자신들이 처한 환경적인 재앙이나 다른 집단과의 분쟁에서 살아남기 위한 방안이었다. 야생동물과는 달리 자연에서 홀로 생존할 수 있는 신체적 조건을 갖추지 못했기에 다른 인간들과 힘을 모아 연합하지 않으면 생존하기 어려웠다. 그러다 보니 인간은 자연스럽게 다른 사람들과의 협동과 공존을 통해 생존능력을 극대화하는 방식을 진화의 수단으로 선택하였다. 인간에게 협력은 곧 생존의 조건이었던 것이다. '협력의 진화'[49]라는 말처럼 서로 상호작용하는 사회에서는 협력하는 집단이 배반하는 집단에 비해 생존할 가능성이 훨씬 크고, 진화의 투쟁에서 결국 승리해왔다.

협력의 손익을 잘 보여주는 것이 게임이론에 나오는 '죄수의 딜레마(prisoner's dilemma)'다. 두 명의 공범자를 형사가 검거했다. 그러나 형사는 심증만 있는 상태라서 범인들의 자백이 필요하다. 형사는 다음과 같은 방법을 생각해 냈다. 각각의 피의자를 독방에 격리시켜 놓고 다음과 같은 사항을 알려 주었다. "만약 당신이 자백을 하지 않았는데 당신의 동료가 자백을 하면, 자백한 사람은 특전으로 풀려나지만 당신은 종신형을 받게 됩니다.

표 6-1 **죄수의 딜레마**

나		동료	
		거부(협력)	증언(배반)
나	거부(협력)	나 = 1년형 동료 = 1년형	나 = 종신형 동료 = 석방
	증언(배반)	나 = 석방 동료 = 종신형	나 = 10년형 동료 = 10년형

반대로 당신만이 자백을 하게 되면 당신이 석방의 혜택을 받게 됩니다. 만약 둘 다 자백하는 경우에는 각각 10년형을 언도받을 것이며, 둘 다 자백을 하지 않으면 각각 1년형을 언도받게 될 것입니다."

　과연 이들은 어떤 선택을 하게 될까? 둘 다 자백을 하지 않고 버티는 것이 모두에게 최선이란 것을 알지만, 내가 자백하지 않고 있는 상황에서 동료가 자백해 버리면 혼자 뒤집어쓰는 경우가 생기기 때문에 딜레마에 빠지게 된다. 하는 수 없이 최악의 경우를 피하기 위해 둘 다 자백을 하게 되어 각자가 10년형을 받게 되는 것이다.

협력이 가장 좋은 전략

　죄수의 딜레마가 가지는 역설은 나와 동료가 자신의 이익을 생각하면 배신해야 하지만 두 사람 모두의 이익을 위해서는 협력하는 것이 옳았다는 것이다. 그러나 서로를 믿지 못했고 자신의 이익만을 생각했기 때문에 두 사람은 배신을 선택할 수밖에 없었다. 개인적으로 또는 사회적으로 이와 유사한 상황은 언제든지 발생할 수 있다. 그리고 현실에서 사람들은 배신이 아니라 협력을 선택하는 경우가 꽤 있다. 이기적인 개인들이 모인 사회에서 어떻게 협력이라는 행위가 나타나는 걸까?

　　정치 과학자 로버트 액설로드(Robert Axelrod)는 1984년에 출판한 저서 <협력의 진화>에서 죄수의 딜레마와 같은 상황이 무수히 반복될 때 어떠한 전략이 가장 효과적인지 보여주고 있다. 컴퓨터 프로그램을 통해 처음부터 적대적인 선택을 하는 전략, 상대방의 배반과 같은 선택을 용서하는 전략, 처음부터 끝까지 자신의 이익만을 위해 선택하는 전략, 상대방을 위한 이타적인 전략 등의 다양한 전략을 포함하여 죄수의 딜레마를 시행했다.

　　여기서 재미있는 결과가 나왔는데, 이 게임이 오랜 시간 반복될 때 이기적으로 배신하는 전략은 결국 매우 나쁜 성적을 내는 경향이 있는 반면, 좀 더 이타적으로 협력을 추구하는 전략은 더 나은 성적을 보인 것이다. 가장 좋은 성적을 낸 전략은 단순한 '팃 포 탯(tit-for-tat)' 전략인 것으로 나타났다. 이것은 우리말로 쉽게 하면 '눈에는 눈, 이에는 이' 전략이다. 즉, 이전에 상대방이 했던 선택을 그대로 따라 하는 것이다. 상대방이 배반을 한다면 자신도 배반을 하고, 상대방이 협력을 선택하면 나 또한 상대방을 따라 협력을 선택했을 때 가장 효과가 좋았다.

　　현실 사회에서 게임은 한 번에 끝나지 않고 계속 반복된다. 서로 반복적으로 접촉할 수밖에 없기 때문이다. 한 번 배신당한 상대에게 다시 협력하지 않는 '눈에는 눈, 이에는 이(Tit For Tat)' 전략이 존재하기 때문에 결국 서로 협력적인 행동을 하도록 촉진된다. 호혜주의를 기반으로 하는 이타주의가 자연적으로 진화될 수 있다는 사실이 수학적으로 증명된 셈이다.

　　협력자의 모습을 보여줌으로써 다른 사람들을 내 편으로 만들 수도 있기 때문에 협력은 장기적 측면에서 좋은 전략으로 볼 수 있는데, 다음 사례는 이를 잘 보여준다.

대학을 졸업한 후, 나는 동기생 29명과 함께 본사 2년제 관리자 훈련 코스에 참가했다. 2년 동안 나는 회사와 동료들에 대해 많은 것을 배울 수 있었다. 사원들 간에는 무한경쟁이 이어졌고, 서로를 상대로 치열한 싸움을 벌였다. 2년이 지난 후 남은 인원은 25명이었고, 새로운 경쟁이 우리를 기다리고 있었다. 그때 나는 슬럼프에 빠졌다. 앞으로 20~30년간 벌어지게 될 경쟁이 나의 목표와 일치하지 않는다는 사실을 깨달았기 때문이다. 나는 진심으로 동료를 사랑했다. 또 그들의 재능을 존경했다. 회사를 그만두려던 찰나 나는 새로운 사실을 발견할 수 있었다.

"리더가 되려고 애쓰는 동료들이 성공하자면 좋은 협력자가 있어야 한다"는 것. 무엇보다 내게는 그들을 도울만한 능력이 있었고, 다른 24명의 동료가 나의 도움으로 리더가 된다면, 내게도 기회가 찾아올 것이라는 기대감이 있었다. 때문에 나는 협력자의 길을 선택했다.

나는 열심히 일했고 결국 부사장에 취임했다. 부하직원들의 눈에는 내가 리더로 보이겠지만, 나는 리더가 되려고 애쓴 적이 한 번도 없다. 나의 목표는 동료들과 경쟁하는 것이 아니라 협력자가 되는 것에 비중이 있었다. 구체적으로 나의 목표를 정의하면 동료들의 인정과 신뢰를 받는 것이다. 때문에 나의 승진은 협력자 정신의 결과이고 여기서 주목해야 할 사실은 훈련과정을 마치고 지금까지 살아남은 9명의 동료 중 모든 사람들과 친분관계를 유지하고 있는 사람은 나 하나라는 점이다. 그들 중에는 나보다 높은 사람도 있고, 낮은 사람도 있다. 또한 나보다 어린 사람이 내 위에 앉아있는 경우도 있다. 물론 나는 지금도 내 능력이 닿는 범위 안에서 그 사람들을 도우려고 노력하고 있다.

내 전략은 성과가 있었다. 리더가 되겠다고 다투지 않고, 우정을 유지하며, 권력과 정치의 끝없는 소용돌이 속으로 빨려 들어가지 않고도 일을 잘하는 것, 그것이 바로 내 전략이었던 것이다.**50)**

이처럼 강자만이 살아남는 조직에서도 협력을 선택한 인간이 결국에는 오랫동안 생존할 가능성이 높아 보인다.

02 협력의 힘

　　팀이나 집단의 협력적 노력으로 인한 놀라운 업적은 영화의 단골 소재이기도 한다. 그런데 학교로 돌아오면 팀은 그리 인기가 없다. 학기 초 학생들에게 과제를 혼자 하는 것이 좋은지 팀으로 함께하는 게 좋은지 선택하라고 물어본 적이 있다. 단 한 명의 예외도 없이 대답은 같았다. 혼자 하고 싶다는 것이다. 함께하면 서로 도움이 될 텐데 왜 그들은 외롭게 혼자 하는 것을 선호할까? 간혹 이런 질문도 받는다. "왜 과제를 팀으로 해야 하는 거죠? 혼자 하는 것이 더 효율적인데..." 이런! 협력의 힘을 모르다니.

집단지성

　　협력이란 집단의 일원으로 참가하여 목표달성에 공헌하고 집단 내 다양한 배경을 가진 구성원들과 함께 일하는 것이다. 협력은 혼자서 하기 어려운 일을 가능하게 한다. 사람들은 어떤 일을 하고 있든 간에 다양한 분야의 사람들에게 어느 정도 의존하고 있으며, 이들의 협조나 도움이 없으면 자신의 목표를 달성하기 어렵다. 특히 조직의 성과는 다양한 역할을 수행하는 구성원들의 협력의 산물이며, 구성원들 간의 협력 수준에 따라 크게 영향을 받는다.

　　협력의 힘을 흥미롭게 보여주는 사례가 있다. 영국의 유전학자 골턴(Francis Galton)은 집단이 크면 클수록 추측이 보다 정확해진다는 사실을 보여주었다. 1906년 영국 서부지역 가축박람회를 방문했을 때다. 800명 정도 되는 사람들이 각기 6펜스를 내고 참여하는 황소무게(도축되고 손질된 후의 무게) 맞추기 대회에 흥미를 느꼈다. 골턴은 대회가 끝난 후 주최 측을 설득해 참가자들이 적어 제출한 숫자 카드를 잠시 빌려왔다. 참가한 800명의 평균값을 계산하니 실제 무게와 겨우 1파운드(450g) 차이에 불과했다! 놀라운 집단지성의 결과이다. 이후 사탕통 안에 든 사탕 개수 맞추기 등 비슷한 시도가 많이 이루어졌지만 결과는 비슷했다(독자들도 한번 해보시라!).

집단지성은 협력의 산물이다. 집단지성이란 여러 명의 협력을 통해 얻게 되는 결과나 지적인 능력을 말한다. 이 개념은 1910년 미국 곤충학자 휠러(William Morton Wheeler)가 쓴 <개미: 그들의 구조·발달·행동>(Ants : Their Structure, Development, and Behavior)이라는 책에서 처음 쓰였다. 개미 한 마리는 힘이 미약하지만, 공동체로서 협업하여 커다란 개미집을 만들어내는 것을 보고 여럿이 모였을 때 더 높은 지능체계를 형성한다고 설명했다.

이처럼 사람도 개인의 지능이나 힘으로 할 수 있는 일은 제한되어 있지만, 여러 사람이 모이면 훨씬 더 큰 시너지 효과를 낼 수 있다. 혼자서 판단하거나 문제를 해결하기에는 정보부족, 능력부족이라는 문제에 부딪치는 경우가 흔히 있다. 이때 협력은 다양한 관점과 기술, 정보, 자원 등을 제공한다. 다른 사람들과의 성공적인 협력은 혼자서 작업하는 것보다 훨씬 뛰어난 아이디어나 해결안을 도출해낸다. 50년간 발표된 논문 179만 편을 분석한 연구에 의하면, 저명한 학술지에는 공동 연구논문이 대부분이었다. 팀으로 된 연구자들이 새로운 이론을 발표할 확률이 단독 연구자보다 37.7% 이상 높다고 한다.[51] 팀이 개인보다 더 위대한 아이디어를 내놓을 가능성이 높은 것이다.

이러한 집단의 효과는 팀의 구성원들이 다양할 때 더 두드러진다. 각자가 가지고 있는 다양한 지식과 생각, 관점들이 모이면 전문가 수준을 뛰어넘는 수준의 결과물이나 아이디어가 나올 수 있다. 특히 융합적 사고를 기대하고 싶다면 혼자의 힘으로 처리하기보다는 다른 사람들과 상호작용하면서 문제를 분석하고 해결책을 모색해야 할 것이다.

동기유발의 힘

협력의 또 다른 장점은 집단 구성원들을 동기유발시킨다는 데 있다. 우리는 어딘가에 속해 있다고 느끼고 싶어 하는 욕구가 있다. 그래서 집단에 속해있다고 느끼기 위해 그에 필요한 행동을 한다. 스탠퍼드대 교수인 월튼(Gregory Walton)[52]에 의하면 사람들은 팀을 이뤄서 목표달성을 위해 노력한다고 생각하는 경우 외적 보상이 전혀 없어도 혼자 일할 때에 비해 목표달성 의욕이 더 높아진다고 한다. 집단 자체가 동기의 원천이 되는 것이다. 협력이 잘 되는 팀 분위기에서는 팀원 모두가 팀의 목표에 자극을 받는다. 예전에 어떤 학생들이 팀 과제를 하는데 분위기가 상당히 어색한 점이 눈에 띄었다. 며칠 지난 후에는 그중 한 학생이 내게 오더니 이제라도 팀에서 탈퇴하여 혼자 하면 안 되겠냐고 물어본 일이 있다. 팀 분위기가 너무 가라앉아 수업 의욕마저 잃게 된다는 것이다. 그래서 요즘은 팀을 편성한 후 팀빌딩(team building)을 하도록 한다. 집단과 일체감을 느낄 수 있는 활동을 통해 집단 구성원들과 유대를 형성하면서 우호적인 분위기가 만들어지도록 하는 것이다. 이것이 잘 되면 팀원 간의 상호교류가 활발해지고 협력적인 커뮤니케이션이 이루어지면서 서로를 돕게 되어 팀의 수행력도 향상된다. 팀 분위기만 잘 만들어지면 혼자 일을 하는 것보다 훨씬 좋은 분위기 속에서 높은 생산성을 기대할 수 있는 것이다.

03 무임승차

과연 팀 전체가 매달리는 협동 작업에서 사람들은 모두 최선을 다하고 있다고 자신 있게 말할 수 있을까? 사람들이 자신의 능력을 최대한 발휘하기보다는 오히려 일을 대충대충 처리하는 것은 아닐까? 하는 놈만 죽어라 하고 노는 놈은 놀기만 하는 건 아닐까?

사회적 촉진

먼저 다른 사람의 존재가 나의 노력에 어떤 영향을 미치는지 살펴보자. 남들이 있으면 내가 더 노력하게 될까? 아니면 덜 노력하게 될까?

20세기 초에 심리학자 트리플렛(Norman Triplett)은 사이클 경기를 관람하면서 선수들이 혼자서 사이클링을 할 때보다 함께 경쟁하면서 트랙을 돌 때 기록이 더 빠르다는 사실을 발견하였다. 혼자 달릴 때는 평균 시속이 24km였지만, 여러 명이 경쟁하며 달릴 때는 33km로 기록이 상승되었다. 다른 사람의 존재가 개인의 노력을 촉진한 것이다. 그는 이 사실을 확인하기 위해 아동들을 대상으로 실험을 했다. 아동들에게 낚싯줄을 최대한 빨리 감도록 지시한 결과, 혼자서 과제를 수행한 아동들에 비해서 다른 아동들과 함께 집단으로 과제를 수행한 아동들이 낚싯줄을 더 빨리 감았다. 그 후 수많은 연구들이 이 현상을 증명하였다. 이처럼 다른 사람의 존재가 경쟁심과 동기를 촉진하여 유발을 일으켜 더 높은 성과를 내게 되는 것을 '사회적 촉진(social facilitation)'이라고 한다.

사회적 태만

이와 반대되는 현상이 '사회적 태만(social loafing)'이다. 사회적 태만이란 혼자 일할 때보다 여럿이 같이 일할 때 노력을 덜 들이는 사람들의 성향을 일컫는다. 링겔만(Maximilien Ringelmann)이라는 프랑스 엔지니어가 처음 발견하였기에 '링겔만 효과(Ringelmann effect)'로도 많이 알려져 있다.

1913년 링겔만은 말들의 능력에 대해 연구를 하면서 수레를 끄는 말

두 마리의 능력은 한 마리 말이 끌 때 보여주는 능력의 2배가 되지 못한다는 사실을 밝혀냈다. 이후 링겔만은 사람들을 대상으로 밧줄 실험을 했다. 밧줄을 잡아당기게 하고 그 힘을 측정한 것이다. 사람도 말과 다를 바 없었다. 두 사람이 같이 밧줄을 끈 경우에 그들은 평균적으로 혼자 밧줄을 끌 때 사용한 힘의 93%밖에 쓰지 않았다. 셋일 땐 83%, 여덟 명일 땐 49%에 불과했다. 개인의 힘 크기를 100%라고 가정했을 때 구성원이 많아질수록 수치가 작아졌다. 이를 통해 링겔만은 집단에 소속된 개인이 자신의 힘을 최대로 발휘하지 않으며, 특정 집단에 구성원을 추가할수록 이러한 경향이 더 뚜렷해진다는 결론을 내렸다. "나 하나쯤이야" 하는 생각이 개인별 집단 공헌도를 떨어뜨린 것이다.

예전에 온라인 취업포털 사람인(www.saramin.co.kr)이 직장인 753명을 대상으로 '귀하는 뒷짐 지고 구경하는 갤러리족에 속한다고 생각하십니까?'라는 설문을 실시했는데, '예'라고 응답한 사람이 32.3%였다.[53] 이러한 링겔만 효과는 우리가 흔히 경험하고 있으며 학생들이 팀 과제를 좋아하지 않는 주된 이유다. 누군 열심히 하는데 누군 무임승차하는 일이 벌어지기 때문이다. 게다가 같은 팀이라는 이유로 점수마저 똑같이 주면 불만이 생길 수밖에 없다.

사회적 태만이 일어나는 이유

링겔만 효과는 집단의 크기와 관련이 있다. 치담바람(Laku Chidambaram)과 퉁(Lai Lai Tung)[54]은 집단의 규모에 따른 집단의사결정 과정에서 사회적 태만에 대하여 실험하였다. 4명 혹은 8명으로 구성된 집단을 만든 후 의사결정 과업을 주고, 개인이 제시한 아이디어의 양질에 따라 개인 기여도를 파악하였다. 실험결과, 집단의 규모가 작을수록 개인의 기여도는 높아지며,

아이디어의 양과 의사결정의 질에 있어 더 우수한 결과를 도출했다. 개인이 과업을 수행할 경우에는 자신이 유일한 과업수행의 자원으로 활용되는 반면, 다수가 팀으로 과업을 수행할 경우에는 자원의 일부에 해당되기 때문에 집단의 규모가 커질수록 개인의 노력에 대한 동기부여가 낮아지는 희석효과(dilution effect)가 나타나며 사회적 태만이 높아지는 것이다.

팀의 규모가 커지면 개인의 노력이 평가되거나 모니터링되기도 어렵다. 팀 전체의 성과만이 평가될 뿐이다. 개인의 기여도에 대한 명확한 구분을 어렵게 만들기 때문에 개인은 의식적으로든 무의식적으로든 자신의 노력을 줄이게 된다. 각 개인에게 명확하게 역할과 책임을 부여하지 않으면 '누군가 나의 몫을 채워주겠지'라고 생각할 수 있다. 집단의 규모가 커질수록 스스로 자신의 존재가 팀의 목표달성에 중요한 영향을 미치지 않을 것이라는 생각이 들어 태만이 발생할 수도 있다. '내가 없어도 잘될 거야' 식의 자기 존재감 상실이 업무 수행 동기를 떨어뜨리는 것이다.

집단의 다른 사람들이 최선의 노력을 기울이지 않고 있다는 생각이 들때에도 사회적 태만이 발생한다. 혼자 열심히 일해서 '봉'이 되지 않기 위해 다른 사람들과 유사한 수준으로 자신의 수행을 맞추려 하기 때문이다. 이처럼 집단의 다른 구성원들이 능력이 충분함에도 불구하고 최선의 노력을 하지 않을 때, 나머지 구성원들도 노력을 감소시키는 경향성을 '봉 효과(sucker effect)' 혹은 '남들만큼 하기 효과'라고 한다.

집단과의 동일시 및 응집성도 사회적 태만에 영향을 주는 요인으로 확인되었다. 예컨대, 친구들로 구성된 집단보다 낯선 사람들로 구성된 집단에서 사회적 태만이 더 많이 일어날 수 있다. 카라우(Steven J. Karau)와 윌리엄스(Kipling D. Williams)[55]는 집단 응집성이 사회적 태만에 어떠한 영향을 주는지를 살펴본 바 있다. 이들은 실험에서 응집성과 작업 조건(개별 공동 수행

조건과 집합적 수행 조건)을 조작했는데 그 결과, 응집성이 낮은 조건에서는 집합적 수행 조건의 수행이 개별 공동 조건의 수행에 비해 현저하게 낮아져서 사회적 태만을 보였지만, 응집성이 높은 조건에서는 집합적 수행과 개별 공동 수행 간의 수행 차이가 나타나지 않았다. 응집성이 높으면 사회적 태만이 감소하는 것이다. 응집성이 높다는 것은 팀원들 간의 사이가 가깝고 서로 좋아하는 것이기 때문에 게으름 피우기가 불편할 것이다.

카라우와 윌리엄스는 사람들이 사회적 태만을 보이는 상황을 다음과 같이 정리했다.[56]

- 개인의 기여를 평가하기 어려울 때
- 과업이 무의미해 보일 때
- 집단이 클 때
- 문화가 개인적인 성향이 강하고 집단적인 성향이 약할 때
- 과업이 복잡할 때
- 개인들 각자가 다른 구성원들이 더 많이 기여할 것이라고 기대할 때
- 집단에 단결력이 부족하고 집단이 다른 비슷한 집단의 수행력과 비교될 가능성이 적을 때

종합하면, 사람들은 개인의 노력과 개인적 보상 사이에 어떤 관련성이 없는 데다 집단 응집성이 부족할 때 게으름을 피울 가능성이 가장 높다고 할 수 있다.

04 효과적인 집단협력 방법

다양한 사람들의 협력 작업을 팀워크라고 한다. 팀워크의 잠재력은 전체가 그 부분들의 총합보다 더 클 수 있다는 사실에 있다. 앞서 살펴보았듯이, 집단의 시너지 효과, 상충하는 아이디어들에서 나오는 창의성, 상호 간의 동기부여 효과 등이 집단의 협력에서 기대할 수 있는 장점들이다.

그러나 사람들이 같은 공간에 단순히 모이는 것만으로는 협력이 발생하지 않는다. 협력하는 방법을 모르면 다른 사람들과의 협력이 쉽지 않으며, 어떤 경우엔 함께 일하는 것이 오히려 동기부여와 성과를 떨어뜨리기도 한다. 갈등의 원인이 되기도 하여 불필요하게 시간과 에너지를 낭비하기도 한다. 예컨대 집단의 구성원들이 자기지향적 욕구나 개인주의 성향이 강하면 집단의 목표나 성과를 위해서가 아니라 주로 자신의 욕구를 만족시키기 위한 행동을 하게 된다. 이런 사람들이 다수를 차지하는 집단에서는 의사결정도 어렵고 과정상의 충돌도 자주 발생하여 성과도 낮을 수밖에 없을 것이다.

팀 구성원 모두가 사회적 태만을 보이지 않고 협력의 장점을 기대할 수 있는 효과적인 집단협력 전략으로는 다음과 같은 것들을 들 수 있다.

팀 목표 및 임무를 명확히 한다

팀의 목표는 팀원들에게 방향을 제시하고 동기를 일으킨다. 명확하게 정의된 목표는 팀원들의 노력 증진과 집단에 대한 공헌으로 이어질 수 있다. 그래서 팀이 구성되면 가장 먼저 확인해야 할 것은 "어떤 일을 수행해야 하는가?"이다. 이를 바탕으로 팀의 목표를 명확히 세우고 목표달성을 위한 세부항목들을 만든다. 이 과정은 합의를 통해 이뤄지는 것이 바람직하다. 팀 목표에 대한 모두의 동의가 있고 각자가 집단에 기여하면 집단이 성공할 수 있다고 기대될 때 헌신을 끌어낼 수 있다.

가치 있는 과제를 주고 선택권을 준다

사회적 태만은 집단 과제가 중요하지 않거나 누구나 쉽게 달성할 수 있을 정도로 단순한 경우에 나타나기 쉽다. 집단이 수행하는 과제가 중요한 것일 경우, 집단 구성원의 수행이 저조할 것으로 예측될 때 반대로 더 많이 노력하는 경우도 있다. 어떤 구성원이 수행한 부분이 부족하다고 생각하는 만큼 다른 구성원이 더 노력을 기울이는 것이다.

따라서 팀의 목표와 과제들은 중요하고 집단 모든 구성원들에게 의미 있는 것이어야 한다. 집단의 성공이 개인에게 가치 있는 일이라면 그들은 최선을 다할 것이다. 이를 위해서는 집단 구성원들이 원하는 과업에 대한 선택권을 주는 것이 좋다. 이것은 과업에 대한 주인의식을 심어주고 내재적 동기를 촉진할 것이다.

팀 분위기를 조성한다

팀 구성원들이 과제를 수행하기 위한 적절한 조건에는 도구나 장소, 자금과 같은 물리적 자원뿐만 아니라 팀원들의 노력을 촉진하는 분위기를 조성하는 것이 중요하다. 팀 빌딩을 통해 우호적인 협력 분위기와 감성적인 유대관계를 형성해야 한다. 일체감이 형성되면 팀원들은 팀의 목표에 헌신하고 다른 팀원들에 대한 협력 의지가 생겨난다. 그들만의 적절한 팀 규범을 만드는 것도, 협력적이고 생산적인 분위기를 조성하고 문제가 발생하는 것을 예방하기 위한 좋은 방법이다.

집단협력이 성공을 거두려면 팀원들이 자신의 작업에 대해서만이 아니라 다른 팀원들의 작업에 대해서도 책임을 느낄 수 있어야 한다. 모든 팀원들이 집단에 대한 자신의 기여가 없어서는 안 되는 매우 소중한 것이라고 믿도록 만들어 구성원들이 집단의 과업에 많은 노력을 쏟을 수 있도록 분위기를 만들어야 한다.

팀 구성원의 역할을 명확히 한다

역할은 팀 내에서 개인이 차지하는 지위를 통해 각 개인에게 할당된다. 팀 구성원들은 각자 자신의 역할과 책임을 수행함으로써 다른 팀원들과 상호작용을 한다. 역할에 기대되는 행동이 불명확하거나 모호하면 자신의 역할에 대해 동기가 유발되기 어렵고 다른 팀원들과 갈등이 일어날 수 있다. 학생들이 팀 과제를 할 때 발생하는 갈등도 명확하지 않은 역할분배에서 오는 경우가 많다.

구성원들의 역할이 명확해지면 역할들에 대한 효과적인 조율, 즉 팀워크가 필요하다. 화려한 스타플레이어들로 구성된 팀이라도 팀워크가 부족하면 경기에서 패하는 경우가 많다. 반면, 특별히 뛰어난 선수가 없어도 팀을 잘 조율함으로써 예상하지 못했던 좋은 성과가 나오기도 한다. 역할 간의 균형과 조화가 훌륭한 팀워크와 협업을 만드는 것이다.

보상을 제공한다

우수한 집단 수행 결과에 대해서 보상을 제공하면 사회적 태만은 감소할 수 있다. 공산주의 시절 헝가리에서 사유경작지는 전체 농지면적의 13%에 불과했으나 생산량은 전체의 3분의 1을 차지하였다. 중국정부가 농부들에게 국가에 바치고 남은 곡식을 판매할 수 있도록 허용하자 생산량이 8% 증가하여 과거 26년간의 평균증가율보다 2.5배나 더 높았다. 이처럼 노력과 보상이 연계될 때 사람들의 태만 경향은 줄어든다.

그런데 이 경우에도 개인의 노력은 팀의 집단적인 노력에 묻혀버릴 수 있다. 개인의 공헌도가 분명히 드러나지 않는 상황이나 과업의 결과에 대한 책임감이 분명하지 않은 경우 당연히 사람들은 노력을 줄이게 된다. 게다가 자신의 노력이 집단의 수행 결과에 그리 큰 영향을 미치지 않는다고 느끼면 더욱 태만하게 될 것이다.

그러므로 집단이 추구하는 목표를 분명하게 설정한 후, 구성원 개인별 목표 기여도를 평가하는 것이 무임승차를 방지하는 데 효과적이다. 누군 열심히 하고 누군 무임승차했는데 점수를 똑같이 주면 불만이 생길 수밖에 없다. 개인 기준의 보상과 팀 기준의 보상 사이에 균형을 잘 맞추는 것이 팀에 대한 공헌도를 높이고 개인의 수행도를 높이는 데 중요하다.

05 팀 기여도를 높이기 위한 개인전략

협력이 필요한 시대에 협력을 잘하는 것도 중요한 개인역량이다. 개인적으로 훌륭한 역량을 가졌지만 다른 사람들과 협력을 제대로 못한다면 조직생활하기 어렵다. 그러나 협력의 중요성을 아무리 나열해도 학생들에게 팀 과제는 별로 동기부여가 되지 않는 듯하다. 다수라는 익명성 뒤에 숨은 집단 구성원 개개인이 "나 하나쯤이야"라는 생각으로 자기 역량 발휘에 충실하지 않은 경우가 많기 때문일 것이다.

그런데 집단협력은 집단의 성과 측면 이외에도 개인에게도 좋은 기회가 될 수 있다. 팀 동료들과의 작업을 통해 상호 학습의 기회도 되며 개인으로서 성취하기 어려운 성과를 거둘 수도 있다. 팀에 기여도를 높이며 집단협력을 좋은 기회로 활용하기 위해서는 어떻게 하면 좋을까? 다음과 같은 몇 가지 전략이 도움이 될 수 있다.

어떻게 기여할지 생각한다

　다른 팀원들이 어떻게 팀워크에 기여할지 생각하기 전에 자신이 팀에 얼마나 기여하는지에 대해 생각해본다. 자신의 참여율, 새로운 아이디어 제시 빈도, 다른 팀원들에 대한 도움, 팀 활동에서의 실질적인 기여 정도 등을 생각해본다. 팀에 긍정적으로 기여하는 부분이 무엇인지, 더 많이 기여할 수 있는 부분이 무엇인지 생각하는 과정에서 자신의 강점을 발견할 수도 있을 것이다.

소속 팀의 능력에 확신을 가져라

　팀이 성공을 거둘 것이라는 확신은 성과 전반에 큰 영향을 미치며, 개인의 동기부여에도 영향을 미친다. 팀에 대한 확신이 없는 경우, 왜 그러한 생각을 하는지, 확신을 높이기 위해서는 어떻게 할 수 있는지 생각해본다. 팀 회의에서 논의하면서 팀원들의 잠재력과 성공경험에 대해 공유하는 것도 좋은 방법이다.

자신의 능력을 개발한다

　팀에 기여하고자 하는 마음만으로는 충분하지 않다. 지속적으로 기여할 수 있는 능력을 향상시켜야 한다. 팀이 필요로 하는 사항이 무엇인지 생각해보고 자신이 기여할 수 있는 부분을 자발적으로 찾아 실행한다. 팀에 기여하는 과정은 자신의 능력을 개발하는 좋은 기회가 될 것이다.

기여했을 때 생기는 이익에 초점을 맞춘다

기여를 높이기 위한 동기부여를 하려면, "내가 얻을 수 있는 것에는 무엇이 있는가?"를 생각해야 한다. 개인적으로 얻을 수 있는 보상은 다양하게 생각할 수 있다. 자신의 재능을 살렸다는 점도 알 수 있고 팀원들로부터 인정을 받으며 새로운 것을 배울 수도 있다. 또한 과제를 통한 경험이 자신의 역량 향상에도 도움이 될 것이다. 이처럼 팀을 위해 기여할 경우 개인적으로 돌아오는 보상에 초점을 맞추면 팀에 더욱 열정을 가지게 될 것이다.

* * *

협력을 잘하는 집단은 그렇지 않은 집단에 비해 승리할 가능성이 높다는 사실은 스포츠 경기에만 국한되지 않는다. 개인플레이에만 의존해서는 새롭고 혁신적인 아이디어를 구현하는 과정에서 다양한 관점과 기술의 융합이 이루어지기 어렵다. 환경문제나 복잡다기한 사회적 문제들도 개별지식만으로는 해결하는 데 한계가 있다. 사람들의 개인주의적 성향은 과거에 비해 강해졌지만 협력의 필요성은 더욱 커지고 있는 것이다.

그럼에도 협력이 어려운 것은 협력에 대한 이해가 부족하거나 협력 방법에 대한 미숙함의 탓이 크다. 협력의 커다란 혜택을 원한다면, 이 조직의 분위기가 협력을 촉진하고 있는지, 효과적인 협력 방법에 대한 학습이 조직에서 충분히 이루어졌는지 살펴봐야 할 것이다.

토의합시다

1. 팀워크나 협력의 힘을 보여준 사례에 대해 말해보자.

2. 팀 과제에서 팀원들의 협력을 촉진하기 위한 효과적인 전략에 대해 생각해보자.

갈등관리

　우리는 '갈등'을 피해야 하는 것, 뭔가 비효율적이고 정상인 상태가 아닌 병리적 현상으로 받아들인다. 일을 하다가 서로 의견이 맞지 않아 감정적인 소모와 적대감으로 이어지는 경우도 많다. 과업갈등이 관계갈등까지 이어지는 것이다. 그러나 갈등이 없는 곳은 없다. '갈등'을 어떻게 바라보고 관리해야 할까?

먼저
토의합시다

당신은 갈등에 대해 어떻게 생각하는가? 왜 그렇게 생각하는가?

01 갈등에 대한 이해

영화 <리멤버 타이탄>은 실화를 바탕으로 만든 영화이다. 1970년대 미국, 백인과 흑인의 고등학교 통합으로 인해 백인과 흑인이 한 팀이 된 고교 미식축구팀의 이야기를 다루었다. 흑인인 수석코치가 영입된 후 이들은 2주간의 합숙훈련을 떠나지만, 처음부터 갈등과 싸움의 연속이다. 그러나 너무 힘들고 지치는 훈련 속에서 서로를 알아가면서 하나가 되고 훈련의 효과는 극대화된다. 이후 이들은 대회에서 13연승을 거두었고 전국 2위의 성적을 거두었다. 교통사고를 당한 백인 친구의 병실에 들어온 흑인 친구에게 간호사가 보호자만 들어올 수 있다고 말하자, 백인 친구가 "보면 몰라요? 얘랑 나랑 닮았잖아요"라고 말하는 모습은 가슴을 뭉클하게 한다. 이처럼 영화나 소설 속의 갈등은 영화를 영화답게, 소설을 소설답게 만드는 중요한 역할을 한다. 초반에 펼쳐진 이들 간의 갈등이 없었다면 영화가 그토록 감동을 주지는 못했을 것이다.

그러나 현실로 돌아오면 갈등은 커다란 장애물일 뿐이다. 특히 우리나라와 같이 조화와 융화를 중시하는 문화에서 갈등은 있어서도 안 되지만, 설령 있다고 해도 드러내서는 안 되는 것이다. 이것은 인간관계에서든 조직에서든 마찬가지다. 갈등은 '있어도 없는 듯이' 조용히 처리하는 것이 현명한 것으로 인식되고 있다. 그리고 이런 경우 "그냥 넘어가", "네가 참아" 식의 조언이 보통이다.

갈등의 순기능

조직에서 갈등이란, 서로 입장, 견해, 이해관계가 달라서 일어나는 불화나 충돌을 말한다. 개인 간이든 집단 간에 갈등이 발생하면 감정적 상태로 이어지기 쉬우며, 서로 스트레스가 증가하고 결국에는 조직의 성과에 나쁜 영향을 미칠 수 있다. 이런 이유로 우리는 갈등을 대부분 부정적으로 바라보지만 사실 순기능도 크다.

첫째, 갈등은 기존질서에 문제를 제기한다는 점에서 개인과 사회의 변혁과 창조, 혁신의 근원이기도 하다. 평온하고 조화로운 조직이 사실은 경직되고 정체된 무감각한 조직일 수도 있다.

'화난 원숭이 실험'이라는 것이 있다. 원숭이 네 마리를 방 안에 가둔 뒤 가운데 장대를 세우고 꼭대기에 바나나를 매달아둔다. 배고픈 원숭이들이 바나나를 따 먹기 위해 장대를 기어오르면 찬물을 세차게 뿌려 나가떨어지게 만든다. 처음엔 물줄기를 향해 화를 내고 다시 기어오르던 원숭이들은 몇 번 실패하고 나면 더 이상 시도하지 않게 된다.

그러면 네 마리 중 한 마리를 내보내고 새로운 원숭이를 들여놓는다. 그 한 마리는 바나나를 따 먹기 위해 기어오르는데, 다른 원숭이들이 소리를 지르며 말린다. 이내 세찬 물줄기를 맞고 그 원숭이는 떨어지고, 결국 몇 번 시도를 더 해보다가 포기하고 만다.

그렇게 한 마리씩 교체를 하여 나중엔 찬물을 맞고 떨어지는 원숭이가 그 방 안에 없음에도 불구하고, 원숭이들은 더 이상 장대를 오르려고 시도하지 않는다. 어쩌다 오르려는 원숭이가 생겨도 다른 원숭이들이 비명을 지르며 끌어 내린다. 설령 더 이상 찬물이 쏟아지지 않는다고 해도 그렇다.

조직에는 관행이라는 것이 있다. 그 가운데는 지금까지 관행이라는 이유로 별생각 없이 지속되어온 불합리한 일들이나 금기처럼 이어온 일들이 있다. 누군가 시대에 뒤떨어지는 절차와 관행에 의문을 던지고 도전하면 당연히 조직의 구성원들 간에 갈등이 발생하게 된다. 그러나 이렇게 제기된 문제가 오히려 조직의 변화와 혁신의 계기가 될 수 있다.

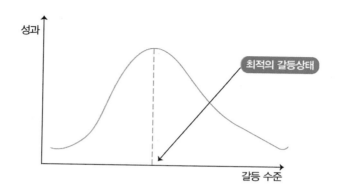

그림 7-1 **갈등 수준과 조직성과의 관계**

둘째, 갈등은 새로운 접근법을 시도하게 하며, 새로운 아이디어를 촉진한다. 사람들은 저마다 다양한 관점을 가지고 문제들을 다르게 보는데 그 다름을 해결하는 과정에서 다른 사람들로부터 많은 것을 배울 수 있으며, 새로운 아이디어를 접하게 된다. 그리고 우리의 생각들이 작용해 온 과정에 대해 재평가할 기회를 갖게 된다. 이런 이유로 구성원들의 관심사와 관점이 각기 다른 이질적 집단이 동질적인 집단보다 다양한 문제를 해결하는 데 더 나은 해답을 제시할 수 있다.

셋째, 갈등은 관계발전에도 도움이 될 수 있다. 중요한 의견 차이를 협의하는 과정에서 상사나 동료, 부하직원과의 관계가 더 돈독해질 수 있다. 갈등상황에 있는 사람과 함께 일하는 방법을 터득하면서 우리는 나 자신과 서로에 대해 알 수 있다.

종합해보면, 갈등이 너무 심한 것도, 없는 것도 바람직하지 않다. <그림 7-1>에서 보듯, 적당한 수준의 갈등상태가 조직성과에도 긍정적인 만큼 조직에 건강한 활력을 줄 수 있을 것이다.

02 갈등의 원천

무엇보다 갈등은 조직의 생리상 불가피하다. 조직에는 공통된 목표가 있지만, 동시에 구성원 간에는 목표와 이해관계 차이도 분명히 존재한다. 이러한 이해관계의 차이에서 갈등은 자연스럽게 일어날 수밖에 없다. 단지, 갈등이 표면적으로 드러나느냐의 여부, 그리고 그 갈등의 크기가 어느 정도이냐의 차이만 있을 뿐이다.

조직에는 갈등이 발생할 수 있는 소재로 가득 차 있다고 할 수 있다. 개인 차원은 물론, 집단이나 부서 간의 수평적 갈등뿐 아니라 상하계층 사이의 수직적 갈등도 발생할 수 있다. 갈등의 원인들을 살펴보자.

제한된 자원

조직에서 자원과 예산, 인력은 제한되어 있다. 모든 사람들에게 그들이 원하는 자원이나 보상을 주기란 불가능하다. 구성원들은 이들 자원 가운데 각자의 공정한 몫을 원한다. 예컨대, 회사에서 직원들에게 지급되는 급여는 회사의 이익에서 나온다. 그 이익을 개인의 지위나 공헌도 등 일정한 잣대로 분배하게 된다. 지위도 마찬가지다. 하지만 일반적으로 조직은 위로 올라갈수록 자리가 점점 줄어들기 때문에 모든 사람들에게 각자가 원하는 정도의 보상과 지위를 줄 수는 없을 것이다. 결국 더 많은 보상과 소수의 상층 지위를 차지하기 위한 경쟁과 이권다툼이 불가피하고 이런 여건하에서 갈등이란 자연스럽게 발생할 수밖에 없다.

개인 차이와 성격마찰

어느 곳에 가든 사람들의 성격차이는 있다. 성격차이는 적대적 관계를 유발시키는 요인이 되기도 하고, 호의적인 직무관계를 저해하는 요인이 되기도 한다. 가치관, 전통, 신념과 생활양식이 서로 다른 집단 사이에서는 문화적 갈등이 발생할 수 있다. 예컨대, 신세대와 구세대 간의 가치관 차이는 늘 갈등의 소지를 품고 있다. 동창회나 출신 지역 등과 같이 친분을 가지고 있는 소속 집단이 다르다는 것도 갈등의 원인이 될 수 있다. 특히 우리나라의 경우 출신지역이나 학벌은 어느 조직에서나 정치적 파워 게임의 단골 소재이다. 또한, 여성의 사회진출이 활발해지면서 성 차이로 인한 갈등도 종종 볼 수 있다. 국내 기업의 경우 아직까지 외국인이 우리나라 기업에서 근무하는 경우는 흔치 않지만 외국회사의 경우라면 문화적 차이로 인한 갈등도 예상할 수 있다.

가치관 차이는 가장 빈번하게 발생하는 개인 차이에 의한 갈등의 원인이다. 우리는 무엇이 더 중요하고 우선하는지를 결정하는 자신만의 가치체계를 갖고 있다. 사람들은 다른 사람의 가치관이 나와 똑같기를 원하며 이러한 가치체계가 달라서 충돌할 때 갈등이 발생한다. 여기서 핵심은 이런 차이점을 어떻게 바라보느냐는 것이다. 단지 관점의 차이로 보고 그 차이를 인정하는 사람도 있지만 죽기 살기로 싸우는 사람도 있다.

목표의 차이

조직은 여러 집단으로 이루어져 있고 각 집단의 역할과 기능이 다르기 때문에 이들 목표 간에 충돌이 있을 수 있다. 각 집단은 자신의 목표를 효율적으로 달성하기 위해 다른 집단과 갈등관계에 놓이게 되며, 특정 목표를 달성하는 데에는 둘 중에서 하나를 선택해야 하는 경우도 많다.

모든 단위 집단이 공통된 목표를 위해 협력적으로 일하는 듯 보이지만, 집단별로 추구하는 목표는 조금씩 다르다. 예컨대, 담당하는 주요 임무와 목표에 따라 판매량, 비용 최소화, 혁신의 정도, 재무 수익률 등 평가와 보상의 기준도 다르기 때문이다. 이런 이유로 영업부서는 관리부서가 자신들을 지나치게 통제한다고 불만을 토로하고, 관리부서는 영업부서가 비용 마인드가 부족하다고 지적한다.

목표달성 방법의 차이

목표는 같으나 방법론 또는 접근방법의 차이에서 갈등이 존재할 수 있다. 조직에서 공동의 직무수행으로 공동의 목표를 추구할 때, 서로 다른 수행 방법을 주장하는 과정에서 갈등이 나타난다.

조직 구성원 간의 의견의 차이는 조직의 과업들이 세분화될수록 더욱 많이 발생한다. 과업들이 세분화될수록 조직은 서로 다른 배경과 교육을 가진 사람들로 구성될 것이고 이들은 서로 다른 시각을 가지고 있다. 예컨대, 영업사원이 보는 시각과 엔지니어의 시각과 재무담당 사원의 시각들은 각기 다르다. 조직에서 어떤 특정한 자리를 맡게 되면 그 자리를 통해 들어오는 정보를 가지고 세상을 바라보게 된다. 마케팅 담당자는 판매와 시장점유율에 대한 자료를 가지고 있고, 생산담당자는 비용과 재고율에 대한 정보를 가지고 있다. 이러한 차이가 판단과 관점의 차이가 되는 이유이기도 하다.

불분명한 직무할당과 경계

구성원의 직무나 업무가 명확하게 정의되지 않으면 역할이 모호해져 담당자 자신은 물론, 구성원 상호 간에 갈등의 원인이 된다. 명확한 직무의 정의와 함께 직무의 명확한 한계, 즉 직무의 책임과 권한 및 의무의 한계를 분명하게 규정하지 않으면 직무중심의 갈등이 존재하게 된다. 요즘은 환경변화에 대한 신속한 대응이 강조되어 개인 직무의 경계를 명확히 구분하지 않는 유연한 조직구조를 가지는 조직이 많다. 이 경우 불분명한 직무와 책임의 경계로 인한 갈등이 일어날 소지는 많아지기 마련이다.

03 갈등관리의 유형

다른 사람과 갈등이나 문젯거리가 생기면 고민하게 된다. "이걸 참고 넘겨? 아니면 한번 따지고 들까?" 사소한 일에 목숨 걸지 말라는 말도 있다. 그런데 이게 사소한 문제일까? 갈등은 조직의 한 단면이다. 갈등을 더 이상 부정하거나 회피하는 것은 현실적이지도 않거니와 바람직하지도 않다. 갈등이 조직의 생리상 불가피하게 발생할 수밖에 없고 소멸되는 것이 아니라면 문제는, 어떻게 하면 갈등을 잘 관리하고 긍정적으로 활용할 수 있는가에 있을 것이다. 즉, 갈등해소가 아닌, 갈등관리의 전략과 전술이 필요하다.

갈등이 발생했을 때 이를 해결하는 방식에는 여러 가지가 있다. 협조 정도(당사자가 상대방의 관심사를 만족시켜주는 정도)와 자기주장(당사자가 자신의 관심사를 만족시키려는 정도)의 두 가지 차원을 이용하여 회피(Avoiding), 순응(Accommodating), 경쟁(Competing), 타협(Compromising) 그리고 협력(Collaborating) 등 5가지의 갈등해결 유형으로 분류할 수 있다. 일반적으로는 협력형이나 타협형이 가장 좋은 갈등해결형으로 보이지만 반드시 그렇지만은 않다. 갈등해결은 갈등의 원인에 따라 대응하는 방법의 효과성이 달라진다. 각각의 해결방안에는 장·단점이 존재하고 있으며 어느 한 유형이 모든 갈등상황에 적합하지는 않는다. 각각의 유형들이 상황에 따라 적합한

갈등관리를 위해서 쓰일 수 있는 것으로 생각하면 된다. 특정 해결방안을 이용하는 데 보다 익숙해 있다고 해도, 어떤 해결방안을 언제 가장 효과적으로 사용해야 하는지를 알고 있어야 효과적으로 갈등에 대응할 수 있다.

경쟁형

어떤 사람이 상대방이 받을 불이익과 상관없이 자기 자신의 이익을 만족시키려고 하는 전략을 경쟁이라고 한다. 예컨대, 상대방의 목표를 희생시키면서 자기의 목표를 달성하려고 하는 것, 당신의 의견이 옳고 상대방 생각은 틀렸다고 생각하게 하는 것 등이 그것이다. 조직 내부에서 경쟁형은 갈등을 자기 편에 유리한 방향으로만 해결하기 위해서 선택하는 전략이다. 이 전략은 다음과 같은 상황에 필요하다.

* 신속하고 결단력 있는 행동이 요구될 때
* 특수한 조치를 취해야 하는 경우(예 : 새로운 규정의 도입 등)
* 조직 전체에 영향을 줄 수 있는 사안으로서 자신의 생각이 옳다는 것을 알고 있을 때
* 경쟁이 없을 때 어부지리로 이익을 취할 가능성이 있는 사람을 방지해야 할 경우

회피형

갈등이 발생하면 그 상황을 피하거나 억누르는 전략이다. 갈등을 무시하려고 노력하거나 갈등관계에 있는 사람을 회피하는 것이다. 이 전략은 다음과 같은 상황에 필요하다.

* 논의하는 문제 자체가 사소하거나 더 중요한 사안이 있을 때
* 논의해 봤자 나의 관심사항을 만족시켜 줄 수 없을 때
* 힘의 분열에 따른 희생이 문제해결에 따른 이익보다 부담이 될 때
* 사람들을 일단 진정시키고 난 후 새로운 관점에서 논의가 필요할 때
* 즉각적인 의사결정보다는 정보를 더 수집해야 할 필요가 있는 경우
* 다른 사람들이 갈등을 보다 더 효과적으로 해결할 수 있는 경우
* 논의된 문제가 본질을 벗어나거나 또 다른 문제를 야기할 때

순응형

어느 한쪽이 상대방의 기분을 맞춰주려고 할 때, 그 사람은 상대방의 관심사를 자신의 관심사보다 우선시하려고 할 수 있다. 좋은 관계를 유지하기 위해 자신이 희생하는 것이다. 이러한 전략을 순응이라고 한다. 예컨대, 상대방의 목표달성을 위해 자신의 목표를 양보하는 것, 마음에 들지 않지만 상대방의 의견을 존중하고 지원하는 것 등이 이에 해당된다. 순응전략은 다

음과 같은 상황에 필요하다.

> ◆ 자신의 입장에서 착오가 있었거나 잘못이 있다는 것을 알았을 때
>   (이야기를 듣고, 배우고, 합리적인 모습을 보여주는 것이 더 나을 때)
> ◆ 문제가 나보다는 다른 사람에게 더 중요한 문제일 때
>   (다른 사람들을 만족시키고 협력을 유지해야 할 때)
> ◆ 향후 더 큰 문제를 위해 사교적인 신뢰를 구축해야 할 경우
> ◆ 승산이 없거나 실패했을 때의 손실을 최소화시켜야 할 경우
> ◆ 화합과 안정이 더욱이 중요한 경우
> ◆ 팀원들에게 실패를 통한 배움의 기회를 주기 위한 경우

타협형

당사자 모두에게 중요한 일부에 대한 포기를 요구하는 방법이다. 갈등의 당사자들이 뭔가를 양보할 수 있고 서로 나눌 수 있고 절충안을 마련할 수 있는 경우에 타협을 할 수 있다. 타협에는 분명한 승자도 패자도 없다. 다만, 당사자들이 충분하지는 않지만 어느 정도 만족스러운 해결안을 받아들이려는 마음이 있을 때 가능하다. 타협전략은 다음과 같은 상황에 필요하다.

> ◆ 목표가 중요하기는 하나 강하게 주장하기 위해 노력하거나 힘을 소진할
>   만큼 가치가 없는 경우
> ◆ 피차 막상막하의 쌍방이 서로 대립되는 목표를 추구하는 경우
> ◆ 복잡한 이슈에 대해 일시적이나마 해결책을 찾아야 할 때
> ◆ 시간제약으로 인해 신속하게 해결방안을 찾아야 할 때
> ◆ 협력 또는 경쟁적인 방법을 써봤으나 풀리지 않을 때

협력형

갈등 당사자들이 상호 관심사와 이익을 동시에 추구하려는 전략이다. 서로의 여러 관점들을 그냥 받아들이기보다 차이점을 분명히 함으로써 문제를 해결하는 것이다. 협력은 다음과 같은 상황에 필요하다.

- 이해당사자 쌍방에게 너무나 중요하여 타협할 수 없고 통합적인 해결방안을 찾아야 할 때
- 자신의 목적이 배우기 위한 것일 때
- 다른 사람들의 다양한 관점으로부터 착안점을 얻고자 할 때
- 특정 사안에 대한 합의를 통해 참여를 이끌어야만 할 때
- 상대방과의 관계에 장애를 줄 수 있는 감정의 앙금을 해소시켜야 할 때

상황에 따라 적절한 갈등관리 유형을 구사해야

이와 같이 갈등관리는 상황에 따라 적절한 관리 방안을 활용하는 것이 바람직하며, 특정 유형의 갈등관리 유형이 항상 바람직한 것은 아니다. 즉, 갈등관리 유형의 장단점을 파악하되, 어느 하나의 유형이 절대적으로 효과적이거나 비효과적이라고 생각해서는 안 된다.

이론상으로는 협력이 최선의 접근방법이다. 협력적인 해결책을 발견하는 것은 시간이 많이 걸리고 어려울 수 있지만 거기에는 혜택이 많다. 협력은 창의적인 해결책을 촉진하고 당사자들 간의 관계를 증진시키며 모두가 승자가 된다. 그러나 현실에서 언제나 이것이 가능한 것은 아니다. 다른 접근법들이 최선인 경우도 있다. 예컨대, 감정적으로 격한 상사와의 사이에 빚어진 갈등에 좋은 전략은 타협이나 순응이다. 협력은 상호 간에 비슷한 지위를 누리고 해결책을 찾을 시간이 많을 때 최선의 접근법이다. 갈등 당사자 사이의 권력의 차이가 크고 신속한 해결책이 필요할 때는 다른 접근법

들이 더 나을 것이다.

　대체로 사람들은 갈등을 처리하는 기본적인 성향이 있는 듯하다. 즉 이 다섯 가지 갈등전략이 상황에 따라 개인들이 선택하는 것이라기보다는 사람에 따라 어느 정도 정해져 있는 것 같다. 주변을 돌아보면 어떤 사람은 늘 무슨 대가를 치르고서라도 이기려 하고 어떤 사람은 늘 상대방에게 양보한다. 회피하는 것을 좋아하는 사람도 있다.

　갈등을 해결하는 과정에서 사람들이 선택하는 전략도 한 가지로 고정되어 있지 않다. 갈등이 진행되는 동안 문제에 대해 새롭게 인식하거나 다른 사람의 감정적 반응을 보고 바뀔 수도 있다. 그러나 가능하다면 갈등상황에 따라 적절한 갈등관리 유형을 구사할 수 있는 능력을 갖추는 것이 갈등을 처리하기 위한 가장 생산적인 방법일 것이다.

갈등관리 유형 진단

자신의 의견과 다른 사람의 의견이 상충되는 갈등상황이 발생했을 때, 어떻게 갈등을 해결하는지 자신의 갈등관리 유형을 진단해 보자.

1: 전혀 그렇지 않다.　2: 그렇지 않다.　3: 보통이다.　4: 그런 편이다.　5: 매우 그렇다.

번호	내용	1	2	3	4	5
1	나는 긴장을 초래할 수 있는 사항은 가급적이면 피한다.					
2	나는 나의 의견을 강력히 주장한다.					
3	나는 나의 입장을 관철하려고 노력한다.					

4	나는 다른 사람이 책임지고 문제를 해결하도록 할 때가 많다.					
5	나는 대부분의 경우, 모두가 만족할 수 있도록 노력한다.					
6	나는 모든 관심사와 문제를 즉각 공개한다.					
7	나는 목표를 추진하는 데 확고한 편이다.					
8	나는 상대방과 내 입장의 중간을 찾으려고 노력한다.					
9	나는 상대에게 나의 생각을 말한 후 상대 의견을 묻는다.					
10	나는 상대에게 내 입장의 장점을 납득시키려고 노력한다.					
11	나는 절충안을 찾으려고 노력한다.					
12	나는 상대방의 기분을 상하게 하지 않도록 노력한다.					
13	나는 상대방의 의견을 존중하기 위해 나의 의견을 포기할 때가 종종 있다.					
14	나는 상대방이 절충안에 동의할 수 있도록 노력한다.					
15	나는 상대의 입장이 매우 중요하다고 생각하면 그의 의견을 수용하려고 노력한다.					
16	나는 쌍방에게 이득과 손해를 공정하게 배분하려고 한다.					
17	나는 의견 차이에 대해서 항상 신경을 쓸 필요는 없다고 생각한다.					

18	나는 의견이 상충될 때 타협하는 것보다 일치하는 사항을 강조한다.					
19	나는 의견의 차이가 생기면 즉각 해결하려고 노력한다.					
20	나는 절충안을 먼저 제의한다.					
21	나는 상대방에게 내 입장의 타당성과 유용성을 설명하려고 노력한다.					
22	나는 항상 문제를 단도직입적으로 논의하려는 경향이 있다.					
23	나는 타협을 시도할 때, 상대의 의견을 존중하려고 노력한다.					
24	나는 혼자 생각해 볼 여유를 가질 때까지 문제를 미룬다.					
25	상대방이 나의 입장의 일부를 수용한다면, 나도 상대방 입장의 일부를 수용한다.					

점수 환산 방식

1. 유형별 해당되는 번호에 체크한 점수를 적는다.
2. '점수 합계'란에 유형별 해당 번호의 점수(각 5개 문항)의 합계를 적는다.
3. 점수 합계에 따라 순위를 적는다.
4. 가장 점수가 높은 유형이 자신의 갈등관리 유형이다.

갈등관리 유형		해당 번호					점수 합계	순위
경쟁형	번호	2번	3번	7번	10번	21번		
	점수							
협력형	번호	5번	6번	9번	19번	22번		
	점수							
타협형	번호	8번	11번	14번	16번	20번		
	점수							
회피형	번호	1번	4번	17번	24번	25번		
	점수							
순응형	번호	12번	13번	15번	18번	23번		
	점수							

* * *

갈등이 생산적일지 아니면 비생산적일지는 집단이 그것을 해결하려고 노력하는 방식에 달려있다. 구성원들이 이슈해결에 관심을 집중하면서 협력적인 방식으로 해결하려고 한다면 대체로 생산적일 가능성이 높다. 비생산적인 갈등은 감정과 성격을 둘러싸고 벌어지는 것이다. 이런 갈등을 접하면 한쪽을 누르는 방식으로 해결하려 든다. 갈등의 주제가 단순한 개인 차원을 넘어선 조직문제라면 갈등처리 방식은 조직에 중요한 영향을 미칠 수 있을 것이다. 갈등의 생산적 기능을 기대하려면 개인의 성향이나 역량에 맡기기보다는 조직이나 집단 차원에서 학습이 이루어지는 것이 바람직할 것이다.

토의합시다

팀 과제를 하거나 어떤 일을 다른 사람들과 함께하면서 경험한 갈등상황을 생각해보자.
그 갈등의 원인은 무엇이며 어떻게 해결하는 것이 좋을까?

• 갈등상황 :

• 원인 :

• 해결방안 :

리더십

리더십은 성공한 조직의 비결이나 실패한 조직의 원인으로서 가장 첫 번째로 언급된다. 학생들도 팀 과제를 할 때 리더십을 가장 중요한 요인으로 꼽는다.

예전에 어느 강의 전문기관에 있는 담당자로부터 흥미로운 얘기를 들었다. 직급별로 선호하는 경영주제가 있다는 것이다. 그는 나에게 사장이 선호하는 주제가 무엇이겠냐고 물었다. "글쎄요. 경영전략?" 그에 의하면 사장들이 원하는 강의주제는 리더십이라고 한다. 재무, 마케팅과 같은 것은 좀 알겠는데 사람을 어떻게 다뤄야 할지는 여전히 모르겠다는 것이다.

정답도 없고, 어떤 것이 더 낫다고 말할 수도 없는, 그야말로 검증 불가능한 분야가 리더십이다. 리더십의 종류가 그토록 많은 이유도 정답이 없기 때문일 것이다. 리더십이야말로 예술(art)의 영역이 아닐까?

먼저
토의합시다

훌륭한 리더라고 생각하는 사람을 한 명 떠올려본다. 리더로서 그의 훌륭한 특성은 무엇인지 말해보자.

01 관리자와 리더의 차이

직장에서 근무하는 성인을 대상으로 강의를 할 때 이런 질문을 던져보았다. "여러분의 상사는 리더에 가깝다고 생각하세요? 아니면 관리자에 가깝다고 생각하세요?"

리더와 관리자의 차이에 대해 설명을 하지 않아도 어렵지 않게 답을 한다. 어떤 사람은 자신의 상사는 관리자라고 답하고, 또 어떤 사람은 리더에 가깝다고 말한다. 이들의 머릿속에 있는 관리자와 리더의 모습은 어떨까? 이유를 물어보면 대체로 관리자는 주어진 '업무'에 초점을 맞추는 사람으로, 리더는 업무가 아닌 '사람'을 이끄는 사람으로 그린다. 이러한 생각은 학자들의 견해와 별로 다르지 않다. 리더십 연구의 권위자인 베니스(W. Bennis)와 그의 동료는 관리자와 리더의 차이를 알아보기 위해 사회적으로 성공한 60명의 CEO와 30명의 유명 인사를 대상으로 인터뷰한 후 다음과 같이 정리하였다.

> '관리하는 것'은 책임을 완수하거나 목표달성에 이르는 것을 의미하는 반면, '리드하는 것'은 방향, 과정, 행동 그리고 의견을 이끌고 영향력을 행사하는 것을 의미한다는 중요한 차이가 있다. 관리자는 일을 적절하게 하는 사람이고, 리더는 효과적으로 주변 사람들의 동기를 자극하여 올바른 일을 하도록 이끄는 사람이다.[57]

다시 말하면, 관리를 한다는 것은 일을 강조하는 나머지 사람을 무시하거나 통제하려는 경향이 강한 것이고, 리더십을 발휘하는 것은 사람에 초점을 맞추고, 사람을 개발하고 움직여서 결과적으로 목표를 달성해 가는 것이다. 그렇기 때문에 관리자는 자신이 가지고 있는 권한에 의존하지만, 리더는 소통과 신뢰를 바탕으로 한다. 어떤 상사가 다녀가면 목표와 성과는 명백해지지만 의욕이 떨어지는 경우가 있다. 그는 관리자일지언정 리더는 아닌 것이다.

관리자는 계수적인 목표를 강조하지만, 리더는 꿈과 비전을 강조한다. 관리자는 수직적인 명령체계를 강조하여 조직을 짜지만, 리더는 수평적인 협력을 강조하여 조직을 편성한다. 관리자는 부하의 능력을 최대한 활용하려고 들지만, 리더는 능력을 개발하고 발전을 지원한다. 관리자는 타인의 통제를 강조하지만, 리더는 자신의 일을 스스로 통제하도록 유도한다.

국가대표 선수들의 훈련 시, 차에 타고 앞에 가면서 훈련시키는 코치가 있는가 하면 앞장서서 뛰면서 선수들을 이끌고 가는 코치가 있다. 올림픽 금메달을 도맡아 따오는 한국 양궁팀의 훈련은 후자이다. 야간 행군을 하든지 번지 점프를 하든지 언제나 지도자가 앞장선다고 한다. 이것이 바로 관리자가 아닌 리더의 모습이다.

리더의 역할은 분위기를 만드는 것

관리자는 발령장을 받고 승진을 하면 바로 관리자가 된다. 그러나 리더는 발령장을 받았다고 되는 것이 아니다. 리더가 되는 것은 스스로 만들어야 할 자신의 몫이다. 발령장이 없는 지위가 낮은 사람도 얼마든지 리더가 될 수 있다. 사람을 움직일 수 있고 그래서 그를 따르는 사람이 있으면 리더인 것이다.

상급자가 리더인가 아니면 단지 관리자에 불과한가에 따라 조직이 활기가 넘치기도 하고 반대로 복지부동이기도 한다. 자유로운 의견공유와 창의적 발상이 넘쳐나기도 하고, 주어진 업무만을 묵묵히 하며 자신의 생각을 감추는 '죽은 조직'이 되기도 한다. 리더십은 그래서 차이를 만드는 요인이다.

리더는 사람에 초점을 맞추고 사람을 움직인다고 했다. 그것이 의미하는 바가 무엇일까?

> 어떤 사람이 인내를 달라고 기도를 하면 신은 인내를 줄까요? 인내를 발휘할
> 기회를 줄까요?
> 용기를 달라고 기도를 하면 신은 용기를 줄까요? 용기를 발휘할 기회를 줄까요?
> 만일 누군가 가족이 좀 더 가까워지게 해달라고 기도하면 신이 뿅~하고 묘한
> 감정을 느끼도록 해줄까요? 아니면 서로 사랑할 수 있는 기회를 마련해 주실까요?

영화 < 에반 올마이티(Evan Almighty) >에 나오는 대사다. 신은 어떤 방식으로 일하는가에 대한 답이다. 리더의 역할도 바로 이것이 아닌가 생각한다. 달라는 것을 주는 것이 아니라 원하는 것을 얻을 수 있는 능력과 지혜를 개발시키는 것, 그러한 기회를 주는 것, 그러한 환경을 마련해주는 것, 구성원들이 마음껏 놀 수 있는 분위기를 만들어주는 것. 그것이 어느 조직에서든 필요한 '리더로서의 관리자' 역할이 아닐까?

리더에 따라 주가가 바뀐다

세계 최고의 가치투자자인 워렌 버핏(Warren Buffett)은 투자 여부를 결정할 때 경영자에 대한 평가를 필수 요소로 꼽는다. 리더의 성향에 따라 기업이나 조직의 운명이 바뀐다는 것을 누구보다 잘 알고 있기 때문이다. 실제로 기업의 신임 대표이사가 누가 되느냐에 따라 주가가 요동치기도 한다. 2000년대 초반을 풍미한 미국 GE의 CEO였던 잭 웰치(Jack Welch)는 탁월한 리더십을 발휘하여 GE의 주가를 폭등시켰다. 반대로, 빌 게이츠(Bill Gates)의 후임이었던 마이크로소프트의 스티브 발머(Steve Ballmer)는 시장에서 평가를 받지 못했다. 그래서 그가 은퇴한다는 소식이 전해지자 주가가 폭등하

였다. 당신이 관리자의 위치에 있다면 스스로 이런 질문을 던져보면 어떨까?

"나로 인해 나의 조직의 주가가 올라가고 있는가? 떨어지고 있는가?"
"내가 이 조직을 떠난다면 주가가 올라갈까? 아니면 내려갈 것인가?"

초등학교든 대학이든, 기업이든 정부든, 스포츠팀이든 예술단이든 변화는 리더에게서 비롯된다. 하버드 경영대학원의 코터(John Kotter)와 헤즈켓(James Heskett) 교수는 변화를 시도한 많은 조직을 연구했다. 아쉽게도 많은 경우 실패했으나 성공 사례도 있었다. 그러면 성공과 실패를 가르는 요인은 무엇이었을까? 그들이 찾은 것은 리더십이었다. 두 교수는 조직의 정점에 있는 책임자가 어떤 리더십을 보이느냐 하는 것이 결정적인 요인이었다는 결론을 내고 있다. 그들의 주장은 이렇다.

> 조직의 문화를 변화시키는 데 있어서 성공과 실패를 가르는 유일하고 가장 돋보이는 요인은 조직의 정점에서 얼마나 유능한 리더십을 발휘하느냐 하는 것이다.
> (The single most visible factor that distinguish major cultural changes that succeed from that fail is competent leadership at the top.)[58]

수준 5 리더십(level 5 leadership)

미국 스탠퍼드 경영대학원의 콜린스(Jim Collins) 교수는 '위대한 조직'을 연구한 교수로 유명하다. 인류사에 족적을 남긴 조직을 찾아 그들의 특성을 파헤친 책 <Built to Last>[59]를 펴내는가 하면, 과거에는 그저 그런 기업이었는데 어느 순간 전환을 이룩하여 지속적인 발전을 이루고 있는 기업을 찾아 또 그들의 특성을 분석하여 <Good to Great>[60]라는 책을 썼다.

그런데 콜린스 교수 연구팀에 의하면 위대한 조직에 위대한 리더는 없더라는 것이다. 위대한 조직을 만든 리더는 있었다. 그러나 통상적인 의미에서 유명하고 대단한 리더는 없었다는 것이다. 훌륭한 리더는 놀랍게도 겸손했다. 이들 리더는 높은 성취를 위한 강한 의지를 가진 동시에 겸손함도 지니고 있더라는 것이다(blend of personal humility and professional will). 이러한 리더를 콜린스 교수팀은 '수준 5 리더(level 5 leader)'[61]라고 했다. 리더가 너무 겸손하여 자기 자랑이 없고, 자신이 유명해지는 것을 전혀 바라지 않을뿐더러 심지어는 언론 인터뷰나 외부 강연도 거의 하지 않는 그런 리더였다.

리더가 성공을 거두면 자연스럽게 유명해지게 된다. 여기저기 불려 다니고 특강도 하며 신문인터뷰도 하고, 또 방송 출연도 한다. 여기서부터 문제가 생긴다. 서서히 리더의 개인 인기관리에 치중하게 되고 진정성이 사라지게 되는 것이다. 조직을 위해 리더가 봉사를 하는 것이 아니라 리더를 위해 조직이 이용되는 상황이 발생한다. 그래서 대외적으로 유명한 CEO가 있는 조직에 들어가 보면, 의외로 직원들의 불만이 많고 그 CEO가 떠나기만을 바라는 경우도 있다. 그런 조직에서는 그 CEO가 떠나면 그간 했던 일을 다시 손보기 일쑤고 심지어는 그 흔적까지도 지워버리려 한다.

노자는 도덕경에서 제왕을 4단계로 나누고 있다. 맨 아래 단계는 백성들로부터 모욕을 받는 제왕이고, 그 위는 백성들이 두려워하는 존재이며, 그 위는 백성들로부터 칭송을 받는 단계다. 여기까지만 해도 훌륭한데 노자는 그보다 한 단계 더 위인 최상의 단계로 백성들이 그가 있다는 것만을 겨우 알고 있을 뿐인 제왕을 꼽았다. 이 단계의 제왕은 칭송조차도 받질 못한다.[62] 리더십의 정수를 꿰뚫어 보는 말이 아닌가 싶다.

02 리더는 타고나는가?

오랜만에 동창회에 가보면, 다들 나이는 들었지만 대부분 학창시절의 모습이 그대로 있다. 그런데 가끔 뜻밖의 모습을 보기도 한다. 학교 다닐 때 별로 존재감 없던 친구가 동창회를 주도적으로 이끌어가기도 한다. 분위기를 확 다잡고 포용력과 자신감을 보여준다. 그때 우리는 "아니 저 녀석에게 저런 모습이?" 하고 놀란다. 그 반대의 경우도 있다. 전교회장 출신이 여전히 그때의 카리스마를 보여주는 건 아니다. 리더십도 나이를 따라 변하는 걸까?

100년 전만 해도 위대한 리더는 타고난다고 믿었다. 리더는 태어나면서부터 다른 사람들을 이끌어갈 수 있는 특별한 자질을 가진 것으로 인식되었다. 그들은 뭐가 다를까? 위대한 리더들이 가진 자질을 분석한 후 그 자질을 바로 리더의 조건이라 믿었다. 당시 대부분의 연구에서 공통적으로 지목한 특성의 예를 몇 가지 들어보면 다음과 같다.

- 지능 : 평균 이상이지만 천재적인 수준은 아니다. 특히 복잡하고 추상적인 문제를 해결하는 능력이 뛰어나다.
- 진취성 : 독립적이고 창의적이며 행동이 필요하다고 생각하면 과감하게 실행한다.
- 자기 확신 : 자신의 능력에 대한 평가, 포부, 직업에 대한 자부심이 적절히 높은 수준이다.

이처럼 성공적인 리더의 특성으로 지적된 것들은 신체적인 특성(신장, 외모, 힘), 성격(자신감, 정서적 안정성, 지배성향), 능력(지능, 언어적 유창성, 독창성, 통찰력) 등이다. 최근에는 리더의 감성지능 특성도 강조되고 있다. 감정을 효과적으로 관리하고 직원들의 감정을 잘 이해하며 공감할 수 있어야 효과적인 리더십을 발휘할 수 있다는 것이다.

이러한 접근법은 '위대한 인물 이론(Great Man Theory)'으로 불렸다. 저런! 키가 작고 지배성향이 없거나 지능이 낮은 사람은 리더가 될 자격을 포기해야 한단 말인가? 160cm를 겨우 넘겼던 영국 수상 처칠이 듣는다면 헛웃음을 칠 일이다.

그러나 최근까지도 훌륭한 리더들은 이러저러한 특성을 가지고 있다는 말을 흔히 들을 수 있다. 예컨대, 가장 영향력 있는 여성 사업가 중의 한 명으로 거론되는 펩시콜라 회장인 인드라 누이(Indra Nooyi)는 사교적이고 온화하며 감정적으로 안정적인 자질이 그의 성공에 기여해 왔다고 평가된다. 그럼에도 불구하고 특성이론은 다음과 같은 이유에서 비판을 받아왔다.

* 리더의 특성을 모두 갖추는 것은 불가능하다.
* 리더의 중요한 특성을 갖고 있지 않은 사람들도 훌륭한 리더가 되는 사례가 얼마든지 있다. 그 특성들은 필요조건이지 충분조건은 아니다. 즉, 훌륭한 리더는 이러한 특성들을 갖고 있는 경우가 많지만 이 특성들을 갖고 있다고 해서 반드시 훌륭한 리더가 되는 것은 아니다.

게다가 위대한 인물 이론의 문제점은 상황이 무시되었다는 데 있다. 주어진 환경이나 상대하는 사람들에 따라 각기 다른 역량이 필요한데, 모든 상황에 다 통하는 리더의 특성을 말한다는 것은 적절해 보이지 않는다.

03 리더의 행동

결국 리더십이란 리더가 가진 특성이 아니라 리더의 행동이 아닐까? 흔히들 리더십 스타일을 말한다. 리더의 행동유형을 일컫는 것이다. 어떤 사람은 직설적인 언어를 좋아하는가 하면 간접적인 언어를 선호하기도 한다. 사람들에게 일일이 지시해야 직성이 풀리는 사람도 있고, 큰 방향만 제시하고 나머지는 맡기는 사람도 있다. 과업중심일 수도 있고 사람중심일 수도 있다. 그런데 어떤 리더십 행동이 더 바람직하고 효과적일까? 그것을 알 수 있고 그런 행동을 하도록 교육시킨다면 누구나 훌륭한 리더십을 발휘할 수 있을 것이다.

리더십 행동이론은 어떤 특정한 유형의 리더가 다른 유형의 리더보다 더 효과적이라는 것을 말한다. 가장 대표적인 행동유형에 대한 연구는 리더가 과업 또는 구조에 초점을 맞춰야 하는지, 아니면 구성원들과의 관계에 초점을 맞춰야 할 것인지에 대한 것이다. 예컨대, 오하이오 주립대학의 연구팀은 리더십 스타일을 배려(Consideration)와 구조중심(Initiating Structure)이라는 두 가지 차원으로 구분하고 어떤 스타일이 더 효과적인지 분석하였다.

배려란 리더가 구성원들에게 보내는 우호적인 행동이나 구성원에 대한 관심 등을 의미하는 것으로 사람중심의 리더십을 말한다. 예를 들어 구성원들을 지원해주고 배려해주는 행동을 한다든지, 구성원의 이해관계를 대변해주고 개방적인 의사소통을 보여주며 적절하게 구성원들을 인정해주고 동등하게 대우해주는 행동들을 말한다.

구조중심은 과업중심의 리더십으로서 조직의 공식적 목표를 달성하기 위해서 리더 자신의 역할과 구성원들의 역할을 조직의 구조 속에서 이해하는 것이다. 예컨대, 구성원들의 역할설정, 계획의 수립과 조정, 문제의 해결, 작업수준의 설정과 표준절차의 준수, 시한의 관리 등에 중점을 두는 리더십 스타일이다.

어떤 스타일이 좋을까? 상황에 따라 차이는 있겠지만 일반적으로, 배려와 같은 사람중심형은 구조중심형에 비해 하급자들의 만족도가 높고, 이직률이 낮으며, 하급자들이 선호하는 유형으로 보고되어 왔다. 그러나 이상적인 리더는 인간중심과 구조중심 모두가 높은 리더로 밝혀졌다. 너무나 당연해 보이지만 이것 또한 과연 정답이라고 하기 어려울 것이다. 국가문화 환경에 따라 리더십 유형에 대한 선호도나 효과는 다를 수 있기 때문이다. 과업지향적인 문화에서는 과업지향적인 리더에 가까울수록 유리할 것이다. 반면, 한국사회와 같이 리더에게서 인간적인 측면을 기대하는 문화에서는 과업중심적인 리더보다는 사람중심의 리더십이 선호될 수 있을 것이다.

04 │ 상황이론

위대한 업적을 이룬 스포츠팀 감독이 다른 팀에서는 무능한 감독으로 전락하는 경우를 흔히 본다. 우리나라 프로야구에서 10번을 우승시킨 김응룡 감독은 우승청부사로 불렸지만 한화이글스에 있었던 2년 동안은 연속 꼴찌의 수모를 겪었다. 그의 강력한 리더십이 어떤 집단에는 통했지만 다른 집단에는 통하지 않았던 것이다.

리더에게 필요한 효과적인 행동이 무엇이냐는 것도 결국 상황에 따라 다르다. 언제나 통하는 유일한 리더십은 없다. 100년 전에 통했던 리더십, 20세기에 통했던 리더십이 오늘날까지 통하지는 않는다. 세상이 변했고 사람들도 변했다. 맥그리거(Douglas McGregor)[63]는 "리더십이란 관계이기 때문에 모든 상황에서 적합한 리더십이란 있을 수 없다"고 주장하기도 하였다. 보편타당한 이론을 찾으려 했던 것 자체가 잘못된 출발이라는 것이다.

학자들은 효과적인 리더의 특성과 행동유형을 찾으려고 했지만, 상황에 따라 효과적인 리더 특성과 행동이 달라질 수 있다는 점을 인식하게 되었고, 리더십에 영향을 주는 상황변수에 관심을 가지고 연구하게 되었다. 상황변수란 리더의 특성이나 행동에 대한 영향력을 증가 또는 감소시키는 요인이다. 예컨대 부하의 업무경험이 리더가 발휘하는 리더십의 효과성에 영향을 미친다면 부하의 업무경험이 상황변수가 되는 것이다.

일반적으로 상황변수로는 다음과 같은 것들이 제시되어 왔다.

- 리더의 특성 : 리더의 성격, 가치관, 욕구, 동기, 경험 등
- 구성원의 특성 : 구성원의 성격, 가치관, 숙련도, 성숙도, 경험 등
- 과업의 특성 : 구조화의 정도, 난이도, 과업절차, 명확성
- 조직 및 집단의 특성 : 리더의 권력, 의사결정구조, 보상체계, 응집력

대부분의 상황이론은 리더의 어떤 행동유형이 어떤 상황에서 더욱 효과적인지를 규명하고자 하는 것이다. 상황이론의 형식은 리더의 행동유형과 상황변수를 구분하여 제시한 다음, 각 상황에 적합한 리더 유형을 구별하는 논리로 구성된다. 상황이론의 특징은 현실을 설명하는 변수를 추가하여 특성이론이나 행동이론보다 리더십 효과성에 대한 설명력이 우수한 것으로 알려져 왔다.

경로목표이론

상황이론의 예로서 하우스(R. J. House)의 경로목표이론[64]을 살펴보자. 하우스는 리더가 처한 상황을 부하직원들의 개인특성과 과업특성으로 보고 각각의 특성에 적합한 네 가지 리더행동을 제시하였다(<표 8-1> 참조).

표 8-1 **리더십 행동 유형**

유형	내용
후원적 리더십	부하들이 가지는 욕구에 관심을 기울여주고 이들이 가지는 개인적인 문제에 대해 배려를 해주며 보다 친근한 분위기를 창출하는 노력을 한다.
지시적 리더십	부하로 하여금 리더 자신이 무엇을 기대하는지 알게 하며 구체적인 지시를 하고 규칙과 절차를 따르도록 강요하며 작업에 대한 스케줄을 짜고 조정한다.
참여적 리더십	부하들에게 의견을 물어보고 필요한 정보를 제공함으로써 의사결정에 대한 제안을 하도록 하며 부하들이 제안한 것을 고려하여 의사결정을 한다.
성취지향적 리더십	도전적인 목표를 세우고 어떻게 하면 성과를 증진시킬까 고민하고 우수한 성과를 내려고 노력하며 부하들의 업적에 대해 확신한다.

부하직원들이 자신감이 없을 때 리더는 후원적 행동을 보임으로써 부하직원들의 자신감을 고취시킬 수 있고, 부하직원들이 성취하고자 하는 욕구가 강하다면 성취지향적 행동이 필요하다. 부하직원들이 기술이나 지식이 부족하다면 지시적 행동이 적합하고, 부하들이 참여 욕구를 가졌을 때는 참여적 행동이 적합하다고 볼 수 있다.

과업특성의 경우 부하직원들이 수행하는 과업이 명확하지 않고 애매모호할 때 지시적 행동을 통해 명확하게 해주어야 하고, 일상적인 과업을 수행하는 부하직원들은 매일 반복적인 업무로 인하여 사기가 저하되어 있으므로 리더는 후원적 행동을 통하여 사기를 높여 부하들의 노력을 이끌어낼 수 있을 것이다.

이처럼 리더는 자신의 스타일을 제대로 파악하고, 상황을 분석하고 평가한 상태에서 자신의 특성과 상황을 잘 맞추어 리더십을 발휘해 나가야 한다는 것이다.

오래전 유럽에서 기업들이 경영참여제도를 한창 도입했던 시절, 프랑스의 어느 회사에서도 노 측의 요구로 경영참여제도가 도입되었지만 몇 달 후 노 측이 경영참여 권리를 포기한 일이 있었다. 자신들의 잘못된 판단과 의사결정으로 회사가 곤란한 상황에 빠질 것이 두려웠던 것이다. 그럼 이런 회사의 직원들에게는 참여적 리더십을 포기하는 것이 좋을까?

학생들의 경우에도 마찬가지다. 많은 학생들이 손쉽게 학점을 얻을 수 있는 수업을 좋아한다. 교수가 학생들을 위해 기업체와 연계한 수업을 한다거나 프로젝트 수업을 하려고 하면 많은 학생들이 도망간다. 그럼 이런 학생들에게 맞는 교과서 중심의 수업을 하는 것이 최선의 상황이론적 수업이라고 할 수 있을지 의문이다.

05 임파워링 리더십

'모던 타임스' 하면 각자 여러 가지를 생각할 수 있겠지만, 많은 사람들이 찰리 채플린(Charlie Chaplin)의 영화를 떠올릴 것이다. 채플린이 극본을 쓰고 감독하고 제작하여 1936년 2월에 개봉한 87분짜리 코믹영화다. 기계 조립공장에서 일하는 주인공(채플린 연기)은 하루 종일 스패너로 나사를 오른쪽으로 돌린다. 이 바람에 몸이 굳어져서 퇴근 후 걸을 때도 우측으로 몸이 돌아간다. 그리고 나사 같이 생긴 것이 있으면 돌리는 습관이 생겨 오버코트를 입고 가는 부인의 코트 단추를 보고 돌리려다가 뺨을 맞기도 한다. 또 공장관리자가 일하는 사람들의 식사시간도 아까워서 밥 먹이는 기계까지 설치해 주어, 기계에게 서비스 받으면서 생기는 우스꽝스러운 장면이 등장하기도 한다. 그야말로 인간은 기계에 불과하고, 경영자는 효율성 이외에는 아무것도 생각하지 않는 모습이다. 그게 '현대(Modern Times)'라는 이름으로 묘사되고 있다. 자본주의 초기, 적어도 20세기 초까지는 그랬었다. 자본이 절대적인 우위였으며 인간은 종속적이었고 통제의 대상이었다.

그렇다면 지금 21세기에는 어떤가? 그 정도는 아니겠지만, 조직하면 으레 '규칙'과 '통제', 경영자의 '권력'이 생각나고 거기서 일하는 사람은 여전히 통제의 대상으로 인식되지 않는가? 상당한 경우 직장인들에게 조직은 '피곤한 곳'이고, 자신은 '힘없는 존재'로 느낀다. '힘없는 존재' 그것이 현대 직장인의 자화상인 듯하다. 소외(alienation)까지는 아니라 하더라도 많은 직장인들이 상당한 무기력감에 빠져있고 기를 못 펴고 있는 것이 사실이다. 그런 상황에서 어떻게 직원들의 자발적 동기를 기대할 수 있겠는가?

주인의식의 비결은 임파워먼트

미국의 저명한 경영평론가 톰 피터스(Tom Peters)가 지식근로자의 전형으로 지목한 인물은 아무도 상상치 못할 만큼 엉뚱한 사람이었다. 샌프란시스코 리츠칼튼 호텔에 근무하는 청소부, 버지니아 아주엘라(51세)가 그 주인공이다.[65]

아주엘라는 20년 가까이 이 호텔에서 일하면서 청소를 몸으로 때우는 허드렛일로 여기지 않고 자신의 일에 열과 성의를 다했다. 그러나 단지 열심히 일하는 것으로 그쳤다면 지식근로자의 반열에 오를 수 없었을 것이다. 그녀는 객실을 청소하고 침대 시트를 갈아 끼우는 법을 자기 나름대로 개선하고 보완해 노하우를 창출해 냈고 자신의 방법을 동료들에게 가르쳐 주었다. 그녀가 이런 주인의식을 발휘하게 된 배경에는 호텔의 임파워먼트(empowerment)가 있다. 이 호텔은 고객의 불편이나 문제를 해결하는 데 필요하다고 판단되면 2,000달러를 쓸 수 있는 재량권을 객실 청소요원에게도 주었다. 이것이 바로 아주엘라가 신이 나서 늘 새로운 노하우를 찾아내려고 노력하려는 이유다.

고객에게 100%의 만족도를 얻고 있다는 미국의 노드스트롬(Nordstrom) 백화점이 가진 '단 하나의 규칙'은 다음과 같다.

노드스트롬의 규칙 1 : 어떤 상황에서든 귀하의 훌륭한 판단력을 발휘하십시오.
그 외에 다른 규칙은 없습니다.

최고의 고객 서비스를 제공하기 위해 이 백화점은 업무 수행에 관련된 각종 규정이나 제약 조건을 최소화하였다. 어떤 상황에서든 판단은 매장 직원 자신이 내리는 것이며, 그가 최대의 권한을 가지고 있다. 고객 서비스에서만큼은 직원들이 다른 어떤 기업보다 큰 권한과 자율권을 가지고 있기 때문에 만족스러운 고객 대응력을 보여주고 있다.

스카치 테이프와 포스트잇을 개발한 3M 직원들은 업무시간의 15%를 스스로 알아서 쓴다. 그러니까 일주일에 한나절(하루의 절반) 정도는 상사의 지휘를 벗어나 외부 일을 볼 수 있고, 개인적인 프로젝트를 할 수 있다. 연구원들에게 실시하던 이 제도는 나중에 일반 직원에게까지 적용되었다. 그리고 고어(Gore)사와 구글에서는 이러한 여유시간 제도가 20%로 늘어난다. 종업원들을 체계적으로 조직의 위계시스템에서 해방시키는 것이야말로 임파워먼트인 것이다.

직원들이 15%를 개인적으로 쓴다면 업무스케줄을 어떻게 짜나 싶어 알아보았더니 그러한 스케줄 편성은 없고 단지 문화로서 존재하고 있었다. 상사와 부하 사이에서 대화를 하면서 "이것은 제가 15% 룰로 처리하겠습니다." 하면 끝나는 것이다. 그러나 이는 엄연한 조직의 제도로 자리 잡고 있었다.

제도보다 조직의 분위기가 중요

구성원들이 재량권을 가지고 일하다 보면 성공하는 경우보다 오히려 실수하고 실패하는 경우가 더 많을 것이다. 이때 조직이 어떻게 반응하느냐가 중요하다. 실패를 용인하지 않거나 완벽만을 요구하면 개인이 새로운 것을 시도하거나 창의적인 결과를 낼 수가 없다. 그래서 조직의 감사나 내부통제시스템에서 개인의 비리나 불순한 의도 없는 업무상 실수에 대해서는 관용을 베풀 수 있도록 해야 한다. 열을 잘해도 한 개를 못하면 문제가 되는 사회에서 임파워먼트란 거의 불가능하다.

임파워먼트라는 용어에는 흔히 '심리적'이라는 단어를 붙여 심리적 임파워먼트라 한다. 심리라는 단어를 붙이는 이유는 무엇일까? 임파워먼트는 일에 대한 내적 동기와 자기효능감을 일으키지만 권한위양을 하거나 의사결정에 참여를 시킨다고 저절로 그러한 느낌을 가지는 것은 아니라는 것이다. 자율권의 영역이 좁다고는 하지만 자기 영역 내의 일조차도 주인의식을 가지고 주도적으로 일하는 사람은 많지 않다. 갤럽조사에 의하면 전 세계 직장인들 가운데 심리적으로 자신의 일에 몰입하고 있는 직장인은 평균 13%에 불과할 뿐이다(한국인은 11%).**66)** 일의 내용과 결과에 자신이 중요한 영향을 미칠 수 있다고 믿을 때 진정한 심리적 임파워먼트가 일어나는 것이다.

이러한 심리적 임파워먼트는 위임전결규정을 통해서 되는 것도 아니고, 실패 용인 제도를 만들면 성사되는 것도 아니다. 그것들은 다 환경이고 인프라일 뿐이다. 리더와 부하 사이 일상적으로 일어나는 접촉과 대화가 결정적이다. 통상 제도는 잘 만들어져 있는데 일하는 구성원들은 힘을 느끼지 못하는 경우가 많다. 현장에서 리더와 부하 간의 인간적인 접촉 또는 조직의 문화나 분위기가 그리되지 못하기 때문이다.

그리고 이런 때야말로 리더의 임파워링 리더십(empowering leadership)이 필요하다. 조직 구성원이 스스로 "내가 힘이 있구나" 하고 느낄 수 있도록 권한을 부여하고 필요한 지원을 하며, 나아가 어려움을 극복할 수 있도록 격려하는 것. 구성원을 '일의 주인이 되게' 하는 것, 내가 왜 이 일을 해야 하는지, 내가 한 일이 어떤 결과를 가져올지 스스로 고민하고 해결할 수 있도록 이끌어주는 것이 바로 임파워링 리더십의 모습이다.

06 코칭 리더십

우리는 코칭이라는 말을 들었을 때 흔히 스포츠에서의 코치를 떠올린다. 코치가 선수의 자세를 바로잡아주고 훈련시키면 선수는 코치의 지시에 따라 훈련하고, 그가 가르쳐 준 자세를 열심히 반복적으로 익혀 기량을 향상시키는 장면을 어렵지 않게 상상할 수 있다. 성과가 시원찮은 선수나 팀이 훌륭한 코치를 만나 뛰어난 성적을 올리는 사례는 영화의 단골 소재거리이기도 하다.

그런데 최근 리더에게 강조되고 있는 코칭은 스포츠 분야의 코칭과 조금 다르다. 리더에게 요구되는 코치 역할은 리더가 주도적인 역할을 하면서 가르쳐주고 이끄는 것이 아니라 코칭 받는 사람이 주도적으로 자신의 문제를 해결할 수 있도록 촉진하고 도와주는 데 있다. 즉, 업다운(Up-Down) 식이 아닌 양방향의 파트너 관계다. 사람들의 자율성을 존중하고 그들이 잠재역량을 최대한 발휘하도록 하기 위해서다.

코치와 보스의 차이

배우 송강호를 알리게 한 영화 <넘버3>를 보면, 삼류 건달 송강호가 부하를 앞에 두고 '헝그리 정신'에 대해 일장 연설을 하는 장면이 나온다. 헝그리 정신이 왜 중요한지에 대한 예를 들면서, "현정화, 현정화도 라면만 먹고 육상에서 금메달 3개나 따버렸어"라는 말을 하자, 부하 한 명이 "임춘애입니다, 형님!"이라고 사실을 바로잡아준다. 그러자 송강호는 그 부하를 죽일 듯이 팬 후 다른 부하들에게 "하...하늘이 내...내가 빨간색이라면 빨간색인 것이야!"라며 분에 못 이겨 말을 더듬거리며 호통을 친다. 이후 아무도 그의 말에 토를 달지 않는다.

이 이야기가 어디 영화에서만 해당되는 것일까? 상당히 많은 조직에서 늘 일어나는 일이 아닌가 싶다. 어느 직장에서 신입사원들과 사장과의 상견례에서 비슷한 이야기가 있었다. 사장이 궁금한 것이 있으면 질문하라고 해서 신입사원 한 명이 초과 근로에 대해 겁 없이 질문했다가 "요즘 젊은 사람들은 따지는 것이 많다", "조직에 대한 애정이 없다" 등등 입에 거품을 물고 호통을 쳤고 그 이후 아무도 질문을 하는 사람이 없었다고 한다. 이런 조직에서 과연 구성원들이 자유롭게 자신의 생각을 말하고 창의성을 발휘할 수 있을까? 리더만 말하고 다른 사람들은 모두 침묵하고 있다면 그 조직은 삼류다. 직원들의 창의성을 기대하려면 경영자는 '난 윗사람'이라는 생각부터 버려야 한다. 리더가 수행할 코치의 개념은 모든 것을 진두지휘하고 관리하는 통치자가 아닌 것이다.

마을을 변화시킨 코칭 리더십

CLTS는 방글라데시의 카말 카(Kamal Kar) 박사에 의해 주도되고 있는 위생설비마련 운동이다. CLTS 사업의 특징은 마을 주민들이 스스로 자신들의 문제를 인식하고 해결방안을 찾도록 돕는 것이다. 어느 마을의 사례를 보자.

카 박사는 먼저 마을 사람들을 한자리에 모이게 한다. 넓은 공터에 모인 마을 사람들에게 그는 색 가루를 사용해서 바닥에 대략적인 마을 지도를 그리게 한 후 작은 종이 조각으로 각자의 집을 표시하라고 한다.

마을 지도가 완성되면 이제부터 카 박사의 마법과 같은 질문이 시작된다. "자, 여러분 중 오늘 아침에 밖에서 볼일을 본 사람 있습니까?" 사방에서 크게 웃는 웃음소리가 들렸고, 머뭇거리던 사람들 중 몇몇이 손을 든다. 카 박사는 볼일을 본 장소에 황색 가루를 뿌리라고 한다. 마을 사람들이 하나둘 나와 자신이 볼일을 본 장소에 황색 가루를 뿌려 위치를 표시할 때 마을은 웃음바다가 된다. 그는 다시 질문한다. "만일 한밤중에 배가 아파서 급히 볼일을 봐야 한다면 어떻게 할까요? 더구나 비가 억수로 내리는 밤이라 멀리 갈 수 없는 상황이라면요." 주민들은 각자 자기 이웃집 뒤로 가서 볼일을 보면 될 거라고 대답한다. 카 박사는 이번에도 황색 가루를 사용하여 각자 그 위치를 표시해 보라고 하였고, 마을 지도는 온통 황색 가루로 변한다. 그는 다시 질문한다. "만약 홍수로 인해 주변의 배설물이 집안으로 흘러든다면 건강에 어떤 문제가 생길까요?" 마을 사람들은 다시 수군거리더니 설사나 콜레라에 걸릴 수 있다고 대답한다. 그는 그 병명들을 종이에 적어 붙이도록 한다. 길거리 배설물에서 콜레라와 같은 수인성 전염병이 생기지 않도록 하는 것이 문제의 핵심이며 카 박사는 또다시 주민들에게 그 방법을 묻는다. 여러 가지 대안들이 주민들의 입에서 나오는데 그 가운데 가장 핵심적인 내용인 화장실을 만들어야 한다는 말이 나오고 그것을 커다란 종이 위에 적는다. 이렇게 한바탕 마을 주민들과의 '워크숍'이 끝난다.

3일 후 다시 마을을 방문했을 때 이미 여러 장소에 공동화장실이 들어서 있거나 공사 중이었으며, 어린아이들은 아침저녁으로 "노상배변 금지"라는 구호를 열광적으로 외치며 캠페인을 한다.

이러한 카 박사의 방식은 이전의 농촌 위생 프로그램들이 실패했던 분야에서 뛰어난 성과를 보여주었다. 그 핵심비결은 카 박사가 주민들에게 던지는 질문들이다. 무엇을 하고, 무엇을 하지 말아야 한다는 외부로부터의 지침 따위는 없다. 주민들에게 계속 질문을 던지고 주민들은 그 질문에 답하는 과정에서 스스로 문제를 인식하게 되며 공동체 자체가 독자적인 결정권을 갖고 스스로 해결책을 찾아나가는 것이다.

코칭의 방법

그렇다면 코칭을 어떻게 해야 할까? 리더에게 필요한 코칭은 다음 세 가지 특징을 가진다.

첫째, 목표를 달성하도록 안내하고 촉진하는 데에 초점을 맞춘다. 코칭은 목표를 달성하기 위해 조치를 취하도록 지시하는 것이 아니다. 코칭의 목표는 사람들이 스스로 해결안을 찾도록 돕는 데 있다. 코치의 역할은 목표지향적 질문과 피드백 등을 통해 구성원이 생각을 정리하고 목표를 구체화하며 실행에 옮기기 위한 심리적·물리적 지원을 하는 것이다(코칭을 위한 효과적인 질문은 242-246쪽의 의사결정 과정을 볼 것).

둘째, 합의한 성과를 이루어 내기 위해 경험과 의견을 서로 공유하는 것이다. 코칭은 모든 답을 가진 전문가나 감독자처럼 행동하는 것이 아니다. 코칭의 기본 철학은 파트너십이다. 서로의 생각을 공유하고 다양한 관점을 탐색하는 과정인 것이다. 코칭을 하는 리더는 구성원과 함께 해결안을 찾아가는 과정에서 머리를 맞대고 서로의 경험과 노하우를 공유해야 한다.

셋째, 코칭은 학습과 개발을 위한 수단이기도 하다. 코칭 과정에서 사람들은 다양한 관점을 경험하고 자신의 잠재 역량을 발휘하게 된다. 따라서 코칭 과정 자체가 개인에게 학습과 개발의 기회를 제공해준다.

물론 이러한 일들이 일어나려면 많은 것들이 변해야 한다. 코칭의 기술도 필요하지만 가장 중요한 것은 리더의 태도다.

표 8-2 **올바른 코칭과 잘못된 코칭**

올바른 코칭	잘못된 코칭
• 학습과 개발을 위한 수단	• 단순히 누군가의 행동이나 활동을 바로잡기 위해 조치하는 것
• 목표를 달성하도록 안내하고 촉진하는 것	• 목표를 달성하기 위해 조치를 취하도록 지시하는 것
• 합의한 성과를 이루어 내기 위해 경험과 의견을 서로 공유하는 것	• 모든 답을 가진 전문가나 감독자처럼 행동하는 것

코칭의 태도

일반적으로 상사는 자신이 구성원들을 완벽히 통제하고 있다고 믿을 때 조직이 제대로 돌아가고 있다고 생각한다. 그리고 부하들은 상사가 결정하거나 지시하지 않으면 자발적으로 움직이지 않을 것이다. 그것이 상사에 대한 부하의 기대행동이기 때문이다. 상사는 흔히 "왜~ 하지 않나요?", "~하면 어때요?" 등의 유도형 질문이나 지시형 질문을 선호한다. 이런 유형의 질문은 결정권이 여전히 상사에게 있다는 것을 말해주며 구성원에게 무력감을 주기도 한다.

그에 반해, 코치는 지원하며 촉진하는 사람이다. 코치는 지시하기보다는 직원의 의견을 듣고 존중하며 그가 스스로 결정하도록 도와준다. 이는 문제를 직원에게 맡기고 자신은 방관자적 태도를 가지라는 것이 아니다. 적절한 질문과 피드백 등을 통해 직원이 해결책을 찾아 일을 진행시킬 수 있는 사고의 틀을 제공해줘야 한다는 뜻이다. 그리고 이 과정에서 직원이 어려움을 극복할 수 있는 스스로의 능력에 대한 신뢰와 자신감을 가질 수 있도록 칭찬과 격려를 하는 것이 중요하다.

경영자가 코치로서의 역할을 할 때는 직원들이 자신에게 필요한 것을 이미 가지고 있다는 가정을 가져야 한다. 경영자는 직원들의 부족함을 채우기보다 온전함을 회복하는 과정, 적합하지 않은 것을 고치는 것이 아니라 적합한 것을 덧입혀나가는 과정에 초점을 맞춰야 한다. 이렇게 할 때 직원들은 책임감을 갖고 자신을 위한 선택을 할 힘을 얻으며 더 적극적이고 자신감이 넘치게 될 것이다.

07 서번트 리더십

<동방으로의 여행>이라는 헤르만 헤세의 소설이 있다. 귀족을 비롯한 상류층 사람들이 동방으로 여행을 떠난다는 아주 단순한 이야기다. 이 소설 속에서 헤르만 헤세는 '레오'라는 인물의 중요성에 초점을 맞춘다. 레오는 귀족 일행의 온갖 심부름과 허드렛일을 도맡아서 하는 하인이다. 그런 레오가 사라지기 전까지는 모든 여행이 순조로웠다. 그러나 어느 날 갑자기 그가 사라지자 일행은 그만 혼돈에 빠지게 되고 뿔뿔이 흩어져 결국 여행은

중단된다. 일행은 그제야 하인 레오가 없으면 아무것도 할 수 없다는 것을 깨닫는다.

서번트 리더십을 제안한 그린리프(Robert K. Greenleaf)[67]는 주인공 레오의 행동을 보면서 진정한 리더의 모습을 발견한다. 서번트(servant), 즉 하인·머슴·봉사자란 의미에서 알 수 있듯이 이 서번트 리더십은, 조직에서 가장 중요한 것은 사람이고 조직의 리더는 직원들을 위한 서번트로서의 역할을 해야 한다는 것을 강조한다. 특히 리더와 구성원들 간의 신뢰관계가 무엇보다 중요하다고 인식하여 이를 위해 타인을 위한 봉사에 초점을 두며, 종업원, 고객 및 커뮤니티를 우선으로 여기고 그들의 욕구를 만족시키기 위해 헌신하는 리더십이다.

그동안 미국의 <포춘(Fortune)>이 선정한 100대 기업들의 면면을 살펴보면, 서비스매스터(ServiceMaster), 마이크로소프트(Microsoft), 월마트(Wal-Mart), 노드스트롬(Nordstrom), 킨코즈(Kinko's), 사우스웨스트(Southwest) 항공, 인텔(Intel) 등 상당수 기업들이 서번트 리더십을 기본 철학 및 주요 경영이념으로 삼고 있는 것을 알 수 있다.

서비스매스터의 예를 들어보자. 이 기업은 건물 내 해충구제, 욕실과 변기 청소, 세탁, 조경, 보안 등 남들이 좀처럼 하기 싫어하는 3D 분야의 각종 서비스를 제공하는 기업이다. 폴라드(W. Pollard) 회장이 선임부사장의 직책으로 서비스매스터에 입사한 첫날, 그에게 황당한 임무가 하나 주어졌다. 거래처인 한 종합병원의 계단과 화장실의 변기를 말단직원들과 함께 청소하라는 것이었다. 폴라드 회장은 이 일을 통해 서비스의 일선에서 일하는 직원들의 고충을 깨닫게 되고 고객을 섬기는 일이 어떤 것인지 분명하게 알게 되었다. 이후 서번트 리더십은 이를 몸소 실천한 폴라드 회장의 기본 경영전략이 되어 서비스매스터의 성공을 지속시켜 주었다.

과거 월마트의 월튼(S. Walton) 회장의 리더십도 종업원을 섬기는 마음을 기초로 했다. 직원들이 사전 통보 없이 월튼을 만나러 가는 것이 전혀 이상하지 않았다고 한다. 잘 알려졌듯이 월튼의 사무실은 세계 최고의 다국적 기업 창업주라고 하기엔 너무나 작았으며, 늘 열려 있었던 것으로 유명했다. 상하 관계의 격식보다는 평등한 동료의식을 바탕으로 직원을 대했으며, 다른 사람의 말을 경청하기를 즐겼다. 리더는 군림하는 게 아니라 봉사하는 존재라는 서번트 리더십을 직접 몸으로 보여준 리더였다는 평가를 받는다.

간혹 대중매체를 통해 영업부문을 담당하는 사장이 직접 영업사원들의 발을 씻겨주며 직원을 섬기는 모습을 보여 화제가 되기도 한다. 추상같은 상명하복, 권위로 똘똘 뭉친, '가까이하기엔 너무 먼' 리더들의 시대는 지난 듯하다. 부하들의 자발적 참여와 신바람을 일으키기 위해서는 부하들의 감성을 자극하고 섬김을 바탕으로 한 인간적 유대감이 중요하다는 것을 위대한 리더들이 보여주고 있다.

08 리더의 모델링

1993년 우리나라 산업계를 강타했던 삼성의 7·4제. 아침 7시 출근하고 오후 4시 퇴근하는 그 희한한 제도의 원조라고 알려진 서울 성수동 삼원정공의 사장 양용식 씨는 아침 6시가 출근시간이다. 직원들의 출근시간은 아침 7시지만 간부는 6시 반에, 그리고 사장은 6시에 출근한다. 말 그대로 솔선수범인 것이다. 양 사장은 새벽에 출근하여 가장 먼저 사무실에 불을 밝히는 사람이 되었다. 한때는 삼원정공을 배우겠다고 사람들이 몰려들었다. 이들을 위한 강의 시간은 새벽 4시였다. 업무 시작 이전에 과외로 외부인 교육을 해야 했기 때문이다.

삼원정공의 퇴근시간은 오후 4시였다. 제일 먼저 퇴근하는 사람은 바로 양 사장이었다. 사장이 퇴근을 먼저 하니 간부들과 직원들도 조기, 아니 제시간에 퇴근하게 되었다. 7·4제는 그렇게 하여 정착된 것이다.

교장선생님들 중에는 학교 구내식당에서 식사를 맨 먼저 하는 분들이 많다. 혹시라도 음식에 문제가 있지는 않은지 살펴보는 것이란다. 그래서 교장들 사이에서는 이런 분을 '기미교장(임금이 수라를 들기 전에 맛을 보는 기미상궁에 빗댄 말)'이라 한다고 한다. 이것 또한 솔선수범의 예라고 할 수 있다.

앞에서 우리는 관찰과 모방이 학습의 중심이라는 사회인지학습에 대해 살펴보았다. 리더는 구성원들의 모방 대상이다. 인간관계에서 그리고 사회생활에서 어떻게 행동해야 하고 어떻게 살아가야 하는가를 보여주는 모델을 역할모델(role model)이라고 한다. 상사는 부하의 역할모델이 되는 것이다. 거울뉴런(mirror neuron)이론에 의하면 부하직원은 리더의 명령에 따라 행동하기보다 리더의 감정이나 행동을 거울삼아 따라 한다고 한다. 그래서 팀원들은 팀장을 닮게 되고 전 구성원이 창업자를 그대로 닮은 경우도 많다. 리더는 그 조직이나 집단의 대표이고 선각자이기 때문에 모방의 대상이 된다. 그렇게 리더를 중심으로 사람들이 뭉치게 되고 리더와 일체감을 느끼는 동일시(identification)가 일어난다. 아빠와 동일시하는 아들이 아빠의 못된 버릇까지 그대로 닮아가듯이 부하들도 리더의 행동을 은연중에 따라 한다.

부하가 리더를 따라 하는 것은 단지 부지불식간에 일어나는 동일시 때문만은 아니다. 리더가 실질적인 권한을 갖고 있기 때문이기도 하다. 그가 보상을 결정하고, 자리를 결정한다. 막말로 이야기하면 리더에게 잘못 보이면 피곤하기 때문에 잘 보이기 위해 부하가 상사의 행동을 모방하는 것이다. 사람은 자기를 닮은 사람을 좋아한다. 자기가 좋아하는 걸 같이 좋아하면 더 가까이 다가가게 되고, 자기가 싫어하는 것을 좋아하면 멀리하고 싶다. 그래서 상사에게 잘 보이고 싶으면 상사를 따라 하는 것이 좋다. 인상관리(impression management)의 기본인 것이다.

어른 사회에서 리더의 모범은 아이들이 단지 부모의 가시적인 행동을 모방하는 것 이상의 의미를 갖는다. 어른들은 단순하게 피동적으로 리더를 따라가는 것이 아니라 능동적으로 평가하고 적극적으로 선택하기도 한다. 다시 말하면, 아무 리더나 따라 하는 것이 아니고 아무 행동이나 모방하는 것도 아니다. 또한, 겉으로 보기에 따라 하는 것 같아도 속으로 반감을 가지고 있을 수 있다. 그래서 리더는 모범을 보이되 제대로 보여야 하는 것이다. 말로만 하는 것이 아니고 스스로 실천을 하는 리더라면 구성원들은 신뢰를 가지고 리더를 따라 할 것이다.

보이지 않은 것, 과거에 경험해 보지 못한 것 그리고 애매한 일을 하라고 했을 때 구성원들은 불안하고 망설여지기 마련이다. 이때 리더가 모범을 보여 준다면 보다 구체적인 것을 손에 쥘 수가 있다. 당연히 리더의 행동은 다양한 구성원들을 한 방향으로 모을 수 있고, 새로운 시도에 대한 열정을 불어넣을 수도 있다. 무엇보다 중요한 것은 그들이 리더의 행동을 관찰하고 음미하면서 일에 대해, 나아가서는 인생에 대해 새로운 관점(프레임)을 만들 수 있다는 것이다.

09 변혁적 리더십

자신을 성장시키는 상사를 만나는 건 쉽지 않은 행운이다. 나의 연구원 시절, 본부장은 내게 개인적 성장을 위해 내가 어떤 노력을 하고 있는지 물었다. 그리고 연구원 일만 열심히 하는 것으로 만족하지 말고 자신의 가치를 높이도록 노력하라고 말했다. 연구원 생활에 안주하고 있었던 나 자신을 반성하게 만든 자극이었는데, 그가 바로 변혁적 리더(transformational leader)의 좋은 예라고 할 수 있다.

앞에서 우리는 관리자와 리더의 차이를 살펴봤는데, 변혁적 리더야말로 리더의 본질을 잘 보여주는 사람이다. 변혁적 리더십이 다른 리더십과의 가장 큰 차이점은 바로 동기를 일으키는 방법이 부하의 가치와 태도를 긍정적으로 변화시키는 데에 초점을 맞춘다는 점이다. 그 결과 부하들은 리더와 조직에 대해 강력한 몰입을 보여주게 되며 추가적인 노력을 하게 된다는 것이다.

변혁적 리더가 부하들을 변화시키는 비결은 무엇일까? 변혁적 리더십에 필요한 요인들은 다음 네 가지다.

첫째, 카리스마 또는 이상적 영향력(idealized influence)이다. 리더가 부하들에게 이상적인 모델로서 강력한 영향력을 미치는 것을 말한다. 변혁적 리더는 부하들에게 조직의 비전과 목표에 대해 명확하게 제시를 하고, 자신이 제시한 비전을 따르도록 만든다.

둘째, 지적자극(intellectual stimulation)은 상황을 분석함에 있어 기존의 틀을 뛰어넘어 보다 창의적인 관점을 개발하도록 리더가 부하들을 격려하는 것을 의미한다. 이는 리더가 새로운 아이디어를 제공하여 부하들에게 도전의식을 느끼게 하고 일상적인 문제에 대해 새로운 방식으로 생각해보도록 자극하는 것이다.

셋째, 영감적 동기부여(inspirational motivation)란 모두가 공감할 수 있는 바람직한 목표를 부하들이 인식하고 이해할 수 있도록 하면서 자신감, 의욕을 불어 넣어주는 것이다.

넷째, 개별적 배려(Individualized Consideration)는 부하에 대한 후원, 격려, 코칭 등을 의미한다. 변혁적 리더는 부하의 개인적 욕구를 각각 파악하고 이에 따라 차별적으로 지원하고 격려하며 개발시킨다. 또한 구성원 개별적으로 사려 깊은 지도를 해주는 역할도 변혁적 리더의 특성이라고 할 수 있다.

버진그룹의 리처드 브랜슨(Richard Branson)은 변혁적 리더의 좋은 예다. 그는 부하 개개인의 관심에 주의를 기울인다. 변혁적 리더는 부하직원이 문제를 새로운 방식으로 바라볼 수 있도록 도와줌으로써 문제에 대한 인식을 바꾼다. 또한 부하직원들을 지적으로 자극하고 조직의 목표달성을 위해 추가적인 노력을 기울이도록 한다.

변혁적 리더십과 상대적인 개념은 거래적 리더십(transactional leadership)이다. 거래적 리더십은 리더와 부하 간의 교환관계를 근간으로 하며, 한 사람이 가치 있는 무엇인가를 교환할 목적으로 다른 사람과 상호관계를 유지할 때 발생한다. 리더는 부하들이 원하는 보상을 제공하고 이를 기초로 리더는 부하들로부터 자신이 원하는 업무성과를 제공받는 관계이다. 이는 리더와 부하의 상호종속에 기인하는 교환관계로 정의할 수 있다.

일련의 제도화된 당근과 채찍을 이용해도 직원들을 회사 뜻대로 움직이도록 하는 것이 가능하다. 그러나 이런 방식에는 한계가 있을 수밖에 없다. 이들은 어떻게 하면 회사에 도움을 줄까보다는 어떻게 해야 회사에서 보상을 더 많이 받을 수 있을까에 훨씬 더 큰 관심을 가질 것이기 때문이다. 이들은 회사의 장기적 발전보다는 자신이 받게 될 단기적 보상에 초점을 맞출 뿐이다. 반대로 직원들의 자발적 열정을 북돋울 줄 아는 회사라면 직원들은 더욱 열심히 일할 뿐 아니라 조직의 미래를 위해 자발적이고 혁신적인 노력을 더 많이 할 것이다.

지금은 끊임없이 혁신을 추구해야 하는 시대다. 리더는 구성원들이 주어진 역할 수행이나 단기적인 성과 달성에 그치지 않고 혁신적인 사고와 행동을 하도록 분위기를 만들고 부하를 변화시키는 것이 중요하다. 단기 성과만을 강조하고 보상으로 부하를 동기유발하려는 거래적 리더십으로는 사람들 내면의 변화와 잠재성을 끌어내지는 못할 것이다.

＊ ＊ ＊

최근 많은 조직은 리더십 훈련과 개발에 많은 비용과 노력을 쏟는다. 리더 개발로 유명한 골드만 삭스를 가리켜 <비즈니스위크>는 리더십 공장이라고 명명한다. 한국의 경우도 일부 회사들은 10년, 20년 이후 회사를 이끌 리더들을 직급별로 체계적으로 훈련시킬 프로그램을 실시하고 있다. 이들의 가정은 효과적인 리더십이 어느 정도는 개발되고 훈련될 수 있다는 것이다.

지금까지 우리는 리더가 갖춰야 할 여러 가지 역량이나 해야 할 행동들을 살펴봤지만 리더십에 정답은 없다. 어떤 행동을 보여줘야 하는지에 대해 자신을 끊임없이 돌아보고 타인으로부터의 피드백을 적극적으로 받아들일 수 있는 열린 자세와 노력이 리더십 역량을 향상시켜줄 것이다.

토의합시다

1. 내가 지향하는 리더의 모습은 어떤 것인가? 하나의 단어로 표현해보자.

2. 그러한 리더가 되기 위해 내가 가지고 있는 강점과 개선이 필요하다고 생각하는 행동을 말해보자.

의사결정

우리는 늘 의사결정의 순간에 직면한다. 대학교와 전공을 결정해야 하고 졸업 후의 진로도 결정해야 한다. 결혼은 언제 할지, 누구와 할지 결정해야 한다. 직장에 들어가면 온통 의사결정을 해야 할 일로 가득하다. 정보가 많아지면 의사결정에 도움이 될 거 같지만 오히려 홍수처럼 밀려온 정보로 쉽게 결단을 내리지 못한다. 오늘 점심 메뉴를 고르는 것이 인생 최대 고민이라는 우스갯소리도 있지 않은가. 왜 의사결정은 이토록 어려운 걸까?

먼저
토의합시다

지금까지 살면서 어려웠던 결정 하나를 생각해보고, 그 결정을 위해 무엇을 고려하고 어떤 방식으로 결정했는지 말해보자.

01 세상을 바라보는 차이

당신 앞에 원숭이, 판다, 바나나가 있다. 이 중 두 개를 묶어야 한다면 무엇을 선택하겠는가? 이 재미있는 실험에 대부분의 한국인과 중국인, 일본인들은 원숭이와 바나나를 묶었다. 원숭이가 바나나를 좋아한다는 이유 때문이다. 그러나 똑같은 질문을 서양 사람들에게 했더니 대부분 원숭이와 판다를 묶었다. 둘 다 동물이라는 이유다. 이와 같은 대답 차이의 이유는 두 문화권에서 세상을 바라보는 관점이 다르기 때문이다. 연결과 조화를 강조하는 동양 문화권에서는 두 개체의 관계에 먼저 관심을 갖지만 서양인은 분석적인 사고로 사물의 개별적인 특성을 바라본다.

다른 예를 보자. 나무로 만들어진 원기둥에 '닥스'라는 이름을 붙였을 때, 플라스틱 재질의 원기둥과 나무로 만든 직육면체 중 어떤 것을 닥스라고 분류할 수 있을까? 이것은 동질성에 대한 기준 문제이다. 형태를 기준으로 구분할 것인가, 아니면 물질을 기준으로 구분할 것인가? 동양인은 동질성을 기준으로 구분하기 때문에 물질이 같은 직육면체 기둥을 선택하지만, 서양인은 형태를 기준으로 구분하기 때문에 플라스틱 원기둥을 선택한다고 한다. 동양인과 서양인의 지각 차이를 보여주는 흥미로운 사례이다.

만일 당신이 서양인 존슨과 함께 일을 하는 상황이라고 상상해보자. 원숭이와 판다를 같은 분류로 생각하는 그에 대해서 생각이 틀렸다고 할 것인가? "모양만 같다고 닥스냐? 재질을 봐야지!" 하면서 답답해할 것인가? 정답이 없고 단지 지각 차이만 있는 이슈에 대해 우리는 지금도 "내가 맞고 너는 틀리다"며 목소리를 높이고 있는 것은 아닐까?

자신만의 지각 방식으로 정보를 해석

이처럼 똑같은 정보를 가지고도 자기가 편한 방향으로 해석하는 것이 인간이 가진 인지적 특성이다. 사람들은 이런 인지적 특성을 가지고 의사결정을 한다. 그런데 실제의 삶은 하나의 정보만 제공되지 않는다. 정보를 인식하기 전에, 혹은 정보를 인식하는 순간에 다양한 정보들을 함께 접하게 되는데, 이러한 정보를 효과적으로 처리하기 위하여 편의상 '조작'도 한다. 심리학자 오웬스(J. Owens)와 그의 동료들[68]이 제시한 '연속극 효과(soap opera effect)'는 인간의 자연스러운 '기억 조작'을 보여주었다. 오웬스와 그의 동료들은 실험집단과 통제집단에 동일하게 한 여자의 병원진찰 경험을 서술한 짧은 지문을 제시하고, 실험집단에만 사전에 여자가 임신이 된 것 같아 염려하고 있는 내용의 지문을 보여주었다. 일정 시간이 지난 후, 병원 일화에 대해 회상하도록 하였는데, 사전 정보가 주어졌던 실험집단은 통제집단에 비하여 전체 이야기를 응집성 있게 잘 기억해 냈다. 그러나 임신 염려에 대한 지문의 영향으로 '여자는 임신 검진을 하러 병원을 찾았다', '의사가 임신이 아니라고 해서 안심했다' 등 원래의 지문에는 있지 않았던 정보를 기억하고 있었다. 이처럼 인간의 뇌는 이미 알고 있는 지식을 활용하여 새로 알게 된 지식을 보다 효과적으로 기억하도록 하지만, 그 조작 과정에서 왜곡이 일어나기도 한다.

우리는 동시에 제공되는 정보들 때문에 매우 빈번하게 의사결정의 오류를 범하기도 한다. 워싱턴포스트 선데이 매거진은 미국이 낳은 세계적인 바이올리니스트 조슈아 벨이 출근시간 지하철역에서 연주하는 실험을 했다. 총 45분간 이 세계적인 연주가의 연주를 주의 깊게 들은 사람은 그 앞을 지나친 1,097명의 시민 가운데 단 7명이었다. 지하철역이라는 공간에 관한 정보가 함께 제공되면서 사람들은 세계적인 바이올리니스트의 연주를

'거리의 악사'의 평범한 연주로 섣불리 치부해 버린 것이다.

누구나 자신만의 인식과 지각의 틀을 가지고 있으며, 이를 통해 의사결정을 한다는 것은 자연스러운 일이다. 하지만 자신의 지각에 대해 굳건한 믿음을 고수하는 것은 위험할 수 있다. 정보를 받아들이는 사람의 개인적 특성이나 상황적 특성으로 인해 정보에 대한 지각과 해석은 전혀 달라질 수 있다. 당신이 오늘 어떤 문제를 바라보는 시각이 당신의 개인적 특성에 의해 영향을 받은 결과일 수도 있고, 바로 며칠 전 시청한 TV 프로그램의 내용이나 친구와의 대화를 통해 일시적으로 조작되고 형성된 것일 수도 있다.

닻 내리기 효과

아래의 그림을 보면 무엇이 보이는가? 사람들의 생각은 초기 값에 의해 크게 영향을 받는다. 이것을 '닻 내리기 효과(anchoring effect)'라고 한다. 닻을 내린 곳에 배가 머물듯이 처음 입력된 정보가 정신적 닻으로 작용해 전

그림 9-1 **무엇일까요?**

[출처] Sandro Del-Prete(1987), The message of dolphins.

체적인 판단에 영향을 미치는 현상이다. 각자가 가지고 있는 지식이나 경험 등에 따라 같은 현상도 다르게 보이게 된다. 그래서 그림과 관련된 직간접 경험이 전혀 없는 어린이들 눈에는 돌고래밖에 보이지 않지만 어른들 눈에 돌고래는 죽어도 보이지 않는 것이다.

사람들은 각자 서로 다른 경험과 지식들, 많은 것을 당연하게 생각하게 하는 고정관념을 가지고 있다. 그리고 그것들을 기초로 우리는 어떤 사물을 바라보거나 판단하기 때문에 무슨 일이 일어나고 왜 일어났는지 충분히 생각하지 못한 채 일을 처리하기도 한다. 사물을 특정 방식으로 보는 데 익숙해서 거기에 다른 측면이 있는지 보지 못하는 것이다. 그 결과 무의식적으로 어떤 정보를 걸러 내거나 자신의 믿음에 의해 정보를 선택해서 받아들이고 왜곡하게 된다.

이처럼 의사결정에는 다양한 종류의 함정들이 있다. 정보가 충분히 수집되지 않았으며 분석이 합리적으로 이루어지지 않았기 때문일 수도 있다. 의사결정을 위한 정보들에 대한 우리의 지각이 불완전한 탓도 있다. 또는 우리의 감정이 올바른 판단을 방해하기도 한다.

02 감정의 영향

의사결정은 감정이 아닌 이성의 영역처럼 보인다. 어린 시절부터 우리는 현명한 결정은 냉철한 머리에서 나온다고 배우며 자란다. 질서정연한 의사결정 프로세스에 감정이 끼어드는 것은 적절해 보이지 않는다. 그러나 감정의 영향을 받지 않는 의사결정은 거의 없다. 우리의 욕구와 관심사는 의사결정을 하는 데 중요한 판단의 근거 가운데 하나다. 우리는 이렇게 말하는 경우가 종종 있다. "이유는 잘 모르지만, 왠지 그쪽으로 끌려." 자신에게 좋은 감정을 일으키는 선택을 하는 것이다. 또 어떤 선택을 한 직후 만족해한다면, 그 선택이 자신에게 좋은 감정을 일으켰기 때문일 것이다. 혹시 장래 목표 등 어떤 선택을 할 때 판단이 잘 안되면, 스스로에게 물어봐라. 어떤 선택이 자신의 가슴을 뜨겁게 하는지. 때론 이성보다 감정에게 판단을 맡기는 것이 적절할 때도 있다.

1982년 독일의 경제학자 베르너 귀트(Werner Güth)는 최후통첩게임이라는 것을 고안했다. 이 게임의 내용은 다음과 같다.

첫 번째 사람에게 일정한 돈을 주고 두 번째 사람과 이를 나누도록 하는데, 두 번째 사람은 첫 번째 사람의 제안을 수락할 수도 있고 거절할 수도 있다. 제안을 받아들이면 제안된 금액대로 두 사람이 나누어 가지지만 만일 첫 번째 사람이 제안한 액수를 두 번째 사람이 거절하면 두 사람 모두 돈을 한 푼도 받지 못하는 조건이 부여된 게임이다. 또한 게임은 단 한 번만 시행된다.

이 게임에서 두 번째 사람은 첫 번째 사람의 제안을 거절할 이유가 없다. 돈을 전혀 받지 못하는 것보다 조금이라도 받는 편이 낫기 때문에 상대가 아무리 작은 금액을 제시하더라도 받아들여야 한다. 하지만 실제로는 그렇지 않다. 몫을 제안하는 사람들은 대부분 40~50%에 해당하는 금액을 상대방에게 건네주었고, 제안된 금액이 20% 미만일 경우 두 번째 사람은 제안을 거부하는 것으로 드러났다. 왜 그럴까? 피험자들에게 이유를 물으면 각기 표현은 다르지만 상대방의 인색함에 화가 나서 제안을 거절했다고 말한다. 이것은 이성적인 판단이 아니다. 이 의사결정에는 우리의 동물적인 뇌가 작용하고 있다.

인지신경학자인 앨런 샌피(Alan Sanfey) 연구팀**69)**은 기능적 자기공명영상을 이용해서 게임 피험자의 뇌를 살펴보았다. 제안 금액이 감소할수록 분노와 혐오 같은 부정적인 감정과 관련된 뇌의 일부분인 뇌섬(insula)이라는 영역이 활성화되었다. 이 실험은 모든 종류의 의사결정에는 감정적인 두뇌가 적극적으로 관여한다는 점을 말해준다.

감정이 제대로 작동하지 않으면 이성적 사고나 의사결정 능력도 제대로 기능하지 못한다. 세상 사람들을 놀라게 한 바둑기계 '알파고(Alpha Go)'는 인간의 호불호, 두려움, 집착과 같은 감정적 요인에 좌우되지 않아 냉철한 분석이 가능했지만 인간의 경우는 정반대다. 뇌의 감정영역이 손상된 환자를 연구한 결과에 따르면 그들의 인지능력이 정상이었음에도 불구하고 의사결정능력은 떨어진다고 한다. 이 환자들은 복잡한 계산을 하고 언어를 이해하며 읽고 쓸 줄은 알아도 약속장소에 가기 위해 택시를 탈지 버스를 탈지와 같은 간단한 문제를 결정하는 데 애를 먹는다. 선택안이 전부 똑같은 정도로 좋아 보이기 때문에 어떤 것이 나은지 결정하지 못하는 것이다. 또한 두려움을 느끼지 못하는 경우에는 여러 대안 중 무엇이 가장 안전한지 판단하지 못한다고 한다.

인간은 감정에 따라 결정

심리학자 폴 슬로빅(Paul Slovic)은 사람들이 어떤 사건이나 상황에 대해 판단을 할 경우 경험으로 형성된 감정에 따라 평가를 다르게 한다고 주장하였다. 예를 들면, 당신이 어떤 물건이 마음에 들면 그것의 장점이 충분하다고 믿고 단점은 무시할 만하다고 믿는다. 반대로 어떤 것에 대해 부정적 감정이 들면 그것이 주는 혜택이나 장점은 머리에 잘 들어오지 않는 것이다.

슬로빅(Solvic, Monahan, & MacGregor, 2000)**70)**은 의사결정에서 감정이

중요한 요인이라는 사실을 실험을 통해 보여주었다. 어떤 환자를 퇴원시킬지 고르는 결정 상황에서 피실험자들에게 두 가지 소견서를 보여 주었다. 첫 번째 소견서에는 "이 환자와 유사한 환자들이 퇴원했을 때 나중에 폭력적인 행동을 할 확률이 20%"라고 설명되어 있었고, 두 번째 소견서에는 "이 환자와 유사한 환자 100명 중 20명이 퇴원한 후에 폭력적인 행동을 보였다"라고 설명되어 있었다. 두 소견서는 사실상 같은 의미를 내포하고 있었으나, 첫 번째 소견서를 본 후 피실험자들의 21%가 환자의 퇴원에 반대하였고, 두 번째 소견서의 상황에서는 41%나 반대했다. 이 사례는 사람들이 확률(20%)로 표현되는 것보다는 빈도(20명)로 표현되는 것에 더욱 감정적인 반응을 한다는 것을 보여준다.

사람들의 감정을 자극하는 꼬리표를 '감정의 꼬리표(affective tag)' 또는 그런 전략을 '정서적 꼬리표 달기(emotional tagging)'라고 한다. 특정 브랜드에 '자연산(natural)', '유기농(organic)', '프리미엄(premium)' 등의 감정의 꼬리표를 달면 긍정적 감정을 일으켜 자연스럽게 선택으로 이어지는 것이다. 심지어 유해 제품인 담배에 '자연산'이라는 정서적 꼬리표를 붙여도 판매가 증가한다는 사실은 대단한 아이러니지만 감정의 위력을 보여 주는 좋은 사례다.[71]

미시간대학교의 연구가들은 실험 대상자에게 100분의 1초 이하의 시간 동안에 세 가지 그림, 즉 미소 짓는 얼굴, 심술궂은 얼굴, 그리고 중립적인 표정의 얼굴 가운데 하나를 보여주었다. 그리고는 한자(漢字)를 하나 보여주면서 그것이 마음에 드는지 아닌지를 진술하게 하였는데, 그들의 판단은 실험 대상자들에게 보여준 그림과 거의 비슷했다. 미소 짓는 얼굴을 본 사람들은 처음에 보는 한자를 마음에 들어 했고, 심술궂은 얼굴을 본 사람들은 처음에 보는 한자를 싫어했다.

이처럼 눈 깜짝할 사이에 지나간 얼굴 표정에서부터 실체가 없는 증권 시장의 분위기까지 아무런 의미가 없는 사안들이라고 해도 우리들의 감정 은 판단에 영향을 미친다. 경제학자 데이비드 허슐레이퍼와 타일러 셤웨이 (Hirshleifer, D., & Shumway, T.)는 1982년부터 1997년까지 세계 26개 주요 증 권거래소들의 변동 상황과 그날의 아침 일조량을 고찰한 끝에 둘 사이에 상 관관계가 있다는 사실을 밝혀냈다.[72] 아침에 태양이 비치는 것은 마치 미소 짓는 얼굴을 본 것처럼 투자자들의 감정에 긍정적인 영향을 주었다. 이런 사실들을 보면 우리의 감정이 판단에 영향을 미칠 수 있다는 사실을 유념할 필요가 있다.

행동경제학이론을 자신의 투자컨설팅 사업에 접목한 심리학자 리처드 피터슨(Richard Peterson)은 흥분(보상을 추구하는 고조의 감정)과 두려움(손실 을 회피하는 강렬한 감정) 등의 감정이 생길 때는 "이 감정의 원인은 무엇인 가?", "이 감정은 어디에서 오는가?", "내가 이런 감정을 느끼게 된 상황은 무엇인가?"와 같은 질문을 스스로에게 던지도록 권유한다. 이런 질문들을 통해 순간의 감정에 휘둘려 잘못된 판단을 내리는 실수를 조금은 줄일 수 있기 때문이다.

03 심리적 편향들

우리는 살면서 여러 가지 유용한 경험법칙을 가지고 있다. "할까 말까 하면 하지 마라", "술 마시고 헤어진 애인에게 전화하지 마라" 등. 일상적인 문제에 대해 간단한 답을 줌으로써 고민에 들이는 시간과 에너지를 줄여준 다. 이런 법칙을 휴리스틱(heuristic)이라고 한다. 휴리스틱은 위험을 최소화하고 만족의 가능성을 높이는 선택방법을 제공하는 것으로 보이지만 종종 의사결정에서 오류의 원인이 되기도 한다. 가장 일반적인 휴리스틱들을 비롯한 심리적 편향들을 살펴보겠다.

가용성 휴리스틱

당신은 비행기 사고와 자동차 사고 중에 무엇이 더 위험하다고 생각하는가? 아마도 대부분은 비행기가 더 위험하다고 대답을 할 것이다. 하지만, 실제로는 비행기 사고가 발생할 확률보다 자동차 사고가 발생할 확률이 훨씬 크다. 왜 우리는 비행기 사고가 더 위협적이고 더 자주 일어날 수 있다고 생각하게 될까? 비행기 사고는 반드시 뉴스에 크게 나고 대부분 커다란 인명사고나 극적인 사건으로 다루어져서 머릿속에 남아 있기 때문이다. 반면 자동차 사고는 웬만한 큰 사고가 아닌 이상 뉴스에 자주 다루어지지 않는다. 그래서 우리는 비행기 사고에 대해 크고 더 생생하게 기억하고 있기 때문에 더 위험하다고 생각한다. 이러한 현상을 가용성 휴리스틱(availability heuristic)이라고 한다.

가용성 휴리스틱은 기억에서 잘 떠오르는 대상에 대하여 상대적으로 높은 평가를 내리는 편향을 말한다. 우리는 반복적으로 노출된 대상에 대하여 친숙한 느낌이 들고, 이러한 느낌을 근거로 그 대상이 장점이 많은 것이라고 잘못 해석한다. 어떤 사건의 사례가 친숙할수록, 편안하고 쉬울수록 그리고 최근의 것일수록 떠올리기 쉽기 때문에 그 사건이 발생할 가능성이 높은 것으로 믿는 편향된 판단이 일어날 수 있다. 어떤 것이 기억 속에서 쉽게 떠오른다면 그것이 보편적인 일이라고 생각하게 되는 것이다.

미국의 심리학자인 노버트 슈바르츠(Nobert Schwarz)는 가용성 편향과 관련해 흥미로운 실험을 했다.[73] 먼저 실험 참가자들을 두 그룹으로 나누어

A그룹에게는 "당신이 단호하게 행동했던 사례 6가지를 적고, 사례별로 당신이 얼마나 단호하게 행동했는지 평가해 보라"고 지시했다. B그룹에게는 "12가지의 사례들을 적고 평가해 보라"고 했다. '단호하게 행동했던 사례'를 많이 적을수록 자신이 '단호한 사람'이라고 평가하는 경우가 많았을까? 결과는 반대였다. 사례를 6가지 적은 그룹이 12가지를 적은 그룹보다 자신을 더 "단호하다"고 평가했다. 왜 이런 결과가 나타난 걸까? 6개를 떠올리는 것이 12개를 떠올리는 것보다 더 '쉽기' 때문이다. 즉, '자기주장이 강한 행동을 쉽게 떠올릴 수 있는 걸 보니 나는 자기주장이 강하구나'라고 생각하는 것이다.

사람들이 현찰보다 신용카드를 사용할 때 훨씬 더 많은 액수를 소비한다는 사실을 보여주는 연구들이 있다. 어떤 연구에서는 두 배까지 더 많은 액수를 소비한다는 결과를 얻었다. 지갑에서 현금을 꺼내 건넬 때 우리의 감각은 이제 돈이 적어졌다는 사실을 입력한다. 하지만 카드로 지불하면 점원이 조그만 카드를 기계에 넣고 나서 돌려줄 때까지 마치 아무것도 지불하지 않은 듯한 착각에 빠져든다. 카드는 돈을 썼다는 사실을 생생하게 전달하지 못하기 때문이다.

시간도 가용성에 영향을 미칠 수 있다. 우리는 첫 번째와 마지막을 더 잘 기억하는 경향이 있다. 면접관이 처음과 마지막 지원자에게 무의식적으로 더 많은 주의를 기울이고 판단에 영향을 주는 것도 가용성 오류다.

대부분의 사람들은 이런 가용성 휴리스틱 성향을 가지고 있고 그런 만큼 쉽게 벗어나기 어렵다. 보통 어떤 문제에 대한 해결안을 찾거나 의사결정을 할 때 그것과 관련되어 가장 먼저 떠오르는 것을 정답으로 생각하기 쉽다. 때문에 가용성 휴리스틱의 함정에 빠지지 않기 위해서는 당연히 정답이라고 생각하는 것들도 때로는 정답이 아닐 수도 있다는 생각을 해야 한다. 언제나 실제 통계자료를 살펴보고 인상이나 느낌에 좌우되지 않도록 자신의 직관이 맞는지 의문을 던지는 시도가 필요하다.

대표성 휴리스틱

린다는 31세이고 독신이며, 본인 생각을 기탄없이 이야기하는 성격이고 매우 머리가 좋다. 대학에서는 철학을 전공했다. 학창 시절 그녀는 인종차별과 사회정의에 깊이 관여하는 한편 반핵 시위에도 참여했다.

린다는 어떤 사람일 확률이 높을까?

① '페미니스트'일 확률

② '은행원'일 확률

③ '은행원이면서 페미니스트'일 확률

사람들에게 예측하라고 했더니 85%의 응답자가 ①＞③＞②의 순서로 린다의 직업 확률을 예측했다. 결과를 분석해 보면 사람들의 판단이 현실에서 상당히 벗어나 있다는 것을 알 수 있다. 우선 세 가지 경우 중 현실에서는 은행원의 수가 절대적으로 가장 많기 때문에 린다가 은행원일 확률이 가장 높아야 하는데 그렇게 예측하지 않았다. 또한 린다가 ③ '은행원이면서 페미니스트'일 확률은 ① '페미니스트'이거나 ② '은행원'일 확률보다 절대로 클 수 없다. 왜냐하면 ③은 ① '페미니스트'와 ② '은행원'의 특성을 동시에 갖고 있어야 하기 때문에 ③이 될 확률이 ①이나 ②보다 더 클 수 없다.

왜 이런 결과가 나왔을까? 사람들은 린다의 특성을 고려할 때 '은행원'이 린다의 특성을 대표한다고 생각하기보다는, '페미니스트'이거나 '페미니스트'이면서 은행원일 것이라는 특성이 린다의 특성을 더 대표하는 것으로 확률을 예측한 것이다. 이는 사람들이 대표성 휴리스틱을 활용해 판단했기 때문이다.

　대표성 휴리스틱(representativeness heuristic)은 1970년대에 심리학자 트버스키와 카너먼(A. Tversky & D. Kahneman)[74]이 제시한 휴리스틱이다. '대표성'이라는 말은 새로운 사건이나 상황이 자신이 경험했던 고정관념과 얼마나 유사한지를 기초로 주관적인 확률 판단을 한다는 의미이다. 즉, 어떤 사건이 전체를 대표한다고 보고 이를 통해 빈도와 확률을 판단하는 것을 의미한다. 우리가 한두 가지 속성으로 전체를 판단하는 경우가 있는데 그런 고정관념이 대표성 휴리스틱 오류를 일으킨다.

　대표성 휴리스틱은 우리 사회에서 여러 가지 문제를 일으킨다. 지역차별, 남녀차별, 학력차별 등이 대표성 휴리스틱으로 인해 발생한 폐해들이다. 채용할 때도 면접에서 흔히 나타나는 문제이다. 여자라서 소극적이지 않을까? 이 대학을 나왔으니 회사에 대한 충성도가 높지 않을까? 이미 우리는 선거를 통해 이러한 대표성 휴리스틱의 상당부분이 틀렸다는 것을 경험했다. TV에서는 인상이 좋았던 사람이 국회의원이 된 후에 우리의 기대를 저버리거나 서민출신이라 서민을 위한 정치를 할 것이라고 생각했지만 당선 후 전혀 기대한 인물이 아니었던 경우가 얼마나 많았던가? 후보자가 갖고 있을 만한 대표적인 특징이나 속성만으로 판단한 오류의 결과다.

　최근 블라인드(blind) 채용도 이러한 대표성 휴리스틱에서 벗어나기 위한 시도다. 얼마 전 어느 대학에서 교수를 채용하기 위해 후보자들의 논문 실적을 심사하는 과정에서 논문 외에는 아무런 정보도 알 수 없었다고 한다. 공개발표를 위해 후보자가 입장했을 때 비로소 성별을 알 수 있었다. 최소한 성별에 대한 고정관념이 서류심사에 미치는 오류는 예방될 수 있었을 것이다.

이처럼 대표성 휴리스틱의 오류에서 벗어나려면 가장 먼저 떠오르는 생각에 집착하지 말고 열린 마음을 갖는 것이 중요하다. 기준 틀을 확대하고 새로운 사고방식을 받아들이려고 시도하면서 다양한 사람들로부터 정보와 의견을 구해야 한다.

확증편향

1999년 하버드대학교 심리학과 건물에서 한 가지 흥미로운 실험이 진행되었다. 연구팀은 6명의 학생들을 두 팀으로 나눠 한 팀은 검은색 셔츠를, 다른 한 팀은 흰색 셔츠를 입게 한 뒤 농구공을 패스하게 했다. 조금 후 고릴라 복장의 한 사람이 공을 주고받는 학생들 사이를 가로질러 지나가면서 무대 중앙에 잠시 멈춰 가슴까지 쳤다. 이 과정이 고스란히 영상에 담겼는데 1분의 재생시간 중 고릴라가 출현하는 장면은 약 9초 정도였다. 연구팀은 이 영상을 많은 사람에게 보여주면서 흰 셔츠를 입은 학생들이 공을 패스하는 횟수를 세도록 했다. 사람들의 주의를 한곳에 집중시키기 위해서였다. 이들은 영상을 본 사람에게 횟수를 물은 후 또 다른 질문을 했다. "공을 던지는 학생들 사이를 가로지르는 고릴라를 보았나요?" 이 질문에 약 절반 정도의 사람들이 고릴라를 보지 못했다고 답했다. 공을 주고받는 횟수에 집중한 나머지 다른 정보들을 모두 놓쳐버린 것이다.

이렇게 특정한 부분에 주의를 집중할 때 주변의 예상치 못한 변화를 알아채지 못하는 현상을 '무주의 맹시(inattentional blindness)'라고 한다. 그런데 이 실험에서 더 의미 있는 결과는 고릴라를 보지 못한 사람들 중에 자신이 보지 못했다는 사실을 쉽게 받아들이지 못하는 경우가 많았다는 점이다. 사람들은 스스로의 인지능력을 과신하는 경향이 있다. 또한 자신에게 익숙하거나 비교적 초기에 인지된 정보를 신뢰하고 그것과 배치되는 정보는 외면하는 경향이 크다. 자신의 신념과 일치하는 정보는 쉽게 받아들이고 일치하지 않는 정보는 무시하는 경향을 '확증편향(confirmation bias)'이라고 한다. 자신이 보고 싶은 것만 보고, 실제로 존재하는 많은 사실들을 자신의 생각의 경계에서 자연스럽게 제거하는 것이다. 이런 편향으로 인해 인간은 일단 하나의 결정을 내리면 다른 좋은 선택지가 나타나도 자신의 생각을 잘 바꾸지 않는다.

　최근 심리학 자료들을 대상으로 실시한 메타분석은 확증편향의 효과를 잘 보여준다.[75] 연구진은 8천 명 이상이 참가한 91건이 넘는 연구결과를 분석했다. 그 결과 사람들은 자기 의견이 틀렸음을 보여주는 정보 대신 자기 의견을 뒷받침하는 정보를 택할 가능성이 두 배 이상 높았다. 어떤 특정 대상에 이미 많은 시간이나 노력을 쏟은 경우에 확증편향은 더 강해졌다. 확증편향은 판단을 왜곡한다. 선택안 A보다 선택안 B에 조금이라도 더 마음이 끌리면 우리는 B를 뒷받침하는 정보에 스포트라이트를 맞추기 십상이다.

　사람들이 정보를 더 찾는 이유는 자신이 믿는 사실이 정확한지 여부를 확인하고 필요하다면 이제껏 굳게 믿어왔던 신념을 과감히 버리기 위해서가 아니다. 진짜 목적은 기존의 신념을 확증해 줄 정보를 찾기 위해서다. 그러니 신념이 바뀔 일은 절대로 없다.

　예전에 어느 기공고수와 격투기 선수와의 대결이 있었다. 시합은 싱겁게 격투기 선수의 일방적인 승리로 끝났다. 그것을 본 수많은 사람들은 이제 아무도 기공무술을 배우려 하지 않을 것이라고 예상했지만 그런 일은 일어나지 않았다. 아무리 객관적으로 증명하거나 사실 여부를 밝혀내도 확증편향은 꿋꿋이 살아남는다.

프레이밍 효과

몇 년 전 프랑스는 CPE(최초 고용계약제도) 도입과 관련하여 "신입사원 채용 후 2년 이내에 해고할 수 있다"는 법안을 다루고 있었다. 시민들은 2년 후 '해고'가 될 수 있다는 부정적 가능성 때문에 대규모 시위를 일으켰고 결국 이 법안은 철회되었다. 그런데 독일 메르켄 정부에서도 유사한 법안이 발의되었다. 다만, 표현이 약간 다르다. "2년간 임시직으로 써본 후 채용할 수 있다"고 표현하였고, 별 잡음 없이 법안이 통과되었다. 사실 두 법안의 내용이 같은 것임에도 국민들의 반응은 전혀 달랐다. 프랑스 법안은 해고라는 단어를 사용하여 해고를 머릿속에 떠올리게 했지만, 독일법안은 채용이라는 단어를 선택하여 사람들에게 채용을 머릿속에 떠올리게 한 것이다.

프레이밍(framing)은 어떤 질문이나 정보의 내용이 같아도 그것이 제시되는 방식에 따라 사람들의 선택이나 판단이 달라지는 현상을 말한다. 물이 절반 채워진 컵을 보면서 물이 "절반이나 남았다"고 말하는 사람이 있는가 하면, "절반밖에 안 남았다"고 말하는 사람이 있다. 전자가 긍정적으로 프레이밍한 것이라면 후자는 부정적으로 프레이밍한 것이다.

프레이밍 효과를 잘 보여주는 실험이 있다. 실험에 참가한 의사들은 수술과 방사선 치료로 폐암을 치료한 결과를 정리해놓은 통계를 받았다. 의사 중 절반은 생존율 통계를, 절반은 사망률 통계를 읽었다. 수술 결과에 대한 설명은 다음과 같았다.

- 1개월 후 생존율은 90%이다.
- 1개월 내 사망률은 10%이다.

당신이라면 어떤 말을 들었을 때 수술을 받겠다고 할까? 의사들은 100명 중 10명이 죽는다는 정보를 들었을 때보다 100명 중 90명이 산다는 정보를 들었을 때 수술을 권할 가능성이 더 높은 것으로 드러났다. 이러한 연구결과들은 사람들의 마음속에서 이익보다 손실이 훨씬 더 크게 비친다는 사실을 일관되게 보여주었다.

다음은 <넛지(Nudge)>76)에 소개된 사례인데, 에너지 보존과 관련하여 다음과 같은 정보 캠페인을 생각해보자.

1. 당신이 에너지 절약을 실천한다면 연간 350달러를 절약할 것이다.
2. 당신이 에너지 절약을 실천하지 않는다면 연간 350달러를 잃을 것이다.

이 경우 손실의 측면에서 구성된 정보 캠페인 2가 1보다 훨씬 강력한 것으로 드러났다. 따라서 정부가 에너지 절약을 촉구하길 바란다면 2가 더 강력한 문구가 된다.

이러한 프레이밍 효과는 정보가 제시되는 방식에 따라 우리가 조작당할 가능성에 매우 취약하다는 것을 의미한다. 프레이밍을 유리하게 사용할 수도 있지만 때로는 그것으로 인해 판단의 오류가 발생하고 의사결정의 질이 떨어지기도 한다. 같은 정보라도 말하는 사람이 어떤 의도로 그 정보를 전달하는지에 따라 그 의미가 바뀌기도 한다. 따라서 중요한 결정을 할 때는 정보나 말에 대해 곧바로 판단하기보다는 객관적으로 장·단점을 하나하나 따져보고 정할 필요가 있다.

04 제한된 합리성

간단한 결정은 순식간에 감각적으로 이루어지고 이 과정에서 앞에서 언급한 여러 가지 휴리스틱과 오류들이 개입된다. 1978년 노벨경제학상을 수상한 허버트 사이먼(Herbert A. Simon) 교수는 인간은 가능한 한 합리적인 의사결정을 추구하지만 실제로는 정보수집 능력이나 정보처리 능력, 인지, 심리적 제약 등으로 인해 한계가 있을 수밖에 없다고 했다. 이에 따라 완벽한 합리적 의사결정은 근본적으로 불가능하며 일정한 만족을 얻을 수 있도록 의사결정을 한다고 하면서, 이를 제한된 합리성(bounded rationality)이라 불렀다. 모든 의사결정은 타협의 산물이며 주어진 상황을 전제로 한 최적의 안이지 최선의 대안은 아니라는 것이다.

그러나 이러한 주장이 합리적이고자 하는 의도를 포기하라는 것은 아니다. 우리의 의사결정이 합리적이라는 환상에서 벗어나, 객관적 합리성에 어느 정도 근접할 수 있는 방법을 모색해야 한다는 것이다. 예컨대, 다음과 같은 방법들은 그러한 시도로 볼 수 있는 것들이다.

- 의사결정과정의 세분화 및 체계화 : '문제의 정의-대안의 발견-대안의 선택' 식의 반복적이고도 유연하고 세분화된 과정은 개인의 합리성의 제약을 절차를 통해 극복하려는 체계화된 시도로 볼 수 있다.

- 의사결정을 조직목적(또는 핵심가치)에 부합하도록 조정 : 조직목적이나 핵심가치는 의사결정이 이해관계에 의한 타협이나 심리적 편향이 아닌 합리적인 방향으로 이루어질 수 있도록 할 것이다.

- 구조화의 정도를 높임 : 표준화된 절차나 계획이 가능한 상황에서는 정형화된 구조화를 통해 주관적 판단의 개입을 최소화하고 합리성을 달성할 수 있다.

- **올바른 의사결정에 요구되는 정보를 제공할 수 있는 심리적 환경 마련** : 누구든지 유용한 정보나 아이디어를 제시할 수 있는 조직 분위기를 조성하여 일부 구성원의 일방적인 판단으로 결정이 이루어는 일이 없도록 한다.

- **DB에 저장 후 의사결정 시 참고** : 과거의 문제와 동일 혹은 유사한 문제에 대한 대응 사례, 지식을 DB에 저장 및 적용한다. 이는 의사결정의 효율성을 높일 수 있고 올바른 방향을 안내해줄 수 있다.

이처럼 의사결정에서의 합리성을 저해하는 제약조건들을 최소화하면서 의사결정이 객관적이고 합리적으로 이루어질 수 있도록 하는 것이 우리가 할 수 있는 최선의 의사결정이라고 할 수 있다.

내가 속한 대학에서 몇 년 전 '모범생이 아닌 모험생을 키우는 대학'이라는 슬로건을 내세웠다. 일종의 교육 컨셉 내지는 핵심가치인 셈이다. 이러한 슬로건 아래 각 단과대학에 토의수업이 가능한 스마트 강의실이 하나씩 만들어졌다. 난 이 강의실을 매번 신청했지만 사용한 적이 없다. 연배가 높은 교수가 우선권을 가지는 관행 때문이었다. 대학본부에 이 강의실이 누구를 위한 것인지, 어떤 수업을 할 교수가 우선권을 가져야 하는지 물었더니 딱히 기준이 없으니 단과대에서 알아서 결정하라는 답변을 받았다. 이런 식으로 주관적인 결정을 한다면 그건 '매우 제한된' 합리성이다! 객관적 합리성에 근접할 수 있는 방법에 의하면 답은 간단하다. 바로 교육 컨셉에 맞는 방식으로 수업을 할 교수가 우선권을 가져야 하는 것이다.

05 의사결정 과정

앞에서 언급했듯이 제한된 합리성을 극복하기 위한 방법 가운데 하나는 체계적인 의사결정 절차이다. 가장 보편적으로 접근하는 의사결정단계를 크게 구분하면 '문제인식 및 명확화 → 정보수집 및 분석 → 해결안 도출'이다.

문제인식 및 명확화

문제란 현재의 상태와 원하는 상태가 차이가 있을 때 발생한다. 예컨대, 내일까지 과제를 제출해야 하는데 지금까지 해 놓은 게 없다면 문제가 발생하는 것이다. 이때, 과제를 제출해야 하는 게 문제가 아니고 과제를 완성하기에 시간이 부족하다는 것이 문제이다.

이 단계에서는 문제 및 과제를 정의하고 명확히 하는 것이 필요하다. 즉, 문제의 배경, 목표상태, 해결범위 및 기한 등을 분명하게 정의하는 것이다. 흔히 사람들은 이 과정을 등한시하는 경향이 있다. 사람들은 문제에 이름을 붙이는 것만으로 문제를 정의한다. 예컨대, 단지 막연히 무엇을 하고 싶다거나 무엇이 되고 싶다는 정도에서 그치는 것이다. 막상 그것이 왜 하고 싶은지, 왜 되고 싶은지에 대해서는 설명을 잘 못하는 경우가 많다. 어떤 상태가 원하는 상태인지도 구체적으로 생각해보지 않는다. 그러나 질문을 하면서 그 사람의 생각을 들어보면 실상 문제의 초점은 다른 곳에 있는 경우도 흔하다.

수업시간에 자신이 개발하고 싶은 역량을 정한 후 그 역량의 향상을 과제로 정했다. 한 학생이 '자기존중감 향상'이라는 목표를 세웠다. 그 학생에게 질문했다. "3개월 후 그 목표가 달성되었다는 것을 어떻게 알 수 있을까?" 이런 질문은 그 자체로 효과적인 개입이 될 수 있다. 사람들이 단순히 희망하거나 공상해보는 수준에 그치는 느슨한 가정을 깨뜨리고 분명한 태도를 취하도록 유도하기 때문이다. 그 학생은 고민 끝에 대답한다. "일주일에 최소 한 번 이상 수업시간에 자발적으로 손을 들어 질문을 할 수 있다면 자기존중감이 높아진 것이라고 할 수 있을 듯합니다." 문제의 목표상태가 명확해진 것이다.

어떤 사람의 목표가 아이들에게 더 관대해지는 것이라면 이것이 달성되었을 때 실제로 무엇이 달라질까를 정하는 것이 중요하다. 목표가 달성되었음을 어떻게 알 수 있는가를 묻는 것은 우리가 문제를 다른 방식으로, 다른 각도에서 생각하게 한다.

어떤 문제의 목표상태를 어떻게 정하느냐에 따라 그다음에 무엇을 해야 하는지가 달라진다. 예컨대, '창의적인 조직문화 만들기'라는 과제의 이름만으로는 무엇을 해야 하는지 알 수 없다. 그 목표상태가 어떻게 정해지느냐에 따라 과제는 전혀 다른 과제가 될 수 있으며 무엇을 해야 하는지가 다를 것이다.

때론 목표가 비현실적이거나 너무 높을 수도 있다. 이 경우에는 목표달성 가능성을 먼저 살펴볼 필요가 있다. 그리고 행동으로 이끌지 못하게 하는 것은 무엇인지, 우리가 할 수 있는 수준은 무엇인지 등을 알아보고 문제의 범위를 정할 수 있다.

정보수집 및 분석

문제에 대한 인식과 명확화가 이루어지면 문제를 해결하는 데 필요한 아이디어 도출을 위해 주요 정보들을 수집하게 된다. 정보수집을 위한 주요 활동으로는 문제해결을 위해 필요한 자료 및 사례 수집, 현장방문, 인터뷰, 관찰, 의견수렴, 방법론 모색 등이 있다. 효과적인 조사를 위해서는 구성원들이 알고 있는 지식과 경험, 논리적인 사고를 바탕으로 무엇을 왜 조사할 것인지 계획을 세우는 것이 필요하다.

정보수집 과정에서 효과적인 질문은 사람들이 미처 생각해보지 못한 것들은 없는지 환기시키는 역할을 한다. "이 문제는 누가 가장 잘 알고 있을까?"와 같은 질문은 단순해 보이지만, 정보수집의 대상이 누가 중심이 되어야 하는지 초점을 바로잡을 때 유용하다. 정보를 수집할 경우, 전문가나 전문서적에만 의존할 수 있는데 어떤 경우에는 경험자들에게 그들의 경험을 직접 확인하는 것이 더 적절할 수 있다.

어떤 문제 상황을 개선하기 위한 정보를 수집할 때, 두 가지 접근방법이 있다. 하나는 문제점에 초점을 맞추는 것이다. 이는 문제 중심 접근방법으로서, 문제점과 그 원인을 분석해서 해결안을 도출해내는 방법이다. 예컨대, 우리 조직이 너무 보수적이어서 해결해야 할 문제가 '창의적인 조직문화 만들기'라면, 창의적인 조직문화를 방해하는 장애물이나 원인을 파헤쳐 현재의 조직문화 문제를 해결하기 위한 방안에 대해 생각한다. 이러한 접근 방식은 우리가 어떤 문제를 대할 때 매우 익숙한 방법이다.

두 번째 방법은 성공사례에 초점을 맞추는 것이다. 그 문제의 해결안을 도출해내는 데 도움이 되는 직접 또는 간접적인 성공경험에 대한 정보를 수집하는 것이다. 예컨대, 보수적인 조직문화로 인한 문제 및 그 원인에 초점을 맞추는 것이 아니고, 우리 조직의 구성원들이 창의성을 발휘하거나 창의적인 모습을 보여준 성공사례를 수집하는 데 초점을 맞추는 것이다.

어떤 접근방법이 더 좋다고 단정 짓기는 어렵다. 다만, 원인이 단순하지 않아 원인을 철저히 파헤쳐야 하는 경우에는 문제 중심 접근법이 적절하지만, 해결안에 도움을 줄 수 있는 성공사례들을 수집할 수 있는 경우라면 성공사례 중심 접근법도 적절할 것이다.

해결안 도출

　　정보가 수집되면, 이를 바탕으로 과제해결을 위한 다양한 아이디어를 도출하는 것이 필요하다. 사람이라면 누구나 생각을 하기에 아이디어 역시 누구나 만들어 낼 수 있다. 이때 몇 가지 기본적인 요령을 갖춘다면 보다 효과적으로 아이디어를 도출할 수 있을 것이다. 예를 들면, 모든 사람들이 아이디어를 제시하고, 아이디어의 질보다는 양을 늘리는 데 집중하고, 다양한 각도에서 생각할 수 있도록 상상력을 발휘하는 것이다.

　　아이디어 탐색단계에서 리더는 효과적인 질문을 통해 아이디어를 촉진할 수도 있고, 관점을 전환시킬 수도 있다. 예컨대, "그들이 진정 원하는 것은 무엇이라고 생각하나요?"와 같은 질문은 목표대상자들의 보다 근본적인 니즈를 생각하게 한다.

　　누구나 이미 해결의 경험을 가지고 있을 수 있다. 해결을 위한 아이디어를 탐색하는 과정에서 구성원들이 가지고 있는 과거경험은 훌륭한 자원이 된다. 그들의 기억 속에서 선행된 해결책에 대한 사례를 많이 발견할수록 좋다. 선행사건에 대해 질문하는 것은 관심의 초점을 '결여된 것'으로부터 '이미 있는 것'으로 전환시키도록 초대하는 것이다.

　　"만약 당신이라면"이라는 질문도 효과적이다. 예전에 어떤 보험회사에서 다섯 명의 상무로 구성된 학습팀의 러닝코치를 맡은 적이 있다. 그들이 수행한 과제를 사장에게 보고하기 일주일 전, 이들은 수차례의 수정보완을 했다면서 최종 보고서를 내게 보여주었다. 난 발표를 맡은 사람에게 발표를 하도록 하고 나머지 네 명에게 자신이 사장이라면 발표 내용에 대해 어떤 의견을 던지겠는지 종이에 써보라고 했다. 그랬더니 이들은 보고서가 놓친 핵심 사안들을 날카롭게 지적하는 게 아닌가? 어찌된 일일까? 여러 번 수정과 보완을 했다고 했지만 그건 자신들의 관점에서 나온 보고서였다. "내가 사장이라면?" 하고 입장을 바꿔 생각해 보니까 사장의 관점에서 바라볼 수 있었던 것이다. 이처럼 적절한 질문은 자신의 관점에만 머무르지 않고 다른 관점으로 바라보도록 하는 데 매우 효과적이다.

해결안이 나오면 그 해결안에 대한 현실타당성을 검증하는 것이 좋다. 타당성을 검증하기 위한 가장 좋은 방법은 현장 적용이나 파일럿 테스트다. 그러나 그 방법들이 여건상 어려울 때, 가정을 통해서 검증을 시도할 수 있다. 해결안에는 '∼하면 ∼할 것이다'라는 어떤 가정이 있기 마련이다. 해결안이 설득력을 가지기 위해 이러한 가정에 대한 타당성을 따져보는 것이다. 예컨대, "그러한 결론이 기초로 하는 가정은 무엇인가?", "그 가정이 옳다는 것을 어떻게 알 수 있나?" 등의 질문은 해결안이 현실 타당성을 가지도록 검증하는 효과가 있다.

06 브레인스토밍

여러 사람들과 함께 아이디어를 구상할 때는 브레인스토밍(brainstorming)을 할 수 있다. 브레인스토밍은 어떤 문제의 해결책을 찾기 위해 아이디어 발상 과정에서 '좋다' '나쁘다' 같은 아이디어의 수준을 판단하지 않고 여러 사람이 생각나는 대로 마구 아이디어를 쏟아내는 방법이다. 이는 풍부한 아이디어 리스트를 얻을 수 있기 때문에 아이디어 생성을 위해 등장한 다른 도구들에 비해 자주 그리고 쉽게 사용된다.

형식에 구애받지 않는 브레인스토밍은 두 가지 심리적 전제를 기반으로 성립된다. 첫째는 다른 사람과 모인다는 것 자체가 동기부여가 된다는 것이고, 둘째는 양이 (결국에는) 질로 이어진다는 것이다. 그런데 이러한 전제가 작동하려면 아이디어를 도출할 때 자유롭고 허용된 분위기의 조성이 중요하다. 리더가 자신의 주장을 앞장서 내세우거나 가치 판단을 하면 구성원들의 참여적 분위기 조성과 창의적인 발상을 기대하기 어렵다. 리더로서 해야 할 일은 아이디어 도출기법이 아니라 분위기 조성이다. 대안이 나오지 않으면 협력하는 차원에서 자신의 아이디어를 제공할 수 있다. 그러나 그것은 명령이나 지시가 아니고 다른 선택사항 내지는 제안이라는 것을 명심해야 한다. 선택사항과 대안들, 다양한 가능성에 대해 많은 생각들을 자유롭게 제시할 수 있도록 하는 것이 브레인스토밍의 핵심이다.

켈리와 리트맨(T. Kelly & J. Littman)[77]은 좋은 브레인스토밍을 위한 일곱 가지 전략과 브레인스토밍을 망치는 여섯 가지 방법을 제시하였다. <표 9-1>에서 보여 주듯이, 팀원들이 브레인스토밍을 할 때는 무엇에 대한 것인지 주제와 목적을 명확히 하고, 토의를 이끄는 리더나 내용을 잘 아는 사람이 먼저 주도적으로 아이디어를 제시하는 것이 아니라 모든 사람이 자유롭

표 9-1 **브레인스토밍 성과에 영향을 주는 전략과 방법**

좋은 브레인스토밍을 위한 일곱 가지 전략	브레인스토밍을 망치는 여섯 가지 방법
① 초점을 명확히 한다.	① 리더가 가장 먼저 이야기한다.
② 아이디어 도출을 돕는 규칙을 만든다.	② 모든 사람이 돌아가면서 이야기한다.
③ 아이디어에 번호를 매긴다.	③ 전문가만 이야기한다.
④ 아이디어를 '구축하고' 때로는 '뛰어넘는다'.	④ 특별한 장소에서 이야기한다. (브레인스토밍을 위해 워크숍 가기 등)
⑤ 공간기억력이 발휘되도록 아이디어를 사방에 기록한다.	⑤ 엉뚱한 이야기는 하지 않는다. (진지한 내용만 이야기하기)
⑥ 필요한 경우 두뇌 활동을 위한 워밍업 시간을 갖는다.	⑥ 모든 내용을 다 기록한다.
⑦ 아이디어를 시각화한다.	

게 이야기하고, 제시된 아이디어를 모두가 볼 수 있도록 시각화하는 것이
바람직하다.

1950년대 브레인스토밍을 최초로 제안한 오스본은 브레인스토밍을 통
한 창의성의 성과가 개인의 성과보다 50%는 높을 것이라고 주장했다. 하지
만 60년이 흐른 지금까지, 이 주장에 대한 많은 연구가 있었지만 아이디어
개발에서 집단의 능력이 개인의 합을 넘어선다는 과학적 근거는 나오지 않
았다. 오히려 브레인스토밍이 창의성에 방해가 된다는 증거도 있다. 시너지
와 정반대되는 총체적 불이익을 낳는다는 것이다. 800개 조사결과를 분석
한 연구[78]에 따르면 사람은 다른 사람과 떨어져 홀로 있을 때 더 독창적인
아이디어를 떠올릴 가능성이 높다고 한다. 특히 브레인스토밍은 구성원의
수가 많거나, 상사의 관리가 심하거나, 성과를 명시적으로 기록하지 않을
경우 효율성이 떨어지는 것으로 나타났다.

브레인스토밍이 통하지 않는 이유는 몇 가지로 볼 수 있다.[79]

사회적 나태

간단히 말해서 "다른 사람이 열심히 하겠지"라고 생각하고 자기는 노
는 것이다. 특히, 집단 안에 목소리 큰 사람이 있으면 내 의견을 말하기 어
렵게 되어 동기가 떨어지고 방관자가 되기 쉽다.

사회적 불안

다른 팀원들이 자기를 어떻게 생각할지를 걱정한다. '평가 불안'이라고
도 불리는데, 다른 구성원의 능력이 월등하다고 느끼면 능력이 저하되는 현
상이다. 내성적이거나 자신감이 부족할 경우 이런 현상이 두드러진다.

평균으로의 후퇴

가장 우수한 구성원의 능력이 결국 가장 뒤떨어지는 구성원에 맞춰 저하되는 경향이다. 이런 현상은 특히 스포츠에서 나타나는데, 자기보다 실력이 뒤떨어지는 사람과 운동을 하다 보면 함께 실력이 저하되는 것이다.

생산성 한계

집단이 크건 작건, 의견을 교환하기 위해서는 한 번에 한 사람만 의견을 말할 수 있다. 지금까지 연구에 따르면 구성원 수가 6, 7명일 때 아이디어 제안이 가장 왕성하고 그 수가 넘어서면 떨어지는 것으로 나타났다.

이런 많은 문제에도 불구하고 브레인스토밍이 계속 이용되는 이유는 무엇일까? 두 가지 이유가 있다. 첫째, 각 분야의 전문성이 강화되면서 조직의 전문가들이 흩어져 있다는 믿음이 있다. 다양한 지식이 문제해결에 도움이 된다면, 각 분야의 전문가를 모아 놓는 게 더 좋은 결과를 낳을 것이라고 믿는 것이다. 하지만 현실은 그렇지 않다. 왜냐하면 이 방법이 효과를 보려면 구성원을 신중히 골라야 하고 또 조화를 이루려면 엄청난 노력이 필요하기 때문이다. 둘째, 더 좋은 아이디어를 만들어 내지는 못할지라도 브레인스토밍이 다른 방법보다 더 민주적이라는 믿음이 있다. 그래서 결정에 대한 협조가 높다는 것이다. 아이디어의 질에 상관없이 말이다.

결국 브레인스토밍이 계속 이용되는 가장 큰 이유는 그렇게 하는 것이 올바른 방법이라는 직관적 느낌 때문이다. 이런 느낌을 뒷받침할 근거는 전혀 없지만 오늘날까지 현장에서 마치 위약효과처럼 지속되고 있다.

07 명목집단법

브레인스토밍의 단점을 보완하기 위해 탄생한 것이 명목집단법(nominal group technique)이다. 명목집단법이란 집단에 속한 모든 구성원이 다른 구성원의 영향을 받지 않고 자신의 아이디어를 표현하게 하는 방법이다. 이 방법을 명목집단법이라 부르는 이유는 다른 사람과 이야기하지 않고 각자 작업하는 동안은, 명목상으로는 집단이지만 실제로는 개인적으로 각자 아이디어를 작성하기 때문이다.

명목집단법은 다음과 같이 세 단계로 진행된다.

① 모든 구성원들은 주어진 주제에 대해 각자 독자적으로 자신의 아이디어를 리스트로 작성한다.
② 구성원들은 자신이 작성한 아이디어를 발표하고 난 후, 진행자는 이 아이디어를 취합한다. 이 단계에서 각 아이디어에 대한 보완이나 부수적인 설명은 허용된다.
③ 수집된 아이디어를 대상으로 무기명 투표를 진행하여 최종안을 결정한다.

일반적인 토의나 회의에서는 일부 몇 명의 구성원들이 토의를 주도하고 대부분의 참가자들은 침묵을 지키는 상황이 종종 발생한다. 명목집단법을 실시할 경우 구성원 모두가 아무런 압력 없이 자신의 생각을 정리하면서 아이디어를 제시할 수 있으며, 이들이 제시한 아이디어를 쉽게 정리할 수 있는 장점이 있다.

08 집단사고

1961년 2월, 미국 케네디(John F. Kennedy) 대통령은 한 기밀계획을 보고받았다. 미국에 거주하는 쿠바 망명자 1,300명에게 군사훈련을 시켜 쿠바의 피그만(Bay of Pigs)으로 침투시킨다는 것이었다. 이들이 쿠바인들의 봉기를 유도해 공산주의 정권을 몰아내고 자본주의 국가를 수립하는 것이 최종 목표였다. 케네디 대통령은 CIA를 비롯한 합참의장과 백악관 각료, 외교 전문가들을 동원해 이 작전을 검토했고, 만장일치로 이 작전을 실행하기로 결정했다. 작전을 실행에 옮기기까지 준비기간도 2개월밖에 되지 않았다. 모든 것이 이상하리만치 빠르게 진행되었다. 그렇게 1961년 4월 17일에 작전이 감행되었다. 피그만으로 침투하는 데 성공한 1,300명은 쿠바 민중들을 설득했고, 공산주의를 무너뜨릴 수 있는 절호의 기회라고 역설했다. 하지만 쿠바인들은 카스트로 정권에 호의적이었고, 봉기는 일어나지 않았다. 게다가 미국의 예상과 달리 쿠바 군대는 신속하게 대응했다. 쿠바 군대는 4일 만에 100명을 사살했으며 1,200여 명을 생포했다. 결국 미국은 5천만 달러 상당의 식품과 의약품을 주는 대가로 포로들을 구할 수 있었다. 쿠바의 공산주의 정권을 무너뜨리기는커녕 오히려 더 도와준 꼴이 되고 말았다.

미국 예일대학의 심리학자 제니스(Irving Janis)[80]는 최고의 전문가 집단이라고 할 수 있는 백악관 참모진들이 어떻게 이런 엉터리 같은 의사결정을 하게 되었는지 알아내고자 백악관의 의사결정 과정을 심리학적으로 분석했다. 그 결과 응집력이 높은 집단에서 만장일치가 요구될 때 그 집단은 종종 엉터리 같은 결정을 내린다고 결론 지었으며 이를 집단사고(groupthink)라고 불렀다.

제니스는 집단 안에서 이뤄지는 집단사고에는 다음 여덟 가지의 현상이 발생한다고 보았다.

과오불가의 환상(illusion of invulnerability)

우리 집단의 지도자와 구성원들이 좋다고 결정하였다면 그것은 성공하게 되어 있으며, 행운은 우리들의 편을 들어줄 것이라고 낙관적으로 자신한다.

집단의 도덕성에 대한 과신(belief in inherent morality of the group)

자신이 속한 집단의 결정이나 행동에는 무조건적으로 도덕성이 있다는 신념을 갖고, 집단의 행위나 결정이 가져올 해로운 결과를 무시하고, 그것들이 당연히 정의롭고 도덕적이며 옳은 것이라고 간주한다.

집단의 합리화(collective rationalizations)

집단 구성원들이 선택한 결정안을 재고하도록 하는 경고나 정보를 무시하기 위해 집단의 결정에 유리한 근거나 가정만을 강조하거나 그 결정이 가져올 결과의 긍정적 측면만 과대평가하고 부정적 측면을 과소평가한다.

외부집단에 대한 고정관념(stereotypes of out-group)

우리 집단의 목표와 견해와 행동은 항상 좋고 인간적이며 바람직하다고 생각하는 반면, 외부집단, 특히 반대집단이나 적대집단은 본질적으로 악하고 비인간적이며 나쁘고 합리적이지 못하고 어리석으며 능력이 없다고 본다.

자아검열(self-censorship)

집단의 일치된 의견으로부터의 일탈을 방지하기 위해 지도자의 견해나 신념 또는 집단의 지배적인 신념이나 견해에 대해 자기가 갖고 있는 의심이나 자신이 하고 싶은 반대 주장의 중요성을 스스로 최소화시킨다.

만장일치의 착각(illusion of unanimity)

집단 구성원들이 모두 결정에 동의하였다고 착각한다.

이견자에 대한 압력(direct pressure on dissenters)

집단결정에 강한 이견을 주장을 하는 구성원에게는 누구나 할 것 없이 그들의 견해를 바꾸도록 직접적으로 촉구하거나 압력을 가한다.

반대정보의 차단(group mind guards)

집단결정에 대한 도덕성과 효과성에 대해 구성원들이 공유하고 있는 만족감을 훼손시킬 반대정보를 차단시켜 집단을 보호한다.

제니스가 집단사고의 현상으로 지적한 것들을 살펴보면, 대안들을 충분히 고려하지 않고, 도출된 해결책을 충분히 검토하지 않으며, 정보를 공정하게 평가하려는 의지가 부족하고, 예측 가능한 실패를 거의 고려하지 않은 것들이 꼽힌다.

집단사고는 다수로 이루어진 집단이 언제나 개인보다 합리적이고 올바른 결정을 내리는 것은 아니라는 사실을 보여준다. 오히려 개인이 혼자 내리는 의사결정보다 오류가 더 심한 경우도 많다. 그렇다면 집단의사결정에서 집단사고가 일어나지 않도록 하려면 어떻게 해야 할까?

제니스는 집단사고를 예방할 수 있는 몇 가지 방법을 제시하였다.

첫째, 리더는 집단의 구성원들에 대해 이견과 비판을 장려해서 구성원들이 편하게 반대와 의심을 할 수 있도록 해야 한다. 개방적인 분위기의 지도자가 되어야 한다는 것이다.

둘째, 리더는 공개적으로 자신의 선호를 언급하지 않아야 한다. 지위가 낮은 사람부터 먼저 발언권을 주고 그다음 지위 순으로 발언권을 주는 것이 한 가지 방법이다. 리더가 처음부터 의견을 말하면 구성원들은 말을 삼가고 반론을 제기하지 못한다. 반면 리더나 고위급 인물이 소수가 가진 정보를 들을 의사가 있음을 밝히고 이런 발언을 장려하면 토론에 큰 도움이 된다. 또 처음부터 확고한 태도를 보이지 말고 구성원으로부터 다양한 정보가 나올 수 있도록 여지를 두는 편이 좋다.

셋째, 집단을 여러 개의 하위 집단으로 나누어 독립적으로 토의한 뒤 함께 모여 차이를 조정한다.

넷째, 외부 전문가를 초빙해 집단 토의에 참여하도록 하고 그들이 집단의 의견과 다른 의견을 제시하도록 한다.

다섯째, 대안을 평가하는 모임에서 무조건 반대자의 역할을 담당하는 "악마의 대변인(Devil's advocate)"을 상시 지명한다.

집단사고에 관한 한 가지 사실은 집단이 집단사고가 일어날 그 시점뿐만 아니라 한참 지난 후에도 그것을 자각하지 못한다는 점이다. 그나마 구성원들이 결정을 내린 후 뒤돌아볼 때 그것이 집단사고였다는 것을 깨닫게 된다면, 향후 집단사고의 오류를 최소화하게 될 좋은 경험이 될 것이다.

* * *

우리는 의사결정을 위해 다양한 정보를 보고 해석한다. 이 과정에서 객관적인 실체나 현실보다는 그것에 대한 우리의 지각이 중요한 변수로 작용하기도 한다. 앞에서 살펴보았듯이 정보를 받아들이는 사람의 심리적 편향이나 상황적 특성에 따라 정보에 대한 해석은 전혀 다르다.

조직이 직면하는 문제들은 대부분 모호하고 복잡하다. 옳은 판단과 선택을 한다는 것은 매우 어려운 일이라서 똑똑한 리더들도 종종 어리석은 의사결정을 한다. 따라서 상황이나 문제들을 올바르게 해석하고 최적의 대안들을 떠올리기 위해서는 다양한 관점에서 문제에 접근하며 해결안을 모색하려는 태도가 필요할 것이다. 세상이 온통 파랗게만 보이는 것은 자신이 걸치고 있는 파란색 선글라스 때문일 수도 있다.

토의합시다

• 1단계 : 팀별로 해결해야 할 이슈나 문제를 하나 정한다.

• 2단계 : 토의 절차나 프로세스를 설계하고 이 절차에 따라 토의를 한다.

• 3단계 : 어떤 방식으로 토의를 했는지 팀별로 발표하며 다른 팀들과 비교해 본다.

커뮤니케이션

오늘날 인류는 기계에 더 익숙하고 사람들이 덜 익숙한 세상에서 살고 있다. 사람들과 대화하는 시간은 줄어들고 디지털 기기를 들여다보는 시간은 점차 증가한다. 디지털 세상의 신세대들은 키보드를 두드리는 일에는 대단히 익숙할지 몰라도 현실 속의 사람들과 얼굴을 마주하면서 대화를 이끌어나가는 데에는 서툴다. 이러다가 친구들과 이야기를 나누는 능력마저 잃어가는 것은 아닌가 걱정된다. 혼자 동굴 속에서 평생 있을 생각이 아니라면, 사람들과 함께 지내고 일하기 위해서 가장 기본적인 소통능력을 길러야 하지 않을까?

먼저
토의합시다

친구들 사이에서, 학생과 교수 사이에서, 또는 자녀와 부모 사이에서 커뮤니케이션을 방해하는 요인들은 무엇이며, 이를 극복하기 위한 효과적인 방법들에 대해 이야기해보자.

01 의사소통의 중요성

조직에 대해 최초로 현대적 의미의 정의를 내린 체스터 바나드(Chester Barnard)[81]는 관리자의 기능 가운데 가장 중요한 것이 의사소통이라고 주장하였다. 개인의 활동과 전체 조직의 활동, 단위조직의 세부목표와 전체 조직의 목표를 연계시키기 위한 조정이 이루어지려면 의사소통이 전제되어야 한다. 의사소통이 없으면 계획도 조정도 통제도 안 될 것이다.

회사의 경영자는 업무시간의 80% 이상을 의사소통에 소비한다고 한다. 업무목표와 관련된 지시, 정보교류, 구성원들과의 상호작용, 동기부여 등의 주요 역할들은 모두 의사소통에 의해 이루어진다. 조직에서 리더십이 얼마나 효과적으로 발휘되느냐는 리더의 의사소통 역량에 달려있다고 해도 과언이 아니다.

인간관계는 상호 의사소통에 의해 형성되고 발전된다는 점에서 의사소통은 대인관계의 기초인 동시에 상호이해를 촉진하기 위한 가장 기본적인 수단이다. 대인관계가 원만하다는 것은 의사소통 역량이 뛰어나다는 말과 같다. 인간관계에서 발생하는 대부분의 문제는 의사소통이 제대로 이루어지지 못해서 발생한다.

의사소통의 기능

의사소통은 사실전달, 의미전달, 감정전달의 세 가지 기능을 가진다. 오늘날 사실전달을 위한 의사소통 수단은 상당히 많아졌다. 사람들이 늘 들고 다니는 휴대전화로 언제든 타인과 통화가 가능할 뿐 아니라, 이메일, 문자, SNS 등 정보통신을 이용하여 신속히 사실을 주고받을 수 있다.

그러나 의사소통 수단이 많아졌다고 의사소통이 예전보다 효과적이거나 정확히 이루어졌다고는 볼 수 없을 것이다. 사실을 전달하는 데 성공했다고 해도 그 의미와 감정은 정확히 전달되지 않을 수 있다. 같은 사실이라도 의미나 감정이 전혀 다르게 전달될 수 있다. 똑같은 말을 해도 어떤 맥락에서 했느냐에 따라 전혀 다른 의미를 가진다. 기분이 안 좋을 때는 별거 아닌 말에도 민감하게 반응할 수 있지만 기분이 좋을 때는 문제 되지 않는다.

한 사람만 건너도 내 말이 전혀 다르게 왜곡되어 제3자에게 전달되기도 한다. 말이 전달되는 상황이나 문화적 가치관 등의 차이로 인해 본래의 의도와는 다르게 해석될 수도 있다. 직접 대면을 하지 않아도 의사소통이 가능하기 때문에 오늘날의 다양한 의사소통 수단이 오히려 의사소통의 충실한 기능을 방해하고 있는지도 모른다.

의사소통을 잘한다는 것은 상당히 어려운 일이다. 단지 말을 잘한다는 것이 아니다. 사실 전달 과정에서도 여러 가지 장애물들이 훼방을 놓는다. 경청하고 싶지 않은 심리적 저항, 자신의 성향에 맞는 얘기만 들리는 자기중심적 사고, 상대방에 대한 편견으로 인한 왜곡된 해석 등 감정은 물론 객관적인 사실도 정확하게 상대방에게 전달하기 쉽지 않다.

우리는 다른 사람이 한 말에 상처를 받는 경우가 있다. 그럴 때 우리는 이렇게 생각한다. "사람이 참 말을 싹수없이 하는군." 그런데 우리가 알아야 할 사실은, 대부분의 사람은 표현능력이 부족하다는 것이다. 상대방이 정말 싹수가 없어서 그런 말을 한 것이 아니라 의미전달을 정확하게 할 표현능력이 부족하기 때문인 것이다. 그러니 이런 경우에는 그 말을 그 사람의 나쁜 의도로 생각하기보다 표현능력이 부족한 탓으로 돌리는 편이 나을 것이다. 사실 우리 자신도 우리의 미숙한 표현능력으로 다른 사람에게 상처를 준 적이 적지 않았음을 기억할 필요가 있다.

02 언어적 의사소통과 비언어적 의사소통

2011년 1월 미국 애리조나에서 총기난사 사건이 벌어져 6명이 숨지고 14명이 부상했다. 미국 오바마 대통령이 곧바로 비행기를 타고 날아가 추모 연설을 한다. 오바마 대통령은 대표적인 달변가가 아닌가. 그런데 연설 도중 아홉 살 희생자 소녀를 언급하다 복받치는 슬픔을 가까스로 억누르며 차마 말을 잇지 못하고 51초간 침묵했다. 그런데 이 '51초의 침묵'은 "취임 이후 최고 연설이었다"는 미국 언론이 내린 평가와 함께 국민들에게 큰 공감대와 지지를 이끌어냈다. 비언어적 의사소통이 언어보다 더 강력한 메시지를 전달할 수 있다는 것을 잘 보여준 사례였다.

의사소통은 언어적 의사소통과 비언어적 의사소통으로 구분된다. 언어적 의사소통은 말이나 문서 등 언어를 이용한 의사소통이다. 말은 자신의 생각을 전달하고 상대방의 피드백과 반응을 얻어 내는 과정이 즉각적으로 이루어지는 장점이 있다. 단, 한번 발설한 말은 도로 주워 담을 수 없기 때문에 보다 신중하게 잘 전달하는 것이 필요하다.

편지나 이메일, 보고서, 공문서 등 문서를 통한 의사소통은 말에 비해 보다 정제된 상태로 전달되므로 비교적 정확한 표현이 가능하다. 그러나 기록으로 남는다는 점에서 더욱 주의가 필요하다. 특히 직장에서 문서나 이메일을 작성할 때는 의도한 바와 다르게 해석될 수 있거나 명확하지 않은 경우 책임의 문제가 발생할 수도 있다. 또한 대인관계에서의 글에 의한 의사소통은 상대방의 표정을 볼 수 없기 때문에 맥락 없이 해석하는 과정에서 오해가 발생할 수도 있다.

이처럼 다양한 의사소통 방법들은 각기 장단점이 있으니 상황에 맞게 선택해야 할 것이다. 예컨대, 말주변이 없고 감정 관리를 잘할 자신이 없는

데 중요한 사안에 대해 상대방에게 문제점을 항의할 경우에는 이메일과 같은 문서를 이용하는 편이 좋을 것이다.

　비언어적 의사소통이란 언어를 이용하지 않고 메시지를 전달하는 의사소통이다. 교통신호, 사이렌, 좌석의 배치 등은 물리적·상징적 의미를 가진다. 예컨대, 회의실에 들어갔을 때 앉은 위치만 봐도 그 사람의 지위를 가늠할 수 있다. 음식점에서도 상석을 두고 서로 양보하는 광경을 흔히 볼 수 있으며, 강의실에 들어가면 학생들이 앉아 있는 위치는 바로 그 학생의 수업에 대한 심리적 태도와 동기를 잘 보여준다.

　대인관계에서는 안색, 자세, 눈의 움직임과 같은 신체적 언어가 매우 큰 영향을 미친다. 다른 사람에게 한마디의 말도 하지 않고도 자신의 감정과 태도를 나타낼 수 있으며 언어적 메시지보다 더 믿을만한 경우도 있다.

언어적 의사소통 : 언어를 이용한 의사소통

• 구두 의사소통 : 직접적인 말을 통한 정보의 교환이나 메시지의 전달, 효율성, 즉각성
• 문서 의사소통 : 문서를 통한 의사소통(편지, 보고서, 사보, 매뉴얼 등), 언어표현의 정확성, 메시지 내용의 기록

비언어적 의사소통 : 구두 혹은 문서화된 언어를 이용하지 않고 메시지를 전달하는 의사소통

• 물리적·상징적 언어 : 교통신호, 사이렌, 지위상징, 사무실의 크기, 좌석의 배치
• 신체적 언어 : 안색, 자세, 눈의 움직임

비언어적 메시지의 영향력 크기

각 메시지 수단별 메시지의 영향력을 살펴보자. <그림 10-1>을 보면, 언어에 의한 메시지보다 비언어적 메시지의 영향이 크다는 것을 알 수 있다. 의사소통에 있어서 메시지 전달의 효과를 보면 태도가 55%, 전달 방법(목소리 톤, 말투)이 38%, 내용은 7%에 불과할 정도로 태도 및 전달 방법이 중요하다. 우리가 상대방의 말이 진심인지 아닌지를 판단할 때 그 사람의 눈빛에 주목하는 이유도 눈빛이 메시지를 올바로 해석하는 데 상당한 영향을 미치기 때문이다.

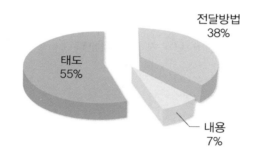

그림 10-1 **메시지 수단별 영향력**

[출처] Stephen R. Covey 저, 김경섭 옮김, 김영출판사, 2003, p.122

학생 시절 어느 교수님께서는 나를 맞이하며 악수를 할 때 동시에 왼손으로는 내 팔을 잡으면서 악수를 하셨다. 간단한 차이였지만, 느낌은 큰 차이였다. 이 교수님께서 나를 진심으로 맞이하고 계시다는 메시지처럼 느껴졌다. 이처럼 비언어적 메시지는 언어와 달리 명확하지는 않지만 메시지의 영향력은 종종 크게 작용한다.

그런데 비언어적 의사소통은 문화적 맥락에 따라 전혀 다른 의미를 갖기도 한다. 예컨대, 우리나라에서는 어른이 야단칠 때 아이는 반성의 의미로 고개를 숙이고 있어야 하지만 서양에서는 정반대다. 내가 미국에 있을 때 어느 아이가 부모로부터 야단을 맞는 동안 눈을 쳐다보지 않았다고 지적을 받는 것을 보았다. 눈을 바라보는 태도에 대한 해석이 우리와 다른 것이다. 동양과 달리 서양에서는 대화를 할 때 몸짓과 같이 비언어적 메시지를 활용하는 데 적극적이다. 언어와 함께 비언어적 수단을 이용해 자신의 생각을 명확하고 적극적으로 표현하려는 것이다.

대화할 때 우리는 상대방의 몸짓, 손짓, 표정, 시선, 자세 등을 보고 상대방의 감정을 파악한다. 따라서 의사소통을 효과적으로 하기 위해서는 비언어적 전달 측면에 대해 보다 주의를 기울일 필요가 있다. 또한, 대화를 통해 상대방과 상호작용을 할 때는 듣는 자세도 매우 중요하다. 자신의 메시지가 더욱 설득력을 가질 수도 있고 진정성이 보일 수도 있다. 반대로 무심코 보인 태도로 인해 상대방이 오해를 할 수도 있을 것이다.

신체언어의 매칭

심리학에 의하면, 상대방과의 래포(친밀하고 조화로운 관계)를 형성하기 위해 대화할 때 상대방의 신체언어를 자연스럽게 맞추어나가는 것(matching)이 중요하다고 한다. 우리가 친한 사람과 대화를 하다 보면 시간이 흐름에 따라 두 사람의 대화 행동이 비슷해지는 경우가 있다. 한 명이 테이블 위에 팔을 올리면 다른 사람도 팔을 올린 채 이야기하는 식이다. 어느 연구에서 참가자들을 두 그룹으로 나눴다.[82]

첫 번째 그룹에서는 공모자가 실험 참가자들의 동작을 따라 했다.

두 번째 그룹에서는 공모자가 참가자의 행동을 흉내 내지 않았다.

대화가 끝난 뒤 실험 참가자들에게 함께 얘기한 공모자가 마음에 들었는지, 그리고 두 사람의 대화가 어느 정도로 원활하게 진행되었다고 생각하는지 물었다. 공모자가 참가자의 행동을 따라 한 그룹의 경우 그렇지 않은 그룹에 비해 공모자와 그들이 나눈 대화에 더 높은 점수를 줬다. 이 실험 결과에 의하면 상대방과 대화를 할 때 상대방의 자세나 얼굴 표정과 어느 정도 비슷한 모습을 보이는 게 좋다는 것을 알 수 있다. 신체언어가 비슷해야 상대방이 나와 비슷한 부류의 사람이라고 생각하여 호감을 가지게 되어 친밀감을 형성하는 데 도움이 될 것이다. 나는 몸을 숙이고 이야기하는데 상대방이 팔짱을 끼면서 고개를 꼿꼿이 쳐들고 이야기를 들으면 그가 내 이야기에 공감을 하고 있다고 생각하기 어려울 것이다.

03 경청

의사소통을 위한 가장 기본적이면서도 강력한 수단은 경청이다. 이걸 인정하지 않을 사람은 아무도 없겠지만 가장 실천하기 어려운 것도 사실이다. 경청은 단지 상대방의 말을 듣기만 하는 소극적이고 수동적인 행위가 아니다. 우리 자신의 관심과 욕구와 편견을 한쪽으로 밀어놓고 상대방을 진정으로 이해하고 공감하겠다는 의지의 표현이며, 상대방이 말하고자 하는 모든 메시지에 반응하는 매우 적극적인 과정이다. 따라서 경청은 상대방과의 원활한 의사소통을 위한 중요한 자세이며 기술이다.

다른 사람의 말을 주의 깊게 듣는 경청 자세는 참으로 중요하다. 우선 스스로 많은 것을 배울 수 있고 자신이 독단에 빠지지 않도록 경계해주는 계기가 될 수 있다. 여기에 더해 상대방을 '존중'하고 있다는 모습을 보여줌으로써 신뢰를 얻을 수도 있다.

그러나 경청은 쉽지 않다. 때로는 듣고 싶지 않거나 인정하기 싫은 말을 상대방이 하기도 하고, 때로는 끝까지 듣기 지루하기도 하다. 인간은 주어진 정보 중 자신의 성향에 맞는 67%의 정보만을 받아들인다고 한다. 자신이 듣고 싶지 않은 말은 걸러내는 것이다. 또는 자신의 성향에 맞게 상대방의 말의 의미를 왜곡시켜 해석하기도 한다. 경청이란 것은 이러한 심리적 장애물을 넘어서야 하는 만큼 단순한 태도의 문제가 아닌 개인 역량의 문제라고 할 수 있다.

경청을 위해서는 다음과 같은 네 가지 기술이 필요하다.

바꾸어 말하기

바꾸어 말하기란 상대방이 방금 이야기했다고 생각하는 것을 자신의 단어로 진술하는 것을 의미한다. 바꾸어 말하기를 할 때 우리는 다른 사람의 말의 의미를 이해하려고 노력하게 되며, 듣는 사람이 상대방의 말을 확실히 이해하려고 노력하고 있다는 것을 전달하게 한다.

> 예 : "그러니까 네 생각으로는…"
> "바꿔 말한다면…"
> "그러니까 문제는 …이군요."

명료화하기

명료화는 바꾸어 말하기와 동시에 이루어질 수 있다. 명료화는 모호한 내용을 질문을 통해 분명하게 함으로써 상대방이 말한 의미를 분명하게 확인하고자 하는 것이다. 우리가 자주 사용하는 말이라도 상황에 따라 다른 의미를 가지는 경우가 있어 오해를 하는 경우가 있다. 이때 명료화는 대화의 내용과 초점을 뚜렷하게 해주고, 상대방에게 자신이 흥미를 가지고 있음을 알려준다.

다만 주의할 점은, 명료화를 요청하는 말은 상대방이 기분 상하지 않게 부드러워야 한다는 것이다. 잘못 알아들은 것은 상대방이 말을 제대로 못했다기보다는 듣는 사람의 부주의에서 오는 경우가 많다.

> 예 : "어떤 점이 좋은데?"
> "그런데 넌 어떻게 했는데?"
> "그게 무슨 뜻이지?"

피드백

바꾸어 말하기와 명료화를 통해 상대방의 말을 이해했다면 이제는 자신의 반응을 보일 차례이다. 비판이나 판단을 내리지 않으면서도 자신의 생각이나 느낌, 감각을 공유해야 한다.

그래서 피드백은 공격적이어선 안 되고 지지적이어야 한다. 예컨대, "내 생각에는 그 사람에게만 잘못이 있는 것 같지 않아"라는 말이 "너도 잘못한 것이 많아"라는 것보다 더 지지적이다. 가수가 되겠다는 친구에게 "정신 차려라. 그게 아무나 되는 일이냐?"라고 하기보다는 "현실적으로 극복해야 할 장애가 너무 많을 것 같아. 난 네가 힘든 시간만 보내다가 아까운 세월을 놓치게 될까 걱정이야"라고 말하는 것이 바람직하다.

공감하기

대화를 부드럽게 이끌기 위해서는 상대방의 입장에 서서 생각하는 것이 필요하다. 나의 입장에서 벗어나 그 사람의 입장에서 보면 왜 상대방이 그런 말과 행동을 했는지 이해할 수 있다. '공감하기'는 상대방의 말을 들으면서 말 속에 담겨있는 기분이나 감정을 그의 입장에서 이해하고 받아들이는 것이다.

상대방의 감정을 이해하기 위해서는 무엇보다도 상대방이 당면하고 있는 문제에 대해 스스로 어떻게 생각하는지에 대해서 주의 깊게 들어주어야 한다. 그다음, 그의 감정과 상황을 잘 이해하고 있다는 점을 적절한 말로 그에게 전달해주어야 한다.

> 예 : "~하다니 어려움이 많으셨겠군요."
> "걱정이 많으시겠군요."
> "와, 재미있었겠다."

대부분의 사람들은 다른 사람의 의견에 귀를 잘 열지 않는다. 하지만 경청을 실천하는 대표적인 리더가 있다. 바로 빌 게이츠 회장이다. 그가 남의 얘기를 들을 때, 얘기하는 사람이 신나게끔 부추겨주는 트레이드마크 같은 말이 있다.

> "Really? Excellent! And then what happened?"
> (정말요? 훌륭하네요. 그래서 어떻게 되었나요?)

많은 리더들이 보통 자기 말만 하고 남의 말은 잘 안 들으려고 하는데 빌 게이츠는 다르다. 그는 다른 사람의 말을 경청하면서 많은 것을 흡수하려고 노력한다.

경청 기술 진단

다음 행동들은 적극적 경청과 관련된 내용이다. 자신에게 해당되는 정도를 측정해보자.

전혀 안한다 = 1 거의 안한다 = 2 가끔 그렇다 = 3 대부분 그렇다 = 4
항상 그렇다 = 5

다른 사람과 대화를 할 때,

번호	내용
1	다른 사람의 견해를 이해하려고 한다.
2	자신의 생각을 일단 보류한다.
3	그 사람에게 주의를 집중한다.
4	대부분의 시간을 말하기보다는 듣는 데 보낸다.
5	정확히 이해했는지를 확인하기 위해 질문을 던지기도 한다.
6	이해받기 전에 이해하려고 노력한다.
7	주변에 잡념을 일으킬만한 것들(전화, 신문, 다른 사람들의 대화 등)은 무시한다.
8	이야기 도중에 시계를 보지 않는다.
9	적절한 보디랭귀지(웃음, 끄덕거림, 제스처 등)를 사용한다.
10	내가 제대로 이해했는지 확인하기 위해 알기 쉽게 말을 바꾸어 말해보기도 한다.
11	듣는 도중에는 어떻게 반응할 것인지에 대해 생각하지 않는다.
12	상대방의 말이 끝난 후에야 말한다.
13	대화 중에는 그 사람에 대해 판단하지 않는다.
14	말하려는 조바심이 없다.

점수 합산 후 다음과 같이 진단할 수 있다.
* 56점 이상 : 훌륭한 경청자
* 42~55점 : 좋은 경청자
* 41점 이하 : 말하기보다는 듣는 연습이 필요

04 지식의 저주

무엇인가를 아는 사람은 그것을 모르는 사람의 마음을 알까? 난 강의할 때 나름대로 쉽게 설명한다(고 생각한다). 예를 들어가며 모든 학생들이 확실하게 이해할 수 있도록 강의하는 것이다. 그런데 간혹 학생들이 나를 바라보는 표정이 이상하다. 고개를 갸우뚱거리는 학생이 있는가 하면 눈만 멀뚱멀뚱 뜨고 쳐다보는 모습이 이해하고 있다는 모습이 영 아니다. 아니 이렇게 쉽게 설명했는데도 이해하지 못하다니!

히스 형제(C. Heath & D. Heath, 2007)는 <스틱(Stick)>[83]이라는 책에서 지식의 저주라는 용어를 사용하여 이 현상을 설명하였다. 누군가 무엇을 잘 알게 되면 그것을 모르는 상태가 어떤 것인지 상상하기 어렵게 되는 '지식의 저주(curse of knowledge)'가 바로 그것이다.

1990년 심리학자 엘리자베스 뉴턴(Elizabeth Newton)은 스탠퍼드 대학에서 간단한 놀이에 관한 연구논문으로 심리학박사 학위를 땄다. 그녀가 연구한 놀이는 실로 단순했다. 실험에 참가한 한 집단은 노래의 리듬에 따라 탁자를 두드리게 하고 다른 한 집단은 그 리듬만 듣고 노래 제목을 맞히는 게임을 했다. 두드리는 사람은 생일 축하 노래나 미국국가와 같이 누구나 알고 있는 노래들이 적힌 목록을 받았는데, 그들의 임무는 목록에 적힌 노래

가운데 하나를 골라 노래의 리듬에 맞춰 테이블을 두드리는 것이었다. 듣는 사람은 그들이 두드리는 소리를 듣고 노래의 제목을 맞혀야 했다. 듣는 사람에게 맞히기는 어려웠다. 이 실험과정에서 들려진 노래는 모두 120곡이었는데 듣는 사람들은 겨우 2.5%, 즉 단 세 곡밖에 맞히지 못했다. 나도 수업시간에 이 실험을 해보곤 한다. 누구나 알고 있는 친근한 곡을 두드리지만 매년 결과는 비슷하다. 40명 정도의 학생 가운데 내가 두드리는 곡을 맞춘 학생은 한두 명 정도다. 그런데 이 실험결과가 심리학적으로 흥미로운 이유는 따로 있다. 듣는 사람이 노래의 제목을 예측하기 전에 두드리는 사람에게 상대방이 정답을 맞힐 확률을 짐작해보라고 했을 때 그들의 대답은 50%였다. 실제로 메시지를 제대로 전달할 확률은 마흔 번 가운데 한 번에 불과했지만 두드리는 사람들은 가능성을 반반으로 생각했다. 그 이유는 도대체 무엇일까?

두드리는 사람들은 테이블을 두드릴 때 머릿속에서 노랫소리를 듣는다. 하지만 듣는 사람에게는 그 음악이 들리지 않는다. 그들의 귀에 들리는 것은 아무런 의미도 없는 '딱딱' 소리뿐이다. 두드리는 사람은 듣는 사람이 멜로디를 알아맞히지 못하는 것을 보고 황당해한다. 어떻게 이걸 못 맞히지? 이렇게 쉬운 곡을?

일단 정보(노래의 제목)를 알게 되면 두드리는 사람은 더 이상 '알지 못하는' 것이 아니다. 그렇기 때문에 테이블을 두드릴 때, 그들은 상대방이 음악이 아닌 단순하고 단절된 타격음밖에 듣지 못한다는 사실을 이해하지 못한다. 바로 이것이 '지식의 저주'다. 일단 무언가를 알고 나면 알지 못한다는 것이 어떤 느낌인지 상상할 수 없게 되는 것이다. 우리가 아는 정보가 '저주'를 내린 셈이다. 이러한 저주로 인해 우리는 우리의 지식을 타인에게 전달하기 어렵게 된다. 듣는 사람의 입장을 이해할 수 없기 때문이다.

　　우리는 지식의 저주를 흔히 경험한다. 나의 경우처럼 많은 교수들이 이 저주에 걸린 채 강의하고 있을지도 모른다. 회사에서 윗사람과 부하직원 간의 소통 과정에서도 마찬가지일 것이다. 의사소통에 문제가 생기는 이유는 여러 가지가 있을 수 있다. 상대방이 경청을 하지 않아서일 수도 있고 대화할 의지가 없기 때문일 수도 있고, 정말 이해력이 떨어지기 때문일 수도 있다. 하지만 "참 말귀를 못 알아듣네" 하고 상대방을 무시하기 전에 바로 나 자신이 지식의 저주에 걸린 것은 아닌지 돌아볼 필요가 있을 것이다.

05 물리적 환경 요인

공간

　　공간은 그 중요성에 비해 종종 무시되는 요인이다. 한 주거 프로젝트 연구에 의하면 출입구가 서로 마주 보고 있는 집에 사는 사람들은 서로 친해진다. 물리적 장벽은 응집력에 방해가 된다. 반면, 어떤 공간을 함께 사용하면 불편하겠지만 커뮤니케이션을 촉진하여 집단의 응집력에 많은 도움이 된다.

　　이처럼 원활한 의사소통을 위해서는 물리적 환경도 고려해야 한다. 공간도 일종의 언어다. 언어가 단순한 의사전달의 수단을 넘어 사고를 형성하는 중요한 요소인 것처럼 공간의 구성도 단순 배치에 머물지 않고 그 구도로 인해 의사소통에 영향을 주는 구조적 환경이다.

　　의사소통의 공간은 사회구심적 공간과 사회원심적 공간으로 구분된다. 사회구심적 공간은 사람들을 한데 모으는 경향이 있는 공간을 말한다. 예컨대, 프랑스 노천 카페의 테이블이 바로 사회구심적 공간이다.

반면, 사회원심적 공간은 사람들을 서로 떼어놓는 경향이 있는 공간으로서, 철도나 공항에 있는 대합실이 대표적인 예이다.

그림 10-2 **사회구심적 공간**   그림 10-3 **사회원심적 공간**

[출처] https://pixabay.com/ko/

우리가 다른 사람과 얘기를 하고 싶을 때 어떤 형태의 공간에서 대화하는 것이 편할까? 사회구심적 공간에서는 사람들 간의 눈 맞춤이 쉽다. 서로가 상대방을 쳐다보며 서로의 대화를 주고받는 것이 쉽기 때문에 상호작용이 촉진된다. 반면, 사회원심적 공간은 사람들 간의 눈 맞춤을 방해하여 대화를 나누기 어렵게 만든다. 이처럼 공간의 형태가 의사소통을 촉진할 수도, 방해할 수도 있다.

예컨대, 일반적인 교실의 구조를 생각해보자. 모두가 앞을 향한 통상적인 원심적 교실구조는 자유로운 토의를 촉진시키기 어렵다. 학생들의 적극적인 의견표현과 상호작용을 촉진시키기 위해서는 교실구조가 구심적으로 형성되어야 하는 것이다.

대인관계에서도 마찬가지다. 상대방과의 효과적인 의사소통을 위해서는 이러한 공간적 요인을 잘 활용할 필요가 있다. 지금 나와 상대방의 공간구조가 소통을 촉진하는지 아니면 방해하는지에 대해서도 주의를 가져야 할 것이다.

거리

　　대부분의 동물들은 자신만의 공간적 영역을 확보하려는 본능이 있으며 나름대로 영역을 표시하여 다른 동물이 침입하면 공격한다. 동물들에게 도주거리란 적이 다가올 때 적에게 허용할 수 있는 가장 가까운 거리로, 적이 도주거리 반경을 넘어 더 가까이 접근해오면 공포를 느끼고 재빨리 도망친다. 마찬가지로 인간도 거리에 대한 의식이 있다. 에드워드 홀(E. Hall)[84]에 의하면 거리에 따른 관계는 다음과 같이 구분된다.

그림 10-4 **친밀한 거리**

그림 10-5 **개인적 거리**

그림 10-6 **사회적 거리**

그림 10-7 **공적 거리**

[출처] https://pixabay.com/ko/

① 친밀한 거리(0~45cm) : 사랑하는 연인이나 아이를 돌보는 어머니 등 감정적으로 가까운 사람들에게만 허용되는 거리

② 개인적 거리(45cm~1.2m) : 친구, 가족, 동료와 같은 사람들과 서로 친밀하게 대화를 나눌 수 있는 거리

③ 사회적 거리(1.2m~3.6m) : 공식적인 업무상으로 만날 때의 거리

④ 공적 거리(3.6m 이상) : 공식적인 모임에서 청중 앞에서 큰 목소리로 강의하는 거리

심리적으로 가까운 사람과는 물리적으로도 가깝다. 그러나 어렵고 낯선 사람이 너무 가까이 다가오면 불편하다. 이처럼 물리적 거리는 상대방과의 친밀감이나 관계를 표현하는 공간적 수단으로서, 상대에게서 무엇을 원하느냐에 따라서 사회적 공간에 들어오기도 하고 거기서 나가기도 한다. 상대에게 호감을 표시하거나 잘 보이고 싶을 때에는 사회적 공간 안으로 깊숙이 들어와 머물 것이며 반대의 경우에는 훨씬 더 거리를 유지하려 할 것이다.

이러한 물리적 거리는 문화적으로도 차이가 있어 간혹 오해가 빚어지기도 한다. 예를 들면, 아랍인이나 남미인들은 개인적 거리가 매우 가까우나 아시아인이나 북유럽인들은 떨어져서 대화하는 경향이 있다. 우리나라 사람들은 거리를 지나가다 다른 사람들과 몸이 부딪혀도 별 반응을 보이지 않지만 서양 사람들은 조금만 몸에 닿아도 미안하다고 말한다. 자신의 공간을 침해받지 않으려는 것이다.

가벼운 신체적 접촉이나 가까운 공간은 그 정도에 따라 친밀감을 높여줄 수도 있고 무례하거나 공격적인 행동으로 느껴질 수도 있다. 친한 사이인데도 너무 멀리 떨어져 있지 않은지, 반대로 부담이 될 정도로 상대방 가까이 다가서 있지는 않은지, 낯선 사람에게 양해를 구하지도 않은 채 개

인적 거리에 들어가지 않았는지 생각해볼 필요가 있다. 개인의 공간에 대한 개념이 전혀 없어서 상대방의 기분 따위는 아랑곳하지 않고 그 사람의 개인공간을 침범하는 사람들이 있다. 하지만 상대방과의 관계에 따라 적절한 거리를 고려하면서 상대방에게 친밀감을 표현하거나 상대방에게 편한 대화분위기를 조성하는 것도 효과적인 의사소통을 위해 중요하다는 것을 알 필요가 있다.

06 조하리의 창

난 남들과 대화할 때 내 마음을 숨기는 경우가 거의 없다. 내 얼굴에 내 마음이 다 보인다는 얘기도 듣는다. 친한 동료교수는 내 얼굴을 보면 내가 상대방을 어떻게 생각하는지도 알 수 있을 것이라고 할 정도다. 물론 나 같은 사람만 있을 수는 없다. 전혀 다른 유형의 사람들로, 인간관계를 오랫동안 유지했어도 속내를 알 수 없는 사람들도 있다.

타인과의 의사소통을 분석하는 모형으로 '조하리의 창(窓)(Johari window)' 이라는 것이 있다. 러프트(Joseph Luft)와 해리 잉햄(Harry Ingham)이라는 두 심리학자가 1955년에 한 논문[85]에서 개발한 것이다. 이는 개인이 의사소통을 할 때 있어서 자아영역을 스스로 인지하고 있는지, 그리고 타인이 인지하고 있는지의 여부에 따라 4가지 창(영역)으로 이루어져 있다.

열린 창

자신도 알고 남들도 아는 개방 영역이다. 예를 들어 어떤 사람이 자신
은 사교성이 다소 부족하고 솔직한 사람으로 생각한다고 가정하자. 이러한
성격은 그 사람 자신도 알고 있고 그를 알고 있는 대다수의 사람들이 알고
있는 부분이다. 이 부분이 바로 열린 창이다. 그가 다른 사람들과 많은 대화
시간을 가지고 관계를 지속할수록 넓어지게 될 영역이다.

숨겨진 창

자신은 알지만 남들은 모르는 부분, 일명 비밀의 영역이라고도 한다.
자신이 남들에게 알리고 싶지 않은 정보나 감정을 담고 있는 부분이다. 다
른 사람들에게 굳이 알릴 필요가 없을 수도 있고 다른 사람들이 혹시 알까
봐 두려워 감추고 있는 영역이 여기에 해당된다. 만약 남들이 나를 잘 모르
고 가끔 오해도 받는다고 생각된다면 '숨겨진 창'의 영역이 넓은 것이다.

보이지 않는 창

자신은 모르지만 남들은 아는 부분이다. 그 사람에 대해 주변 사람들은

알고 있는데 자신은 전혀 모른다. "저 사람은 아마 죽을 때까지 자신을 모를 거야"라는 우스갯소리가 여기에 해당된다. 정도의 차이가 있을 뿐, 많은 사람들에게 이런 부분이 있을 것이다. 내 아내는 내 인상이 너무 날카롭다고 한다. 난 부드러운 사람이라고 믿는데 말이다.

미지의 창

자신도 모르고 남들도 모르는 부분이다. 심층적이고 무의식의 정신세계처럼 자신조차 의식하지 못하고 있는 부분이다. 범죄를 저지른 사람이 "내가 왜 그랬는지 모르겠다"는 말을 하는 경우를 흔히 본다. 보는 사람 입장에서는 그저 잘못에 대해 궁색한 변명을 하는 것으로 들린다. 그러나 그 말이 완전히 거짓인 것은 아니다. 사람에게는 '자기도 모르는 자기'가 있기 때문이다.

사람마다 의사소통 과정에서 표출하는 자기 노출의 정도와 피드백 수용 정도에 따라 창을 구성하는 네 영역의 넓이는 모두 다르다. 이상적인 의사소통은 자신과 다른 사람이 아는 것과 일치되는 '열린 창'을 통해서만 가능할 것이다. 또, 다른 사람들은 다 알지만 자신만 모르는 '보이지 않는 창', 정반대의 '숨겨진 창'은 불통의 원인이 된다. 내가 상대방에게 마음을 열고 내 이야기를 한다면 나의 숨겨진 영역은 줄어드는 동시에 열린 공간은 늘어갈 것이다.

보이지 않는 영역이 많은 사람은 다른 사람의 반응에 무관심하거나 둔감한 사람이다. 때문에, 나의 모습에 대해 상대방으로부터 적극적으로 피드백 받으며 자신의 이미지나 인상에 대한 타인의 이야기에 귀를 기울여야 한다.

어느 연구에 의하면 자기 인식과 권력 사이에 흥미로운 관계가 있는 것으로 나타났다. 직급이 낮은 직원들의 경우 자기 자신의 평가와 다른 사람들의 평가 사이에 큰 차이가 없다. 그러나 지위가 올라갈수록 그 격차는 벌어진다. 조직의 사다리를 올라갈수록 자기 인식 수준이 떨어지는 것이다. 조직 내 지위가 높아지면서 그의 문제점을 솔직하게 지적할 수 있는 용기 있는 사람들이 줄어들기 때문이다.[86)]

마지막으로, 미지의 영역을 줄이기 위해서는 자신의 행동과 정신세계에 대한 지속적인 관심과 자아성찰이 필요하다. 또한 열린 자세와 자기 노출로 다른 사람들과 소통과 상호작용을 활발히 하면서 개방영역을 늘려야 할 것이다. 이처럼 조하리의 창은 효과적인 의사소통을 위해 무엇을 점검해야 하는지에 대한 통찰을 제공한다.

07 의사소통 모델

"진심으로 설득하면 통하지 않겠느냐" 식의 소통법에 대해 어떻게 생각하는가? "나만 옳다"는 생각이 밑바탕에 깔린 것은 아닐까?

우리가 사람들을 상대해서 의사소통을 하는 방식은 크게 두 가지로 나눌 수 있다. 나만 옳다는 식으로 소통하는 것과 내가 틀릴 수도 있다는 식으로 소통하는 것으로, 전자는 일방적 통제모델이고 후자는 상호학습모델이다.[87)]

일방적 통제모델

사람들이 대인관계에서 흔히 사용하는 방식은 일방적 통제모델이다. 이들의 머릿속에 있는 가정은 다음과 같다.

나는 상황을 제대로 파악하고 있다. 그러나 나와 의견이 다른 사람들은 그렇지 않다

이런 생각을 갖고 있는 사람은 다른 사람이 자신과 의견이 다를 경우, 그들은 잘못된 정보를 가지고 있거나 판단력이 자신보다 못해서 상황을 제대로 파악하지 못한다고 생각한다. 그러므로 자신이 판단하고 있는 것을 제대로 이해한다면 그들도 자신의 생각에 동의할 것이라고 보는 것이다.

따라서 이러한 생각을 가지고 있는 사람들은 다른 사람들과 함께 결정하기보다는 자신이 혼자 결정하고 다른 사람들은 그것을 따르기를 원한다.

내가 옳다, 나와 의견이 다른 사람들은 틀렸다

이러한 가정은 첫 번째 가정에서 나온 필연적인 결과이다. 당연히, 자신의 주장을 관철시키는 데에만 주력하게 된다. 그렇게 하지 못하게 되어 자신의 생각을 바꾸거나 거두어들이면 실패라고 생각한다.

나는 순수한 동기를 가지고 있지만 나와 의견이 다른 사람들은 불순한 동기를 가지고 있다

자신은 팀이나 조직의 목적에 가장 부합하게 행동하지만, 자신과 의견이 다른 사람들은 자기 이익을 챙기려 하거나 상황에 맞지 않는 동기에 따라 움직인다고 생각한다.

나의 부정적인 감정은 정당한 것이다

다른 사람들은 현실을 제대로 이해하지 못하기 때문에, 그리고 이런 이해 부족은 부분적으로 불순한 동기에서 나온 것이므로 자신이 그들에게 화를 내거나 부정적 감정을 느끼는 것은 당연하다고 생각한다. 자신의 사고방식 때문에 그런 감정을 갖게 되었을 가능성은 전혀 인정하지 않는다.

이러한 일방적 통제모델의 가정을 가지게 되면, 흔히 자신의 입장만을 내세우고 다른 사람의 논리는 묻지 않게 된다. 그리고 오해와 갈등, 방어적 행동들을 불러일으킨다. 이 모두가 근본적으로 자신이 통제권을 장악하려는 시도에서 나오는 결과이다.

상호학습모델

이 모델은 일방적 통제모델의 문제점이었던 통제 의도를 단순히 포기하는 것이 아니라 사고 자체의 전환을 요구한다. 상호학습모델의 가정은 유효한 정보의 공유, 정보에 근거한 자유로운 의사결정, 결정에 대한 자발적인 참여 그리고 동정심이라는 핵심가치를 규범으로 삼고 있다.

그 핵심가정들을 살펴보자.

내가 관련 정보를 일부 가지고 있으나, 다른 사람들 역시 관련 정보를 가지고 있다

상호학습모델에서는 자신이 문제의 이해와 해결에 필요한 정보의 일부만을 가지고 있다고 가정한다. 그리고 다른 사람들도 해당 주제에 대해 자신의 사고방식에 영향을 미칠 수 있는 관련 정보를 가지고 있다고 가정한다. 관련 정보에는 자신이 사실이라고 믿는 내용, 견해, 그런 견해에 이르는 사고논리, 느낌 등을 모두 포함한다.

우리 각자가 다른 사람들이 보지 못한 부분을 볼 수 있다

일방적 통제모델에서는 문제가 되는 것이 다른 사람이지 자신이 아니다. 그러나 상호학습모델에서는 자신이 문제의 원인을 제공하고 있으면서도 그 사실을 깨닫지 못하고 있을지도 모른다는 가정을 가지고 출발한다. 자신의 한계를 인정하는 것이다.

이런 가정을 가지고 있으면 자신이 문제에 원인을 제공하고 있다는 것을 다른 사람들이 어떻게 보고 있을지 궁금하게 여기고 이에 대해 질문을 하게 된다.

서로의 차이는 학습을 위한 기회이다

일방적 통제모델에서는 누군가 자신과 다른 견해를 가지고 있다면 그 견해가 틀렸다고 설득하고 넘어야 할 장애물로 생각하기 때문에 이런 차이들은 무시하거나 최소화하려고 한다. 이런 대응 태도는 모두 자신의 의견을 우위에 두려는 의도이다.

그러나 상호학습모델에서는 의견의 차이를 학습의 기회로 본다. 의견의 차이를 계기로 상대방을 좀 더 깊이 이해하고 다양한 관점을 통합한 해결책을 모색하려고 한다.

사람들은 주어진 상황에서 성실하게 행동하려고 노력한다

상호학습모델은 사람들이 순수한 동기를 가지고 있다고 가정한다. 자신의 눈으로 볼 때, 사람들이 이치에 맞지 않는 행동을 하거나 찬성할 수 없는 행동을 해도 그들이 불순한 동기에서 그런 행동을 하고 있다고는 생각하지 않는다. 따라서 사람들이 왜 그렇게 행동하는지 그 이유를 이해하려고 노력하는 것이 필요하다.

이러한 가정은 동정심(compassion)이라는 핵심가치에서 나온다. 여기서 동정심이란 다른 사람에 대해 불쌍한 마음을 갖는 것이 아니라 구성원 중 누군가의 행동에 대해 다 같이 책임을 느낄 수 있도록 다른 사람들과 공감대를 형성하는 것을 말한다. 동정심에 바탕을 둔 행동과 생각을 함으로써 다른 사람을 이해하고 입장을 바꿔 생각하는 자세를 가지며 그들을 돕고자 하는 마음을 가지게 된다.

상호학습모델에 의한 대화

이제 위와 같은 상호학습모델에 입각하여 구성원들과의 대화에서 실제로 어떻게 행동을 해야 할지에 대해 살펴보자.

첫째, 가정과 추론은 검증한다. 이 말은 내가 다른 사람의 행동을 보고 생각한 의미가 그 행동을 한 사람이 자신의 행동에 부여한 의미와 같은지를 당사자에게 물어본다는 것이다. 예컨대, "~이라고 생각하시는 것 같은데, 맞습니까?"라고 확인하는 것을 말한다.

사람들은 흔히 다른 사람의 생각이나 행동 가운데 불분명한 부분에 대해서 확인해보지도 않고 판단하는 경향이 있다. 그러나 올바른 상호이해와 신뢰를 위해서는 반드시 확인하는 것이 필요하다.

둘째, 모든 관련 정보를 공유한다. 구성원 각자가 어떤 문제를 해결하거나 의사결정을 하는 데 영향을 줄만한 정보를 가지고 있다면 이러한 정보를 다른 사람에게 모두 알려야 한다는 것이다. 사람들이 정보를 공유함으로써 모두가 정보에 근거한 의사결정을 할 수 있고 자발적인 참여 의식을 일으키는 데 토대가 되는 공통적인 정보의 근거가 마련된다.

흔히 과업에 관련된 내용이나 실질적인 이슈에 대해서는 이야기하면서 대화하는 상대방을 생각하여 자신의 생각과 느낌은 표현하지 않으려 한다. 그러나 감정의 공유도 중요하다. 그 이유는 다른 사람에 대해 느끼는 감정이 결국 대화의 내용을 바라보는 자신의 시각에 영향을 미치기 때문이다.

셋째, 구체적인 사례를 들어 말하고 중요한 단어는 그 의미를 모두가 동일하게 이해하도록 명확히 정의한다. 사람, 장소, 물건, 사건 등을 설명할 때는 가능한 한 직접 관찰할 수 있는 행동을 사례로 든다. 구체적인 사례는 그와 관련된 정보를 다른 사람들이 정확하게 판단하고 공유할 수 있게 할 것이다.

넷째, 자신의 사고논리와 의도를 설명한다. 일방적 통제모델에서는 자신의 사고논리를 설명하는 것은 다른 사람들이 자신의 논리에 허점을 지적할 수 있고 그래서 대화에서 승리할 가능성이 줄어들기 때문에 문제가 된다. 그러나 상호학습모델에서는 자신의 사고논리를 명확히 설명함으로써 다른 사람들이 자신과 다른 의견이나 접근방법을 가지고 있는 부분은 무엇인지, 그리고 다른 사람은 알고 있으나 자신이 놓치고 있는 부분은 없는지 학습할 수 있는 기회가 생긴다.

다섯째, 자신의 의견을 말한 후 상대방의 의견을 묻는다. 의견제시 (advocacy)란 자신이 생각하고, 알고 있고, 원하고, 느끼는 바를 상대방에게 전달하는 것을 의미한다. 반면에 질문은 상대방이 무엇을 생각하고, 알고 있고, 원하고, 느끼는지를 알려고 하는 행동이다.

주장을 내세우기만 하면 자신의 사고논리의 결함에 대해 학습할 기회가 없다. 질문 없이 주장만을 내세우면 다른 사람들은 그에 대한 반응으로 그들의 의견만을 내세우고 그에 대해 자신은 더욱더 자신의 주장을 내세우게 된다. 이렇게 악순환하면서 각자 주장의 강도만 세지고 서로를 설득하려고 들기만 한다.

반대로 주장은 하지 않고 질문만 한다면 어떻게 될까? 이 경우 다른 사람들은 자신이 어떤 사고논리를 가지고 있는지, 왜 그런 질문을 하는지 다른 사람들이 알 수 없으므로 이해를 도울 수 없다. 주장만 한다거나 질문만 하는 것은 모두 대화를 일방적으로 통제하려는 방법으로, 이 경우 사람들은 방어적인 행동을 하게 된다.

이와 같은 상호학습모델의 가정과 행동을 하게 되면 상호이해가 증진될 수 있다. 자신이 모르는 정보나 사고를 다른 사람들이 가지고 있다고 가정하고 자신이 놓친 부분을 다른 사람은 관찰할 수 있다는 사실을 받아들이기 때문이다. 또한 확실하지 않은 자신의 추측으로 발생할 수 있는 오해와 갈등이 줄어들고 여기에 대한 방어적인 행동도 줄어들 것이다.

그런데 여기서의 요점은 단순히 무엇을 말하고 어떻게 말하는지를 바꾸는 것만으로는 충분치 않다는 것이다. 지금까지의 일방적 통제모델의 바탕에 깔린 사고방식을 바꾸는 것이 중요하다. 이를 위해서는 내가 가지고 있는 가정이나 가치 중에 다른 사람들에게 의도치 않은 결과를 초래했던 것들은 무엇인가? 라는 질문을 던져볼 필요가 있다.

* * *

인류학자 에드워드 홀(Edward. T. Hall)[88]은 의사소통에서 맥락이 얼마나 중요한지에 따라 고맥락문화(High-context culture)와 저맥락문화(Low-context culture)로 구분했다. 한국의 경우는 직접적이고 명시적인 언어보다는 간접적 언어, 비언어적 의사소통에 크게 의존하는 고맥락문화에 속한다. 고맥락의 문화에서는 사용된 단어의 의미보다는 그 단어를 던진 상황, 의도, 그 뒤에 숨겨진 의미가 더 중요하다. 이런 이유로 우리는 메시지가 자주 왜곡되기도 하고 감정이 잘못 전달되기도 하고 의사소통의 벽을 높이기도 한다. 모든 조직 활동이 의사소통을 통해 이루어진다는 점을 고려한다면 적어도 조직 내 의사소통 방식은 보다 직접적이고 명확하게 바뀌는 것이 바람직할 것이다.

우리가 일반적으로 보는 장면은 상사가 말하고 부하가 듣는 모습이다. 타인에게 내 메시지를 전달하려는 데만 초점을 맞추는 것은 일방적이다. 효과적인 의사소통 기술의 핵심은 타인의 의견을 인정하고 이해하려고 노력하는 태도일 것이다.

실습합시다

1. 경청은 다른 사람과 친밀감을 느끼게 해주며 대화의 촉매제 역할을 한다. 이제 경청
   하는 연습을 다음 단계에 따라 해보자.

- 1단계 : 두 명이 한 조를 이룬다. 대화의 내용은 자유롭게 정하고, 서로 말하고 들으
   면서 상대방의 경청 태도를 관찰해보자.

- 2단계 : 약 5분간 대화를 나눈 뒤 각자의 경청 태도에 대해 피드백을 준다.

2. 평소에 가깝지만 대화의 기회가 많지 않은 한 사람을 지정해서 15분간 경청의 기술
   을 활용해 대화를 해본다. 무엇을 느끼고 배웠는가?

상징과 조직문화

조직에 문화란 개념이 본격적으로 들어온 것은 1980년대에 들어와서이
다. 80년대에 출간된 세계적인 베스트셀러 <초우량기업의 조건>[89]에서
문화와 관련된 경영기법이 강조되고, 문화와 생산성과의 관계를 밝히는 여
러 연구들이 발표되면서 조직문화는 경영관리에서 중요한 요인으로 등장하
였다. 인간의 문화적 요인이 조직의 성과에 밀접한 연관성이 있다는 발견은
새롭고 흥미로운 사실이었다. 눈에 보이지 않는 문화와 상징이 조직 구성원
들의 생각과 행동에 어떻게 영향을 미치는 것일까?

먼저
토의합시다

당신이 알고 있는 감동적인 상징적 언어나 표현을 말해보자.

01 상징이 주는 감동

　　1989년 아카데미 각본상을 수상한 <죽은 시인의 사회>에서 키팅 선생의 수업방식은 독특하다. 키팅 선생은 수업하다 말고 책상 위로 올라가 "너희들은 곧 알게 될 거야. 이 위에서 보면 세상이 다르게 보인다는 것을" 하고 말하면서 자유롭게 사고하고 느끼라고 강조한다. 그리고 학생들에게도 책상 위에 올라올 것을 제의한다. 영화 마지막 부분에 키팅 선생이 모함에 의해 학교를 떠나는 날, 교장이 키팅을 대신해 수업을 하고 키팅은 학생들을 뒤로한 채 힘없이 교실 밖으로 나가려고 한다. 문을 열고 나가려는 키팅을 향해 주인공 토드가 결의에 찬 표정으로 "오 캡틴! 마이 캡틴!"을 외치면서 책상 위에 오르자 고민하던 학생들이 하나둘씩 책상 위로 올라가면서 무언으로 키팅에게 지지하는 마음을 전한다. 교장은 학생들에게 고함을 지르며 경고와 협박을 한다. 이 광경을 눈물을 머금고 바라보던 키팅은 웃음 지으며 "Thank boys. Thank you"라는 말을 남기고 떠난다.

그림 11-1 영화 <죽은 시인의 사회> 장면

　　키팅 선생이 책상 위에 올라간 행동과 학생들이 키팅 선생을 향해 책상 위로 올라간 행동는 같았지만 그것이 주는 상징적인 의미는 다르다. 만약 학생들이 그런 상징적인 행동이 아니라 대사로 그와 같은 메시지를 전달했다면 어땠을까? 메시지는 더욱 구체적이었겠지만 아마도 우리가 그 장면을 보면서 받은 만큼의 감동의 깊이는 느끼지 못했을 것이다.

언어는 명확하고 직접적이지만, 상징은 대부분 모호하고 간접적이다. 언어는 듣는 순간 이해할 수 있지만 상징은 그 속에 담긴 의미를 찾아야 한다. 때론 사람마다 그 의미가 다르기도 하다. 그렇지만 우리는 종종 상징을 이용하여 메시지를 전달한다. 특히 위대한 리더들은 대부분 상징을 능숙하게 활용한다. 그것은 상징이 어떤 구체적인 언어보다 오히려 훨씬 더 명확하고, 설득력 있게 메시지를 전달하는 힘이 있기 때문이다.

지난 2006년 미국의 어느 중학교 교사가 수업을 하던 중 성조기를 불태우고 학생들에게 이에 대한 의견을 적어 내도록 지시했다. 하지만 이러한 수업 내용에 격분한 학부모들은 학교로 찾아가 항의했고 결국 그 교사는 퇴출되었다고 한다. 국기가 단순한 헝겊은 아닌 것이다.

이처럼 어떤 사건이나 물건 그 자체보다는 거기에 부여한 상징적 의미가 무엇이냐가 중요하게 작용하는 경우가 있다. 그리고 우리가 부여한 상징적 의미에 의해 비로소 그 상징물은 생명을 얻는다. 따라서 어떤 사건을 해석할 때 "무엇이 일어났는가"라는 그 사건 자체에 대한 해석도 중요하지만 그 사건이 가지는 상징적 의미가 무엇이냐도 중요하게 다루어야 한다. 어떤 사건이나 사물을 그 자체로만 이해할 뿐 그 상징적 의미를 파악하지 못한다면 진정한 의미를 전혀 알 수 없는 경우도 있다.

같은 상징을 해석하는 데에도 사람들마다 전혀 다른 의미를 가질 수 있다. 가치관과 경험, 문화적 배경 등의 차이로 인해 상징에 대한 지각이 다르기 때문이다. 예컨대, 한겨울을 견디며 눈 속에서 가장 앞서 꽃을 피워내는 매화는 시류에 흔들리지 않고 지조와 절개를 지키는 선비 또는 군자의 상징으로서 동양의 유교권 국가들로부터 해석되어 왔다. 그러나 이런 의미는 서양 사람들에게 생소할 것이다. 일본의 국화인 벚꽃은 한국과 중국에서는 뼈아픈 과거사 때문에 심리적으로 저항을 받고 있는 꽃이라는 것도 역시 그들에겐 생소할 뿐이다.

　프랑스 파리의 도심과 교외를 연결하는 전철의 내부에는 의미 있는 안내판이 있다. 우리나라의 노약자석에 해당되는 자리가 한쪽 구석에 배치되어 있다. 그곳엔 '이 좌석에 앉는 우선순위'가 4순위까지 적혀있다. 순위가 나열되어 있다는 것부터 재미있는 일이지만 흥미를 끄는 것은 1순위이다. 과연 1순위는 누구일까? 그 사람은 노인도 단순 장애인도 아닌 '상이용사'이다. 국가를 위해 싸우다 다친 사람이 누구보다 최우선임을 상징적으로 보여주고 있는 것이다.

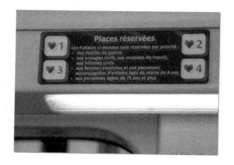

그림 11-2 **파리의 전철 내부의 우대석 안내판**

02 　상징의 종류

　상징은 사람들이 부여한 공통된 의미와 가치를 통해 사람들을 묶는다. 사람들은 그들을 대표하는 공통된 상징 아래 모두가 하나임을 느끼고 집단적인 일체감을 갖게 된다. 사람들에게 영향력을 행사하기 위한 수단으로 상징이 흔히 사용되고 있는 이유다.

사람들에게 공유된 상징은 특히 동질성이 명확하지 않고 모호할수록 더욱 절실하게 필요하다. 그 대표적인 예가 바로 미국이다. 유달리 미국에서 성조기가 중시되고 국가가 자주 연주되는 것은 다민족으로 구성된 국가인 만큼 이들을 하나로 묶는 통일된 상징이 필요하기 때문이다. 성조기의 탄생 배경도 독립전쟁 당시, 초대 대통령이었던 조지 워싱턴이 미국인을 단합시킬 상징이 필요했던 데에 있었다. 상징은 분열을 단결로 만들고, 집단의 이념과 방향을 끌고 가는 응집의 핵심 수단이다. 그리고 국민들은 그러한 상징에 그들 공동의 의미를 부여하고 따르면서 공동체의 일원이 되어간다.

영웅의 동상은 국민을 결속시키는 대표적인 상징 가운데 하나이다. 어느 나라에든 그 나라의 중심가에는 역사적 영웅의 동상들이 있다. 서울의 중심 세종로에도 이순신 장군의 동상이 있다. 위대한 인물의 동상은 나라 또는 도시의 상징물로 국민들에게 자부심과 용기를 주며 국민을 결속시키는 중요한 역할을 한다. 특히 혼란과 불확실한 상황에서 사람들에게 공감을 줄 수 있는 상징은 이들에게 올바른 방향을 제시하고 희망과 믿음을 줄 수 있다.

상징은 물질적인 상징 외에도 신화, 영웅, 일화와 우화, 의례, 의식, 은유 등 다양한 형태로 나타난다. 어느 조직에서든 이들 상징은 조직 구성원들의 정체성을 강화시키고 가치관과 신념, 방향 등을 말해준다. 조직문화는 이들 상징이 종합적으로 표현된 것이라고 할 수 있다.

의례 및 의식

의례와 의식은 한 개인이 다른 사람에게, 또는 한 조직이 외부에 대해 어떤 의미를 전달하는 매개체이다.

종교의 의례를 보자. 세례는 영혼의 죄를 물로 씻고 새로운 삶을 맞이하는 의미를 갖고 있다. 미사의례는 신자들이 그리스도와 일치되고 그리스도의 사랑을 실천하기 위한 것이다. 그리고 국기게양식이나 애국가 제창은 같은 공동체임을 확인하면서 국가에 대한 애국심을 고취시키기 위한 의례이다.

사람들은 의례를 통해 어떤 의미를 공유하고 싶어 한다. 그리고 어느 조직이나, 심지어 작은 모임에서도 의례는 '없으면 뭔가 허전한' 것으로 느껴진다. 어려웠던 지난 시절에 결혼식을 올릴 형편이 없어 뒤늦게 결혼식을 올리는 사람들이 있다. 이미 오랫동안 결혼생활을 하고 있어 실질적으로는 아무 변화가 없지만 결혼식이라는 의례는 그들에게 중요한 의미를 가지고 있기 때문이다.

흔히 어떤 사람이 집단에 새로 들어갈 때 부딪히는 것으로 '통과의례'라는 것이 있다. 통과의례는 당사자에게 대체로 곤혹스러운 과정이지만 그것이 주는 메시지는 "이곳의 문화에 적응하라"는 것이다. 그래서 이걸 거쳐야 비로소 그 집단의 일원으로 인정받게 된다.

미국 국무장관이었던 키신저의 일화이다. 그는 새로운 젊은 비서관에게 어떤 비밀 문서에 대한 서류를 작성해오라고 지시했다. 2주일 후 보고서를 제출하자 키신저는 다시 해오라는 메모와 함께 되돌려주었다. 며칠 후 그 비서관이 다시 제출하자 "처음 것보다 못하다"며 다시 돌려보냈다. 비서관은 세 번째 작성 후 "이것이 충분하지 않을지 모르겠지만 제가 할 수 있는 최선의 보고서입니다."라는 메모와 함께 제출하였다. 이에 대한 키신저의 답변은 "이제 읽어 보겠네"였다. 지금까지는 보고서를 읽어보지도 않은 채 되돌려 보냈다는 의미다. 키신저는 "이곳에서는 최선을 다하지 않았다면 보고서를 제출하지 말라"는 메시지를 던지고자 했던 것이다.

통과의례가 꼭 괴로운 것만은 아니다. 어느 방송에서도 소개된 적이 있던 국군의 한 소대에서의 신고식을 보자.

소대 막사의 전깃불이 꺼지고 어슴푸레하게 서로의 얼굴만을 확인할 수 있을 정도의 촛불이 켜진다. 이와 동시에 소대에 새로 전입 온 신병들이 내무반 입구에 긴장한 모습으로 차려 자세로 정렬한다. 출입구 문이 열리면서 소대장이 근엄한 모습으로 내무반으로 들어오고, 뒤따라 물을 담은 세면대를 들고 전령이 들어와 신병들 앞에 내려 놓는다. 내무반장의 구령에 의해 신병들은 준비된 의자에 앉아 군화와 양말을 벗는다. 잠시 침묵이 흐른다. 이어서 소대장이 신병 앞에 무릎을 굽히고 앉아 신병의 발을 씻어 준다. 이어서 내무반의 불이 켜지면서 소대장은 "우리 소대에 전입 온 것을 전 소대원과 더불어 진심으로 환영한다. 보병은 발이 생명이다. 앞으로 소대 생활을 열심히 하기 바란다"라고 엄숙하게 말하면서 차례로 신병들의 등을 두드려 준다. 이어서 함성과 함께 소대원들의 박수가 터진다.**90)**

제시된 의례를 통해 조직이 전달하고자 하는 메시지는 사랑과 존중일 것이다.

회사에서 의례는 흔히 조직의 핵심가치를 보다 더 깊숙이 자리 잡게 하기 위한 행사이다. 의례를 통해 조직의 영웅이나 신화를 얘기하고 그들 공동의 상징이 가지는 의미를 확인한다. 예컨대, 환영식, 창립기념회 등은 조직의 질서나 의미를 부여하고 핵심가치를 강화하기 위한 의례이다.

우수기업들을 살펴보면 의례나 의식은 중요한 가치를 전달하는 이벤트이다. 예컨대, 스타벅스에서는 각 분기별 최고 관리자를 뽑아 상을 주고 그들을 매년 말의 시애틀 합동 만찬에 초대한다. 그런 행사나 의식들을 통해 조직에서 중요하게 생각하는 핵심가치와 어떤 면을 높게 평가하고 있는지를 알리는 것이다.

표 11-1 **조직의 의례**

의례 유형	예	목적
통과의례	입사오리엔테이션, 임원승진교육, 퇴임식	규범과 핵심가치의 교육
결속의례	체육대회, 단합대회	공동규범형성, 커뮤니케이션
향상의례	포상식, 사내회보에 광고	동기 향상, 조직몰입도 향상

은유

"I'm still hungry".

한국 축구 감독이었던 히딩크 감독이 월드컵에서 16강에 진출한 후 했던 말이다. 왜 엉뚱하게 배가 고프다고 했던 것일까? 승리에 대한 의지를 "배고프다"라는 은유로 표현했던 것이고, 이 말은 우리에게 강한 인상을 남겼다. 배고프다는 은유적 표현이 어떤 말보다 강렬하고 명쾌했던 것이다.

우리는 일상에서 대화를 하거나 글쓰기를 하면서 의도적으로 은유를 사용하고 있다. 은유란 대상이 되는 사물이나 현상을 유사성이 있는 다른 것으로 표현하는 방법을 말한다. 즉, 직설적으로 메시지를 전달하는 것이 아니라 일종의 '돌려 말하기'인데, 적절한 은유는 직설적으로 말하는 것보다 훨씬 더 효율적이고 강렬한 메시지를 전달한다. 1979년 유신 정권의 말기 어느 날, 우리는 아마도 우리나라 정치사에서 가장 통렬했던 은유 한마디를 들었다 : "닭의 목을 비틀어도 새벽은 온다". 한국 정치사에 길이 남을 이 말은 김영삼 당시 신민당 총재가 법원의 총재 직무정지에 이어 국회에서 의원직 제명을 당하자 던진 저항의 한마디였다. 이 말은 당시의 민주화운동을 하던 이들에게 비전과 희망을 주었다.

은유는 때로 이해하기 어렵거나 설명하기 곤란한 문제를 이해 가능하고 더욱 설득력 있는 언어의 역할을 해준다. 예컨대, 어린이에게 꿈을 키워주고 싶을 때 "너는 지금 하얀 도화지와 같다"고 말할 수도 있을 것이다. 하얀 도화지와 같이 그림 그리는 대로 꿈이 이루어질 수 있다고 말한다면 아이는 자신의 무한한 가능성에 대해 쉽게 이해할 수 있을 것이다.

풍부하고 생동감 있는 언어는 공유된 비전을 가지고 있는 사람들을 묶는 도구이다. 그래서 훌륭한 리더들은 적절한 은어로써 자신의 메시지를 효과적으로 전달한다.

과거 GE의 잭 웰치 회장이 펼친 혁신 정책 가운데 대표적인 것은 '벽 없는 조직(Boundarylessness)'이다. 그는 이러한 은유를 통해 관료제적 조직문화에서 벗어나서 조직 구성원들 간에 자유로운 의사소통이 이루어지는 개방적인 조직문화를 강조하였다.

노드스트롬 백화점의 어느 경영자는 직원들에게 경쟁의 성격을 깨닫게 해주기 위해 다음과 같은 은유적 글을 붙여놓았다.

> 아프리카에서는 매일 아침 가젤*이 잠에서 깬다. 가젤은 가장 빠른 사자보다 더 빨리 달리지 않으면 죽는다는 사실을 알고 있다. 그래서 그는 자신의 온 힘을 다해 달린다. 아프리카에서는 매일 아침 사자가 잠에서 깬다. 사자는 가젤을 앞지르지 못하면 굶어 죽는다는 사실을 알고 있다. 그래서 그는 자신의 온 힘을 다해 달린다. 당신이 사자이든 가젤이든 마찬가지이다. 해가 떠오르면 달려야 한다.

얼마나 간결하며 멋진 은유인가? 경쟁이 치열하니 열심히 일해야 한다고 힘주어 말하는 것보다 훨씬 설득력이 있어 보인다.

38세의 젊은 나이에 SAS 항공회사를 회생시킨 얀 칼슨(Jan Carlzon)은 '진실의 순간(Moment of Truth)'이라는 단어를 수사적으로 활용했다. 얀 칼슨

---

* 영양의 한 종류

이 제시한 공동과제는 고객 서비스였다. SAS가 만성적자에서 벗어나기 위해서는 고객 중심의 조직으로 거듭나야 한다고 믿었다. 그리고 고객 중심 조직의 상징은 직원과 고객이 만나는 그 순간이라고 생각했다.

그는 그 '진실의 순간'에 고객을 감동시켜야 한다고 주장하며 '진실의 순간'이 투우사와 소가 서로 노려보고 있는 순간이라고 은유적으로 표현했다. 이는 직원과 고객이 만나는 그 찰나의 시간이 투우사와 소가 생사를 두고 노려보는 시간과 같다는 강렬한 메시지를 담고 있다.

이처럼 적절한 은유는 메시지를 매우 효과적으로 전달한다. 물론 듣는 사람이 이해하지 못하고 은유에 의미를 부여하지 못한다면 그건 은유라고 할 수 없을 것이다.

일화

[사례] 정주영 신화

1971년, 정주영 전 현대그룹 회장의 생전 일화 한 토막이다. 울산조선소를 구상하면서 그가 처음으로 기술자들에게 했던 말은 "쇠가 물에 뜨냐?"는 것이었다. 기술자들마저 어이없게 만들었던 이 말은 당시 우리나라 조선업의 현실을 단적으로 보여주는 것이기도 했다. 그러나 무슨 일이든 반드시 되게 하는 정주영에게 이것이 장애물이 될 수는 없었다.

현대조선소 설립 당시 가장 큰 문제는 돈이었다. 정주영은 1971년 9월 영국 버클레이 은행으로부터 차관을 얻기 위해 런던으로 날아가 A&P 애플도어의 롱바톰 회장을 만났다. 조선소 설립 경험도 없고, 선주도 나타나지 않은 상황에서 영국은행의 대답은 간단히 "NO"였다. 정주영은 그때 바지주머니에서 5백원짜리 지폐를 꺼내 펴 보였다. "이 돈을 보시오. 이것이 거북선이오. 우리는 영국보다 300년 전인 1천 5백년대에 이미 철갑선을 만들었소. 단지 쇄국정책으로 산업화가 늦었을 뿐, 그 잠재력은 그대로 갖고 있소."라는 재치 있는 임기응변으로 롱바톰 회장을 감동시켜 해외 차관에 대한 합의를 얻었다.

그런데 더 큰 문제인 선주를 찾는 일이 남아 있었다. 그때 정주영의 손에는 황량한 바닷가에 소나무 몇 그루와 초가집 몇 채가 선 미포만의 초라한 백사장을 찍은 사진이 전부였다. 정주영은 봉이 정선달이 되어 이 사진 한 장을 쥐고 미친 듯이 배를 팔러 다녔다. 그리고 놀랍게도, 결국 계약 한 건을 성사시켰다. 그리스 선박왕 리바노스였다. "정주영의 인상을 보니 믿을 수 있을 것 같아서"라는 비합리적인 이유로 그는 계약서에 서명했고, 현대조선소는 조선소 건립과 동시에 두 척의 배를 진수시킨 세계 조선사에 유일한 기록으로 남게 되었다. 이렇게 정주영의 개척정신과 적극적인 추진력으로 이루어낸 현대조선소는 현재 세계 최대 규모의 중공업회사로 성장했다.

(자료 : 권영욱, 결단은 칼처럼 행동은 화살처럼, 아라크네, 2006, 75쪽)

일화는 조직의 영웅이나 조직문화의 특성을 보여주는 행동에 대한 에피소드를 말한다. 조직은 구성원들에게 일화를 들려주면서 조직의 전통을 만들어 내며 이를 영속화한다. 공유된 일화 속에 구성원들은 그들 간의 동질감과 조직에 대한 자부심을 느낀다. 그래서 일화는 구성원들을 묶는 역할을 한다.

조직의 경우 일화의 내용들은 대개 창업자의 업적, 조직의 운명을 결정했던 중요한 결정, 최고경영자에 대한 이야기 등에 관한 것이다. 조직 내에 떠돌아다니는 전설, 무용담, 성공담 등도 일화에 해당된다.

일화는 우리를 인도한다. 조직의 일화는 조직의 가치나 규범이 무엇인지를 알려주며 위인에 대한 일화는 어떻게 사는 것이 성공적이며 올바른가에 대해 말해준다. 위 사례를 비롯한 정주영 회장의 여러 가지 일화는 주로 불가능하게 보였던 일들을 성공적으로 추진했던 사례들이다. 이러한 일화는 현대그룹의 추진력, 불가능을 모르는 도전, 형식타파 문화를 계승하는 도구가 되고 있다. 또한 조직 구성원들을 바람직한 방향으로 학습시키는 훌륭한 수단이기도 하다. 노드스트롬 백화점의 사내에는 대고객 서비스에 대한 신화와 영웅담이 나돌고 고객으로부터 받은 감사의 편지들이 쏟아져 들어온다.

일화는 사실보다 강한 영향력을 가진다. 스탠퍼드 대학교의 비즈니스 스쿨에서 일화에 관한 실험을 했다.[91] 초점은 MBA과정의 학생들에게 회사가 대량해고를 회피하기 위한 정책을 시행했다는 사실을 설득시키는 것이었다. 한 집단에게는 단지 일화만 사용되었다. 다른 집단에게는 경쟁사와 비교하여 낮은 해고율을 보여주는 통계자료가 제시되었다. 세 번째 집단에게는 통계자료와 일화가 모두 제시되었다. 네 번째 집단에게는 회사의 정책만을 보여주었다. 이 네 가지 방법 가운데 회사의 정책에 대해 가장 큰 설득력을 주었던 방법은 무엇이었을까? 바로 일화만 보여준 방법이었다. 일화가 사람들에게 가장 큰 설득력이 있는 수단이라는 것을 알 수 있다.

우리의 어린 시절을 생각해보자. 누군가 일화를 들려주면 언제나 귀를 쫑긋하고 들었다. 성인이 되어서도 마찬가지이다. 대학교에서 수업시간에 졸던 학생들도 일화 한 토막을 들려주면 눈을 번쩍 뜨고 집중한다. 미국의 레이건 대통령의 연설이 미국 국민들에게 설득력을 가질 수 있었던 이유도 그가 일화를 잘 이용한 데에 있다. 사실을 늘어놓는 것보다는 일화 한 토막이 사람의 감성을 더욱 자극한다.

그래서 위대한 리더들은 일화를 즐겨 사용한다. 일화는 구체적이지 않아도 지루함 없이 방향과 통찰력을 주는 방법이다. 월마트의 샘 월튼(Sam Walton) 회장이 조그만 상점으로부터 출발한 얘기, 컴퓨터회사 델의 창업자인 델(Michael Dell)이 대학교기숙사에서 컴퓨터왕국을 창업한 일화들은 흥미를 유발하고, 사람들은 그러한 일화에 감동받는다. 게다가 수십 년 전의 일화가 지금도 회자되는 것처럼 일화는 앞으로 10년 후에도 기억될 것이다. 그리고 그 일화가 들려질 때마다 교훈을 줄 것이다.

메리케이 코스메틱의 애쉬(Mary Kay Ash) 회장이 신규 뷰티컨설턴트들과의 선약을 지키기 위해 대통령 주재 리셉션 초청을 거절한 것은 유명한 일화이다. 초청 당시 그녀는 사업차 워싱턴에 있었음에도 불구하고 댈러스에 있는 신입사원 미팅에 참석하기 위해 달려갔다. 이러한 일화 하나가 직원에 대한 CEO의 마음이 어떤 것인지 백 마디 말보다 더 명확하게 보여줄 것이다. 그리고 왜 이 회사가 '가장 일하고 싶은 100대 기업(포춘지 선정)' 가운데 하나이며 직원들이 "다시 태어나도 이 회사에 근무하고 싶다"고 자랑스럽게 말하는 곳으로 유명한지 알 수 있을 것이다.

영웅

가치가 문화의 영혼이라면 영웅은 그러한 가치를 형상화한 것이다. 영웅은 사람들이 따라야 할 역할모델을 보여준다. 영웅은 모든 사람들이 바라지만 쉽게 시도하기 어려운 일들을 해낸 사람들이다. 영웅의 행동은 상징적인 모습으로서, 평범한 것과 거리가 있지만 그렇다고 불가능한 것도 아니다. 그들은 성공이라는 것은 인간의 능력 안에 있다는 사실을 드라마틱하게 보여준다.

일제 강점기 시절, 그 암울했던 시기에 한국민들은 열등의식과 좌절감에 빠져있었다. 이때, 독립운동가들은 역사의 영웅들을 후세들에게 전하기 위해 조선 위인전기를 만들었다. 그리고 이러한 위인전은 실의에 빠져있는 국민들에게 민족에 대한 자부심과 의지를 불러일으키는 데에 커다란 역할을 하였다.

영웅은 사람들이 따라야 할 역할모델이다. 사람들은 영웅의 에피소드를 듣고 그의 행동을 배우게 된다. 영웅은 실제 인물이기도 하지만 때때로 만들어지거나 적절하게 '포장'되기도 한다.

몇 년 전 TV에서는 <대장금>, <해신>, <불멸의 이순신> 등 사극을 통한 영웅 만들기가 하나의 유행이었다. 물론, 대다수 사람들의 삶은 영웅의 삶과 거리가 멀다. 그러나 사람들은 영웅의 모습을 보면서 그들이 가진 신념과 정신을 동경하고, 이를 본받고자 한다. 영웅의 삶에 자신의 삶을 이입하면서, 타인과 동일한 신념을 공유하고 자신의 가치관과 정체성을 형성하게 된다.

우리나라는 영웅 만들기에 인색하다. 그래서 영웅이라 하면 신화나 전설쯤에 나올 만한 대단한 인물을 생각하곤 한다. 이에 비해 외국에서는 타인을 위해 자신을 희생한 사람이라면 사회적으로 기꺼이 영웅이라는 호칭이 주어진다.

특히 미국의 영웅 만들기는 널리 알려졌다. 예를 들어보자. 미국이 이라크 공격을 단행한 이후 미군 5명이 이라크군에게 포로로 잡힌 다음 날, 모든 방송은 텍사스, 펜실베이니아 등 포로들의 고향으로 마이크를 넘겨 가족 및 친지들을 화면 앞으로 불러냈다. 그리곤 위험에 처한 아들과 딸들이 그동안 얼마나 용감했으며 국가와 가족을 위해 살아왔는지 전하며 '영웅 만들기'에 나섰다. 전사자들의 경우는 더하다. 이라크 남부 움카스르에서 작전 중에 처음으로 전사한 해병 제1사단 소속 테럴 셰인 칠더스 소위는 "죽어야 한다면 전투 중에 죽기를 바랐다"는 동료의 인터뷰 기사를 내보내기도 했다.

미국의 강한 힘은 영웅을 만들어 가는 사회 분위기에서 생긴다고 한다. 미국은 훌륭한 사람을 찾아내고 영웅을 만들어 나가는 나라다. 매년 초 대통령 연두교서를 듣는 미국인들은 어김없이 영부인 곁에 자리한 낯선 얼굴

들을 볼 수 있다. 대통령은 몇 명의 영웅적 시민들을 소개하며 온 국민의
마음을 흔들어 놓는다. 미국식 영웅 만들기의 단면이다. 9·11테러로 수천
명이 목숨을 잃었을 때도 허술한 안보 책임을 추구하지 않고 복구 작업을
진두지휘했던 루돌프 줄리아니(Rudolph Giuliani) 전 뉴욕 시장을 영웅으로
만들었다.

이렇게 영웅을 만들어가는 예는 수없이 많다. 이러다 보니 미국에는 각
계 각 분야에 명사들도 많고 영웅들도 많다. 그래서 미국의 많은 청소년들
과 젊은이들은 자기들도 장차 그와 같은 명사와 영웅이 되고자 열심히 자기
일에 최선을 다하면서 봉사마인드를 갖고 꿈을 먹으며 성장해 간다.

회사의 경우도 마찬가지이다. 조직의 영웅은 구성원들에게 조직에 대
한 자부심과 유대감, 동기를 불러일으킨다. 예컨대, 단신으로 아프리카에
들어가 상당한 금액의 수출 계약을 체결한 영업맨에 관한 이야기는 구성원
들에게 어떤 자세와 행동이 요구되는지를 말해준다. 세계적 운송화물회사
인 UPS와 페덱스(Fedex)에는 '고객들에 대한 정시배달' 약속을 지키기 위한
영웅담이 숱하게 많다. "주소가 잘못 기재돼 배달이 제대로 안 됐다는 연락
을 받고 직원이 주말에 직접 차를 몰아 300km나 떨어진 고객에게 배달해
줬다"거나, "9·11테러가 발생하자 위험을 무릅쓰고 24시간 안에 수백 톤에
이르는 구급약 등을 현장에 배달해 줬다"는 얘기, "직원들이 폭풍우를 헤치
고 트럭을 몰고 갔다"는 등 고객을 위해서라면 물불을 가리지 않는 영웅담
들이다.

조직의 영웅은 조직문화를 더욱 강화시킨다. 영웅은 문화의 가치를 보
여주고 비즈니스의 성공과 동기유발에 중요한 교훈을 준다. 영웅은 조직의
전설로서 조직을 지금까지 있게 한 원동력이 무엇인지를 보여주며 사람들
이 따라야 할 행동 표준이 된다.

회사가 직원들을 잠시 동안만이라도 영웅으로 대우한다면 그들은 영웅처럼 행동할 것이다. 영웅의 가치를 충분히 인식해야 하는 이유가 여기에 있다.

비전 제시

미국 일리노이 대학에서 재미있는 실험을 하였다. 이 대학 농구팀 선수를 A, B, C 세 그룹으로 나누어 A그룹 선수에게는 한 달 동안 슈팅 연습을 시키고, B그룹 선수에게는 한 달 동안 슈팅 연습을 시키지 않았다. C그룹 선수들에게는 연습을 시키지 않은 대신 숙소에서 마음속으로 연습하는 모습을 상상하게 했다. 그래서 이들은 매일 30분 동안 마음속에서 자신이 직접 공을 던져 득점하는 장면을 그려보고, 또 기량도 점점 향상되는 자신들의 모습을 상상하는 소위 '마음의 훈련'만을 했다고 한다.

한 달이 지난 후 세 그룹의 슈팅 득점률을 테스트했다. 그런데 놀라운 결과가 나왔다. 전혀 훈련을 하지 않는 B그룹이 아무런 진전이 없었던 것은 예상대로였다. 하지만, 매일 체육관에서 실제 연습을 한 A그룹과 시각화(Visualization)를 통해 마음의 훈련을 한 C그룹 선수들이 똑같이 슈팅 득점률에서 25%의 향상을 보였다는 것이다.

이 실험결과는 보이지 않는 것을 마음으로 보는 것, 곧 비전이 얼마나 큰 효과를 가져오는지를 여실히 증명해 주고 있다. 비전은 무한한 자원인 상상력을 이용하는 것이다. 스스로 아직 일어나지 않은 상황 속에 처해있다고 가정하고, 자신이 원하는 것을 갖고 있고, 원하는 일을 하고 있고, 또 바라는 것을 달성한 것처럼 미리 마음속에 그려보는 것이다. 미래의 성공한 자신을 미리 그려봄으로써 자기 동기부여를 강력하게 유발시키는 작업이다. 그런데 신기하게도 이런 비전 자체가 현실로 나타난다는 것이다.

조직의 비전은 미래의 그림이다. 비전은 조직이 나가야 할 방향을 밝혀주며, "그 방향으로 가면 세상은 어떨 것이다"라는 신나는 이미지를 보여준다.

사람들은 그들의 리더가 조직을 어느 방향으로 이끌어가고 있으며 왜 그 방향이 중요한지를 알고 싶어 한다. 그리고 그 방향으로 가는 것이 그들의 욕구와 의미를 실현해줄 수 있다고 설득이 될 때 리더를 기꺼이 따르려고 한다. 그래서 조직에서 비전 제시는 사람들을 움직이는 동력이며, 리더가 구성원들을 이끌기 위한 강력한 상징적 수단이다.

비전은 서로를 연결해주는 끈과 같다. 업무를 하다 보면 각기 다른 종류의 업무나 분야에 있는 조직 구성원들은 불가피하게 갈등관계에 놓이게 되곤 한다. 조직의 목표를 공유한다고 해서 영업과 생산 간의 갈등이 없어지는 것은 아니며, 이들 간의 이해관계 차이는 여전히 존재한다. 이때, 이들이 공통적으로 추구하는 비전은 사람들에게 공동의 운명을 위해 함께 노력하도록 부추기는 역할을 하게 된다.

비전은 일반적으로 말하는 계획과 다르다. 조직의 방향을 설정한다는 것은 조직이 추구해 나갈 어떤 변화를 의미하지만 계획 설정은 변화가 아니다. 그것은 경영 프로세스의 일부로서, 사전에 예상한 결과를 만들어 내기 위해 설계하는 일이다.

> "비전을 제시하라. 그다음, 구성원들이 회사의 비전을 자기 스스로 실천하도록 하라."
> (Express a vision. Then, let your employees implement it on their own.)

GE의 회장이었던 잭 웰치(Jack Welch)의 말이다. 1999년 잭 웰치가 한국을 방문했을 때였다. 한 경영자가 "세계에서 가장 존경받는 기업의 가장 존경받는 경영자로 선정된 리더십 비결이 무엇입니까?"라고 묻자 그는 "딱 한 가지입니다. 나는 내가 어디로 가는지 알고 있고, GE의 전 구성원은 내가 어디로 가고 있는지를 알고 있습니다."라고 답했다.

홀륭한 경영자는 자신과 함께 일하는 사람들이 기업의 실상뿐만 아니라 시장이 어떻게 형성되는가에 대해서도 자신보다 더 잘 파악하고 있다고 생각한다. 홀륭한 경영자는 비전을 제시하고 기업을 위해 일하는 사람들에게 그것을 이해시켜 그들 역시 그 비전을 자신의 것으로 삼게 만든다. 잭 웰치는 10만 명 이상의 직원을 해고하면서 '중성자탄 잭'이라는 별명을 얻고 내부의 거센 저항세력이 있었지만 그의 비전 제시는 강력한 리더십의 핵심이었다.

03 조직문화

조직을 좀 더 자세히 둘러보면, 그곳엔 무의미 속에 의미가 있다. 물고기가 물을 의식하지 못하듯 우리가 당연하게 생각하는 것들 속에는 우리의 행동을 지배하는 일정한 패턴이 있다. 바로 문화이다.

우리는 모두 사회적 동물이다. 우리는 소속감과 의미를 원한다. 여러 가지 경험과 시행착오 등을 통해 우리는 일을 처리하는 수용된 방식으로써 문화를 창조한다. 시간이 지남에 따라 우리의 존재, 우리가 가치를 부여하는 것, 우리가 생각하는 방식, 우리가 일을 하는 방식 등을 서서히 형성해가면서 문화를 축적한다. 우리의 가치관과 믿음을 강화하기 위해 영웅을 내세우기도 한다.

문화는 말로 공유하기 어려운 것이어서 의례나 의식을 통해 서로 유대관계를 맺고 애착을 가질 수 있는 기회를 갖는다. 그리고 그런 기회를 통해 사람과 조직을 한데 묶는 상징적 접착제를 제공한다.

조직문화란 조직 구성원들 간에 공유되는 가치체계를 말하는 것으로 조직 구성원들이 공통적으로 가지는 가치, 믿음, 사고방식이다. 사람은 가치관과 사고방식에 따라 전혀 다른 성격을 가지고 있다. 조직의 경우도 마찬가지다. 조직 구성원의 공유가치가 무엇이냐에 따라 조직은 전혀 다른 성격을 가지며 구성원들의 태도와 행동도 다르다.

우리가 그동안 경험해 보았던 모임이나 집단을 생각해보자. 어떤 집단은 활기가 넘쳐나고 사교적인가 하면 어떤 집단에 가면 말 붙이기도 어려운 경우가 있다. 어떤 조직에서는 모든 사람들이 의욕에 넘치며 도전적으로 일을 추진하는가 하면 어떤 조직은 무사안일과 복지부동의 분위기이다. 또한 토론을 할 때 지위와 관계없이 자유롭게 의견을 나누는 집단이 있는가 하면 높은 사람의 눈치만 보는 집단이 있다. 이러한 차이는 그들이 공유하고 있는 가치나 사고방식의 차이에서 나오는 것으로 이것을 우리는 조직문화라고 부른다.

여기에서 구성원들 사이에 공유되는 가치나 믿음 등이 강하면 '강한 문화'라고 하고, 공유되는 정도가 약하면 '약한 문화'라고 한다. 사람의 경우도 성격 강한 사람이 대체로 행동이나 가치관이 분명하듯이, 강한 조직문화를 가진 조직 구성원들은 조직의 핵심가치가 분명히 세워져 있고 어떻게 행동해야 한다는 규범이 강하다. 그러나 그 조직문화의 내용 자체가 문제가 있는 경우 변화에 대한 저항도 그만큼 클 것이니 보수적이고 융통성 없는 조직이 될 가능성도 있다.

조직문화는 개인의 성격과 인상마저도 변화시킨다. 그래서 일부 강한 색채의 기업문화를 가지고 있는 회사에 다니는 사람들은 겉으로 풍기는 인상만 봐도 소속 회사가 어디인지를 알 수 있을 정도이다.

조직문화가 개인에게 어떤 영향을 미칠지는 너무나 분명하다. 예컨대, 지위와 관계없이 자유로운 토론문화를 가지고 있는 조직에서 권위만을 내세우기는 어려울 것이다. 모두가 도전적으로 일하려는 분위기 속에서 요령만 피우려다가는 왕따 당하기 십상이다.

그래서 조직구조가 조직 구성원의 행동을 지배하는 공식적인 시스템이라면 조직문화는 조직 구성원의 행동을 지배하는 비공식적 분위기라고 할 수 있다.

성공하는 기업은 대부분 조직을 위대하게 만드는 요소들을 강화하는 강렬하고 뭔가 특별한 문화를 갖고 있다. 예를 들어보자. 월마트의 직원들이면 모두가 외치는 구호가 있다. 월마트(Wal-Mart) 철자를 일일이 말한 다음 "누가 최고?(Who is No.1?)"라고 물은 뒤 "언제나! 고객!(The Customer! Always!)"이라고 말하는 것이다. 실제로 매장에서 직원들을 만나면 이들은 마치 '열정적인 신도'가 신(神)에 대해 이야기하는 것처럼 고객에 대해 이야기한다. 이러한 문화가 바로 이들의 경쟁 무기이다.

IBM의 CEO였던 거스너(Louis V. Gerstner, Jr.)는 조직문화의 중요성을 다음과 같이 지적한다.

"나는 IBM에 오기 전까지 문화라는 것은 비전, 전략, 마케팅, 재정 등과 함께 어떤 조직의 구성과 성공의 여러 가지 중요한 요소들 중 하나에 지나지 않는다고 생각했다. … 그러나 나는 한 가지 중요한 측면을 오해하고 있었다. 10년 가까이 IBM에 있으면서 나는 문화가 승부를 결정짓는 하나의 요소가 아니라 문화 그 자체가 승부라는 것을 알게 되었다."[92]

04 조직문화의 효과

조직문화는 어떤 효과가 있을까? 사실 조직문화는 조직에 스며있기 때문에 그 파급 효과를 명확히 인식하기 어렵다. 그러나 조직문화는 조직의 정신적 배경과 같아서 크게 두 가지 면에서 조직 전체에 커다란 영향을 미친다.

첫째, 조직문화는 구성원들에게 정체성 내지 일체감을 느끼게 해준다. 누구나 자신과 비슷한 가치나 규범을 가지고 있는 사람에게 친밀감과 동질감을 느끼기 마련이다. 조직문화도 마찬가지이다. 같은 가치와 규범, 상징을 가지고 공동의 조직생활을 하게 되면 이들 간에는 일체감이 형성된다.

아마도 가장 강한 일체감을 갖는 조직은 해병대가 아닐까 싶다. 복무 중일 때는 물론 제대 후에도 "한번 해병이면 영원한 해병"이라는 의식을 가지고 그들 간의 강한 동질감을 표현하고 있다. 이러한 일체감은 조직에 대한 충성심을 높이고 목표달성을 보다 수월하게 해줄 것이다.

둘째, 조직문화는 조직 구성원들의 행동과 규범에 표준을 제공한다. 구성원들은 조직의 가치와 규범을 내면화하게 되고, 이는 이들이 주어진 상황에서 어떻게 행동해야 하는지를 알려준다. 즉, 일일이 "이렇게 해야 한다" 또는 "저렇게 행동하면 안 된다"고 말하지 않아도 조직문화가 바람직한 태도와 행동이 무엇인지, 주어진 상황에서 어떻게 대처해야 하는지에 대해 가르쳐준다. 조직문화가 행동의 가이드 역할을 하는 것이다.

생각과 가치관이 분명한 사람은 어떤 상황에 처해있을 때, 어떻게 행동해야 하는지에 대해 주저함이 없다. 조직문화도 마찬가지이다. 강한 조직문화를 가지고 있는 조직의 구성원들은 그들이 어떻게 행동해야 하는지 알고 있다. 그들이 마음속에 늘 간직하고 있는 상징들이 그들의 생각과 행동을 이끌어주며 무엇이 중요한지를 알려준다.

타이레놀 사례는 조직문화의 이와 같은 가이드 역할을 잘 보여준다. 1982년 어떤 정신질환자가 청산가리를 일부 타이레놀 캡슐에 집어넣어, 이로 인해 여덟 명이 사망하는 사건이 발생했다. 그 당시 CEO는 휴가 중이었는데 비상조치를 취하기 위해 회사로 돌아올 필요가 없었다. 훗날 기자가 왜 휴가를 중단하고 돌아와 일을 처리하지 않았느냐고 물었을 때 그는 회사의 가이드 원칙이 확고하기 때문에 직원들은 자기가 없어도 어떻게 대응해야 하는지 잘 알고 있다고 답했다.

실제로 모든 계층에 있는 관리자들은 즉각적으로 대응했고 고위층의 지시를 기다릴 필요도 없이 제품을 모두 회수했다. 공유가치에 대해 모든 직원들이 숙지하고 있었기 때문에 윗사람의 허락을 기다릴 필요 없이 즉각적으로 대응할 수 있었던 것이다. 이것이 공유가치의 힘이다. 그리고 리더의 책임 가운데 하나는 이러한 공유가치를 끊임없이 강화시키고 전파시키는 일이다.

05 조직문화는 어떻게 만들어지나?

사람의 성격도 사람마다 다르듯이, 조직문화도 마찬가지다. 같은 사업을 하고 비슷한 환경, 게다가 구성원들이 같은 사회·문화적 환경에서 자라온 사람들이라고 해도 조직문화는 조직마다 다르다.

조직문화의 차이를 보여주는 재미있는 일화가 있다. 일본의 미쓰비시와 혼다는 모두 다른 기업들에게 모범이 되고 특색 있는 조직문화를 가지고 있는 회사들이다. 두 회사에서는 서로의 장점과 특징을 얻기 위해서 사원들을 상대방 회사에서 몇 개월씩 근무하게 하였다. 그 결과는 어떠했을까? 몇 달 후, 양사 직원들 모두 소화불량으로 힘들어하고 있었다. 자기 회사의 조직문화에 익숙해져 있던 사원들이 다른 회사에서 낯선 조직문화에 적응하기가 어려웠던 것이다. 실제로 혼다의 경우에는 자유롭고, 자율적으로 근무를 하고, 커피 타임도 많은 반면에 미쓰비시의 경우에는 격식이 많고, 철저한 규칙과 시간 속에서 움직이는 회사였다.

우리나라의 경우도 현대와 삼성은 극명하게 대비되는 조직문화로 이야기되고 있다. 그렇다면 이런 조직문화의 차이는 어디에서 오는 것일까?

조직문화를 형성하는 데에 영향을 미치는 주요 요인으로는 창업자, 조직구조, 사회화, 보상 등을 들 수 있다. 이렇게 형성된 조직문화는 앞에서 언급한 일화, 의례, 영웅 등의 상징을 통해 극명하게 드러나고 발전하게 된다.

창업자

창업자는 조직문화의 특성을 결정하는 가장 커다란 요인이라고 할 수 있다. 창업자의 창업목적이나 성공사례, 문제해결방식 등은 전통이 되어 전승되고 발전한다. 특히 조직이 처음 출발할 때나 전환기적 사건에 관한 성공 에피소드로서 창업자와 관련된 것들은 그대로 조직문화의 핵심을 이룬다. 그래서 예전에 현대의 기업문화와 정주영 회장의 성품, 그리고 삼성의 기업문화와 이병철 회장의 성품을 떼어놓고 생각할 수 없었다.

창업자는 창업 초기에 구성원들을 직접 선발하게 되는데 이때 선발되는 사람들은 창업자와 비슷한 가치와 이해관계를 갖고 있는 사람들로서, 이들은 창업자의 가치를 계속 이어가게 된다. 그리고 이후에도 선발과정을 통해 자신들과 가치를 공유할 수 있는 사람을 선택하게 된다. 따라서 시간이 지나면 조직 내 모든 구성원들의 가치는 서로 비슷하게 되어 하나의 문화를 형성하게 된다.

조직구조

조직구조는 조직 활동을 통제하기 위해 설계된 것으로 규칙, 과업, 권한 관계 등을 공식화한 것이다. 예컨대, 기계적 구조와 유기적 구조를 비교해보자. 기계적 구조에서는 규범이나 규칙, 권한 관계 등이 매우 엄격하고 집권화되어 있다. 이런 구조에서는 권위에 복종하고 규칙과 안정성을 중시하는 문화가 형성되기 쉬울 것이다.

반면, 유기적 구조는 분권화되어 있고 규율에 얽매이지 않고 상황에 따라 유기적으로 움직이는 조직이다. 이런 조직에서는 창의적이고 모험적이며 위험을 감수하는 행동을 바람직하게 여기기 때문에 기계적 구조에서와는 전혀 다른 문화가 형성될 것이다. 이렇듯 조직구조는 조직문화에 커다란 영향을 미칠 수 있다.

따라서 조직문화를 바꾸기 위해 조직구조를 바꿀 수도 있다. 잭 웰치는 GE 내부의 관료주의를 타파하기 위해 벽 없는 조직(Boundarylessness)을 추구하면서 보다 많은 자율(권한)과 책임을 부여하는 등 조직구조를 유연하게 만든 결과, 조직문화를 보다 활기차게 만들 수 있었다.

사회화

새로운 집단에 들어가면 우린 그 집단의 분위기부터 살피게 된다. 집단생활을 해야 하는 만큼 자기 개성대로만 행동할 수는 없기 때문이다. 그리고 어떻게 처신하는 것이 좋을지를 판단하게 된다. 이런 과정을 통해 우리는 그 집단의 분위기에 동화된다. 이와 같이 조직 구성원이 조직문화에 적응하는 과정을 사회화라고 한다.

선발과정을 거쳐 비슷한 가치를 가진 사람을 선발했다고 해도 새로운 구성원들은 완전히 조직문화에 동화된 상태가 아니다. 따라서 조직은 조직

사회화 과정을 통해 새로운 구성원들의 조직문화 적응을 돕는다.

대표적인 방법은 오리엔테이션이다. 오래전, 대학 졸업 후 삼성에 입사했던 한 친구를 신입사원 오리엔테이션을 받고 나온 직후에 만난 적이 있다. 그 친구는 삼성과 창업주에 대한 인식이 확 달라졌을 뿐 아니라 자신의 태도와 가치관도 달라졌다고 하면서 상당한 자부심과 의욕을 느끼는 듯 했다. 조직문화에 대한 학습이 이루어진 것이다.

그밖에도 선배나 상사에 의한 멘토링(Mentoring, 후견인)제도도 신입 구성원의 사회화를 촉진시킨다. 물론 이러한 사회화 과정에서 분위기에 적응이 안 되는 사람들은 다른 곳으로 떠날 것이다. 그 결과, 조직문화에 동화된 구성원들만 남아 기존의 조직문화를 유지시켜 나갈 것이다.

보상의 힘

아마도 문화의 강력한 시그널이면서도 무시되고 있는 것이 보상일 것이다. 모든 사람들이 가장 주목하는 것은 누가 승진하고 보상받느냐이다. 그러나 승진은 실제의 기능에 비해 평가 절하되고 있는 경영도구이다.

제록스(Xerox)가 조직문화를 변화시키는 데 사용한 가장 강력한 수단은 승진이었다. 즉 '품질을 통한 리더십(Leadership Through Quality)'이라는 기본 가치에 가장 잘 부합하는 인재들을 중심으로 승진을 시켜왔고, 이를 오랜 기간 동안 일관되게 실시해왔다. 그 결과, 이러한 조직의 기본 가치에 충실한 인재들이 경영자와 관리자의 대부분을 형성하게 되어 조직문화 변화에 성공하게 되었다.

조직 구성원들은 보상을 보고 핵심가치와 목표를 깨닫는다. 에이스하드웨어(Ace hardware)는 고객을 돕기 위해 노력한 직원에게 그 행동을 인정하는 증명서를 주면 이 증명서는 CEO가 서명한 후 직원에게 전달된다. 그것은 돈도 많이 들지 않는 것이며 금전적 보상도 아니지만 직원은 그것을 받고 자부심을 느끼며 자기 사무실에 붙여놓는다.

보상은 손가락과 같다. 사람들은 손가락이 어디를 가리키는지를 본다. 고3 학생들이 쳐다보는 것은 교훈이나 급훈이 아니라 대학입시 기준이고, 그 기준에 맞춰 행동하고 공부한다.

바람직한 행위에 대해 보상을 해주는 것은 그 가치를 전파하는 것이다. 그런데 경영에서 스피드의 필요성에 대해 강조하면서 규칙과 관행을 우선시하는 업무 수행에 대해 높은 평가와 보상을 준다면 스피드에 대한 가치가 결코 '공유'될 수 없을 것이다.

* * *

<포춘(Fortune)>이 선정한 '미국 7대 기업' 중 하나였지만 회계부정 사건으로 흔적도 없이 사라진 회사, 엔론(Enron)이 추구한 첫 번째 명시적인 조직 가치는 'Integrity', 즉 진실성 또는 정직이었다. 조직문화는 액자에 걸어두거나 구호만 외친다고 만들어지지 않는다. 조직문화가 제대로 작동하기 위한 성공열쇠는 핵심가치의 공유와 내재화이다.

타이레놀의 독극물 사건 처리 과정에서 보았듯이, 조직문화의 핵심가치는 중요한 의사결정의 방향을 안내하면서 구성원들의 행동규범 역할을 한다. 우리 조직의 직원들이 어떤 가치를 우선시하고 어떤 방식으로 행동하기를 원한다면 그것을 촉진할 수 있는 조직문화를 조성해야 하는 것이다.

이를 위해서는 조직의 리더가 직원들에게 어떤 행동과 태도를 보여주는지, 평가와 보상은 어떤 행동과 태도를 촉진하는지, 공식적인 업무처리 방식과 비공식적 관행들은 어떤 가치를 우선시하는지 스스로 자문해봐야 할 것이다.

토의합시다

자신이 소속한 조직이나 다른 조직을 방문하여 그 조직의 문화를 분석해 보자.

1. 조직문화의 전반적인 특징은 어떠한가?

2. 조직문화를 강화시키는 상징들은 어떤 것들이 있으며 그 효과는 어떠한가?

참고문헌

1) Canter, S., Claridge, G., & Hume, W. I. (1973). *Personality Differences and Biological Variations*, New York: Pergamon, 589−601.

2) Allen, Arthur (1998−01−15). "Nature & Nurture When It Comes to Twins, Sometimes It's Hard To Tell the Two Apart". *The Washington Post.* Retrieved 3 March 2012.

3) David Z. Hambrick, et al. (2014). Deliberate practice: Is That all it takes to become an expert?. *Intelligence* 45.

4) Gladwell, Malcolm(2009). 아웃라이어, 김영사.

5) Benedict, Ruth(1934). 문화의 패턴, 연암서가.

6) De Beauvoir, Simone(1949). 제2의 성, 을유문화사.

7) Asch, S. E. (1951). Effects of group pressure on the modification and distortion of judgments. In H. Guetzkow (Ed.), *Groups, leadership and men*(pp. 177-190). Pittsburgh, PA: Carnegie Press.

8) Cass R. Sunstein, Richard H. Thaler(2009). 리더스북.

9) Watson, J. B. (1930). *Behaviorism* (Revised edition). Chicago: University of Chicago Press.

10) Skinner, B. F. (1972). *Beyond freedom and dignity.* New York: Vintage Books.

11) Erikson, E. H. (1968). Identity: Youth and Crisis. New York, NY: Norton.

12) David Lykken. Happiness: The Nature and Nurture of Joy and Contentment. New York: St. Martin's Press, Inc., 288. May, 2000.

13) Kelley, Robert, & Caplan, Janet. How Bell Labs creates star performers, *Harvard Business Review* (July-August 1993), 128-139.

14) Goleman, D. (1995). Emotional Intelligence, NY: Bantam Books, Inc.

15) Goleman, Daniel. (1998). *Working With Emotional Intelligence.* NY: Bantum Books.

16) Feldman, N. S., & Ruble, D. N. (1981). Social comparison strategies: Dimensions offered and options taken. *Personality and Social Psychology Bulletin,* 7(I): 1−16.

17) Bargh, J. A., Chen, M. and Burrows, L. (1996). Automaticity of social behavior: Direct effects of trait construct and stereotype activation on action. Journal of Personality and Social Psychology, 71, 230−244.

18) Seligman, M. E. P. (2011). *Flourish: A visionary new understanding of happiness and well−being.* New York: Free Press.

19) Kuratko, D., & Hodgetts, R. (1998). *Entrepreneurship: A contemporary approach.* Fort Worth: Dryden Press.

20) Seligman, M. E. P. (1972). "Learned helplessness". *Annual Review of Medicine* 23 (1): 407-412.

21) Firestien, R. (1996). *Leading on the Creative Edge: Gaining Competitive Advantage Through the Power of Creative Problem Solving*, Pinon Press.

22) Glucksberg, S. (1962). "The influence of strength of drive on functional fixedness and perceptual recognition". *Journal of Experimental Psychology.* 63: 36–41.

23) Amabile, Teresa, Kramer, Steven(2011). *전진의 법칙(The Progress Principle)*, 정혜.

24) Maslow, A. H. (1943). "A theory of human motivation". *Psychological Review.* 50 (4): 370–96.

25) 댄 히스, 칩 히스, 스틱(2009). 서울: 엘도라도.

26) Bob Nelson, "The Ironies of Motivation", *Strategy & Leadership*, January/Febrary, 1999.

27) Herzberg, Frederick; Mausner, Bernard; Snyderman, Barbara B. (1959). The Motivation to Work (2nd ed.). New York: John Wiley.

28) Rosenthal, R., &. Jacobson, L. (1963). Teachers' expectancies: Determinants of pupils' IQ gains. *Psychological Reports,* 19, 115 – 118.

29) Vroom, Victor H. (1964). Work and motivation. John Wiley & Sons, Inc.

30) Locke, E. A. (1968). Towards a theory of task motivation and incentives. Organizational Behavior and Human Performance, 3, 157 – 189.

31) Hollenbeck, J. R., Williams, C. L., & Klein, H. J. (1989). An empirical examination of the antecedents of commitment to difficult goals. *Journal of Applied Psychology,* 74, 18–23.

32) Oettingen, G. (2000). Expectancy effects on behavior depend on self – regulatory thought. *Social Cognition,* 18, 101–129.

33) Deci, E. L. (1971). Effects of externally mediated rewards on intrinsic motivation. *Journal of Personality and Social Psychology,* 105 – 115.

34) 다니엘 핑크, 드라이브(Drive), 청림출판, 2011.

35) deCharms, R. Personal causation. New York: Academic Press, 1968.

36) Lepper, M., Greene, D., & Nisbett, R. (1973). "Undermining Children's Intrinsic Interest with Extrinsic Rewards: A Test of the 'Overjustification' Hypothesis," *Journal of Personality and Social Psychology* 28 (1) : 129 – 37.

37) Reeve, J., & Deci, E. L. (1996). Elements of the competitive situation that affect intrinsic motivation. *Personality and Social Psychology Bulletin,* 22, 24–33.

38) 장세진(2000), 직장인 스트레스 실태조사, 한국예방의학회 직무 스트레스 예방 전략 심포지엄.

39) 최애경(2006), 인간관계의 이해와 실천, 무역경영사.

40) 이지영(2011), 정서조절코칭북, 서울: 시그마프레스.

41) Galovski, T. E., & Blanchard, E. B. (2004). Road rage: A domain for psychological intervention? *Aggression and Violent Behavior: A Review Journal,* 9, 105 – 127.

42) Gareth R. Johns, Organization Theory, Reading, Mass: Addison Wesley, 1995, 504쪽.

43) Powerplay, 1984, 283쪽.

44) John P. Kotter, *What Leaders Really Do?*, Boston: HBS Press, 104쪽.

45) 로버트 치알디니, *설득의 심리학*, 21세기북스, 2003, 68쪽.

46) R. M. Kanter, *The Change Masters: Innovations for Productivity in the American Corporation*, N.Y.: Simon & Schuster, 1983.

47) R. Fisher, W. Ury, *Getting to yes*, Boston: Houghton Mifflin, 1981.

48) Peter Block, *The Empowered Manager: Positive Political Skills at Work*, San Francisco: Jossey-Bass, 1987.

49) Axelrod, Robert(2007). 협력의 진화, 시스테마.

50) 김석우, *왕건에게 배우는 디지털 리더십*, 느낌이 있는 나무, 2001.

51) Uzzi, B., Mukherjee, S., Stringer, M., & Jones, B. (2013). Atypical combinations and scientific impact. Science 342, 468-472.

52) Walton, Gregory M. (2011). Mere belonging : The power of social connections, *Journal of personality and social psychology*, 102(3), 513-532.

53) 조범상(2009). 「Weekly 포커스 LG Business Insight」, 2009. 11, 11: 39-44.

54) Chidambaram, Laku, & Tung, Lai Lai(2005). "Is Out of Sight, Out of Mind? An Empirical Study of Social Loafing in Technology-Supported Groups". *Information Systems Research*. 16 (2), 149-168.

55) Karau, Steven J., & Williams, Kipling D. (1997). The effects of group cohesiveness on social loafing and social compensation. Group Dynamics: Theory, Research, and Practice, 1(2), 156.

56) Karau, Steven J., & Williams, Kipling D. (1993). Social loafing: A meta-analytic review and theoretical integration. Journal of personality and social psychology, 65(4), 681.

57) Bennis, W., & Nanus, B. (1985). *Leadership: The strategies for taking charge*. New York, NY: Harper & Row. 21쪽.

58) Kotter, J. P. and J. L. Heskett(1992). *Corporate Culture and Performance*, The free Press, p.84.

59) Collins, J., & Porras, J. I. (1994). *Built to Last: Successful Habits of Visionary Companies*.

60) Collins, J. (2001). *Good to Great: Why Some Companies Make the Leap...And Others Don't*.

61) Level 1: Highly Competent Individual, Leve 2: Contributing Team Member, Level 3: Competent Manager, Level 4: Effective Leader, Level 5: Level 5 Executive.

62) 太上 不知有之, 其次 親而譽之, 其次 畏之, 其次 侮之 (도덕경 17장)

63) McGregor, D. M. (1957). The Human Side of Enterprise. *Management Review*, 46, 22-28.

64) House, R. J. (1971). A path-goal theory of leader effectiveness. *Administrative Science Quarterly*, 16, 321-338.

65) Tom Peters(1994). *The Pursuit of Wow!*, New York: VintageBooks, 17-18.

66) Gallup(Oct 8 2013)

67) Robert K. Greenleaf, *The Servant as Leader*, Newton Center, Mass.: Robert K Greenleaf Center, 1973.

68) Owens, J., Bower, G. H., & Black, J. B. (1979). The "soap opera" effect in story recall. Memory & Cognition, 7(3), 185－191.

69) Sanfey, Rilling, Aronson, Nystrom, & Cohen(2003). The neural basis of economic decision making in the Ultimatum game, Science 300, 1755－1758.

70) Slovic, P., Monahan, J., & MacGregor, D. M. (2000). Violence risk assessment and risk communication: The effects of using actual cases, providing instructions, and employing probability vs. frequency format. Law and Human Behavior, 24(3), 271－296.

71) 곽준식, 「같은 값인데 고급 커피 고른 당신, '감정 휴리스틱'에 빠진 거죠」, 『한국경제』, 2010년 9월 2일.

72) Hirshleifer, D., & Shumway, T. (2003). Good day sunshine: Stock returns and the weather. *Journal of Finance*, 58(3), 1009－1032.

73) Schwarz, N., Bless, H., Strack, F., Klumpp, G., Rittenauer－Schatka, H., & Simmons, A. (1991). Ease of retrieval as information: Another look at the availability heuristic. *Journal of Personality and Social Psychology, 61,* 195－202.

74) Tversky, A., & Kahneman, D. (1974). Judgement under uncertainty: Heuristics and biases. Science, 185(4157), 1124－1131.

75) Hart, William., Albarracín, Dolores., Eagly, Alice H., Brechan, Inge., Lindberg, Matthew J., & Merrill, Lisa(2009). Feeling validated versus being correct: A meta－analysis of selective exposure to information. *Psychological Bulletin.* 135 (4): 555-588.

76) 리처드 탈러, 캐스 선스타인(2009), 넛지, 리더스북.

77) Kelly, T., & Littman, J. (2001). *Art of Innovation,* New York: Bantam Books.

78) Mullen, B., Johnson, C., & Salas, E. (1991). Productivity loss in brainstorming groups: A meta－analytic integration. Basic and Applied Social Psychology, 12, 3-23.

79) Chamorro－Premuzic, Tomas. "Why Group Brainstorming Is a Waste of Time". *Harvard Business Review*, March 25, 2015

80) Janis, Victims of Groupthink, 1972.

81) Barnard, C. I. (1938). *The Function of the Executive,* Cambridge: Massachusetts, & London: Harvard University Press.

82) Chartrand, T. L., & Bargh, J. A. (1999). The chameleon effect: The perception-behavior link and social interaction. *Journal of Personality and Social Psychology,* 76(6), 893-910.

83) Heath, C. & Heath, D. (2007). 스틱. 엘도라도.

84) Hall, Edward T. (2013) 숨겨진 차원. 서울: 한길사.

85) Luft, J., & Ingham, H. (1955). "The Johari window, a graphic model of interpersonal awareness". *Proceedings of the western training laboratory in group development.* Los Angeles: University of California.

86) Sala, Fabio. (2003). "Executive Blind Spots:Discrepancies between Self－and Other－Rat－ings." Consulting Psychology Journal: Practice &Research 55: 222－229.

87) 이 모델은 Argyris와 Schön(1974, 1996)이 개발한 것을 Schwarz(2002)가 수정한 것이다. C. Argyris, and D. A. Schön, *Theory into Practice: Increasing Professional Effectiveness,* San Francisco: Jossey – Bass, 1974; C. Argyris, and D.A. Schön, *Organizational Learning Ⅱ: Theory, Method, and Practice,* Reading Mass: Addison – Wesley, 1996; Roger Schwarz, *The Skilled Facilitator,* San Francisco: Jossey – Bass, 2002.

88) Hall, Edward Twitchell. (1989). *Beyond culture.*

89) Peters, T. J., Waterman, R. H. *In Search of Excellence,* N.Y.: HarperCollins, 1982.

90) 김영진 외 공역, *비전시대의 조직패러다임,* 미래경영연구원, 1990, 364쪽.

91) J. Martin, M. Powers, "Organizational Stories: More Vivid and Persuasive than Quantitative Data", in *Psychological Foundations of Organizational Behavior,* ed. B.M. Staw, Glenview, Ill.: Scott, Foresman, 1982, 161 – 68쪽.
   T. E. Deal & A. A. Kennedy. *Corporate Cultures: The Rites abd Rituals of Corporate Life,* MA: Addison – Wesley, 1982, 37쪽.

92) 루이스 거스너, *코끼리를 춤추게 하라,* 북앳북스, 2003.

색인

고 수 일

저/자/소/개

한국외국어대학교를 졸업한 후, 프랑스 Paris IX-도핀대학교에서 D.E.A(박사기초학위)를 받고 Paris I-소르본느대학교에서 인적자원관리 박사학위를 받았다. 현대경제연구원 연구위원을 거쳐 현재는 전북대학교 경영학과 교수로 재직하고 있다. 액션러닝의 러닝코치로 활동하면서 리더십과 액션러닝 교수법을 강의하고 있다. 전북대학교 최우수 수업상을 수상하였고 2012년 SBS 대학 100대 명강의로 선정되었다.

주요 저서로는 「창의적 문제해결」, 「프레임으로 이해하는 조직과 경영」, 「창의적 리더십」, 「프레임 리더십」, 「멀티 프레임」, 「액션러닝으로 수업하기」, 「성공적인 조직생활전략」 등이 있다.

제2판
쉽게 이해하는 조직행동

초판발행	2019년 8월 30일
제2판발행	2023년 8월 30일
지은이	고수일
펴낸이	안종만·안상준
편 집	김다혜
기획/마케팅	최동인
표지디자인	Ben Story
제 작	고철민·조영환
펴낸곳	(주)**박영사**
	서울특별시 금천구 가산디지털2로 53, 210호(가산동, 한라시그마밸리)
	등록 1959. 3. 11. 제300-1959-1호(倫)
전 화	02)733-6771
f a x	02)736-4818
e-mail	pys@pybook.co.kr
homepage	www.pybook.co.kr
ISBN	979-11-303-1793-9 93320

정 가   19,000원